LE
BLOCUS DE METZ
EN 1870
PUBLICATION DU CONSEIL MUNICIPAL DE METZ
QUATRIÈME ÉDITION

SUIVI DE :

MÉMOIRES POUR LA VILLE DE METZ
DANS LES NÉGOCIATIONS DE PAIX ENTRE LA FRANCE
ET L'ALLEMAGNE
PUBLICATION DU CONSEIL MUNICIPAL DE METZ
DEUXIÈME ÉDITION

ET DE :

LA LORRAINE ET L'ALLEMAGNE
INTRODUCTION A L'OUVRAGE
LA LORRAINE
PUBLIÉ PAR
MM. BERGER-LEVRAULT ET Cie, A PARIS ET A NANCY, 1885
DEUXIÈME ÉDITION

PAR

M. AUG. PROST
Membre de l'Académie impériale et du Conseil municipal de Metz

(ÉDITIONS POSTHUMES)

NOGENT-LE-ROTROU
IMPRIMERIE DAUPELEY-GOUVERNEUR
1898

LE

BLOCUS DE METZ

EN 1870

NOGENT-LE-ROTROU, IMPR. DAUPELEY-GOUVERNEUR.

AUGUSTE PROST
(1817-1896)

Auguste PROST

LE
BLOCUS DE METZ

EN 1870

PUBLICATION DU CONSEIL MUNICIPAL DE METZ
QUATRIÈME ÉDITION

SUIVI DE :

MÉMOIRES POUR LA VILLE DE METZ

DANS LES NÉGOCIATIONS DE PAIX ENTRE LA FRANCE
ET L'ALLEMAGNE

PUBLICATION DU CONSEIL MUNICIPAL DE METZ
DEUXIÈME ÉDITION

ET DE :

LA LORRAINE ET L'ALLEMAGNE

INTRODUCTION A L'OUVRAGE

LA LORRAINE

PUBLIÉ PAR
MM. BERGER-LEVRAULT ET Cie, A PARIS ET A NANCY, 1885

DEUXIÈME ÉDITION

PAR

M. AUG. PROST

Membre de l'Académie impériale et du Conseil municipal de Metz

(ÉDITIONS POSTHUMES)

NOGENT-LE-ROTROU
IMPRIMERIE DAUPELEY-GOUVERNEUR
1898

LE

BLOCUS DE METZ

EN 1870

―――― ⋈ ――――

PUBLICATION

DU

CONSEIL MUNICIPAL

DE METZ

QUATRIÈME ÉDITION

Dans sa séance du 3 novembre 1870, et sur la proposition de M. Worms, le Conseil municipal de Metz décidait la rédaction d'un mémoire, avec pièces à l'appui, sur le *Blocus de 1870*. Il s'agissait de retracer le souvenir des impressions, de l'attitude et des actes de la population de Metz pendant ces jours d'épreuve. Le Conseil nommait en même temps, pour s'occuper de ce travail, une commission composée de trois de ses membres, MM. de Bouteiller, Aug. Prost et Justin Worms, auxquels fut adjoint ultérieurement M. Ém. Michel, membre de la Commission municipale d'administration de l'ambulance du polygone.

Après quelques retards causés par les événements, le travail de la Commission a été apporté au Conseil et reçu par lui les 13 et 23 février 1871 : la première partie présentée par M. Aug. Prost; la seconde par M. Justin Worms; la troisième par M. Ém. Michel. Après avoir été discutée et modifiée en quelques points, la rédaction proposée par la Commission a été adoptée par le Conseil, qui en a voté l'impression dans les deux séances où il en avait entendu la lecture.

Telle est l'origine du volume qui est offert aujourd'hui au public.

Metz, le 28 février 1871.

LE
BLOCUS DE METZ
EN
1870

I.

LES FAITS GÉNÉRAUX.

Dans une ville en état de siège, la loi donne au chef militaire l'autorité absolue. Sous ce régime rigoureux, la population civile et ses magistrats sont réduits à une condition tout à fait secondaire et au rôle le plus modeste. Pour les habitants de Metz, cette situation s'est trouvée encore amoindrie pendant le blocus de 1870 par l'énorme disproportion qui n'a cessé d'exister entre leur petit nombre et l'importance de l'armée qui était venue chercher un refuge auprès d'eux. La population civile s'élevait à peine à 50,000 individus, hommes, femmes et enfants, indépendamment de 20,000 fuyards que la peur avait chassés des campagnes et jetés dans la ville; tandis que l'armée comprenait à elle seule plus de 150,000 hommes. Elle comptait de 120 à 130,000 combattants, et touchait journellement encore en octobre 160,000 rations (Append. LX).

A d'autres il appartient de dire ce qu'a fait cette armée. Nous n'avons, quant à nous, à en parler ici que dans la mesure très restreinte de ce qu'exige la tâche toute spéciale qui nous incombe : rappeler succinctement ce que les habitants de Metz ont été dans la crise où, réduits à une situation forcément subordonnée, ils ont eu la douleur de voir succomber leur malheureuse ville.

Bien que secondaire, le rôle de la population est essentiel dans une ville assiégée. Le principal emploi y étant donné à d'autres, elle a du moins le devoir de prêter à ceux-là son concours; elle doit surtout se garder de gêner ou de paralyser leur action; elle doit se montrer résolue en présence des dangers, ferme dans les souffrances que la situation peut entraîner. Les habitants de Metz ont certainement rempli ces obligations telles que les événements les leur ont faites. Nul ne saurait le contester. Placés, jusqu'à un certain point, dans la condition du soldat dont le premier devoir est l'obéissance, ils se sont patriotiquement soumis à cette discipline toute militaire, et on ne leur reprochera pas comme un tort sérieux quelques accès de doute et de méfiance, quelques mouvements accidentels de révolte contenue, que l'armée elle-même a connus, que rendent excusables les circonstances singulières où l'on se trouvait, et qui, après tout, n'ont été que trop justifiés par l'événement.

La situation était essentiellement anomale à tous les points de vue. Les dispositions ordinaires de la loi, en ce qui concerne l'état de siège, le commandement supérieur de la place, sa garnison et ses approvisionnements, étaient, en fait, profondément modifiées par la présence de l'armée et de son général en chef; circonstance tout exceptionnelle, à laquelle il faut joindre celle, plus grave encore, d'une révolution politique incomplètement connue, qui ébranlait, dans son principe, l'autorité des chefs établis par le pouvoir déchu; et cela en présence de l'ennemi occupant autour de nous le territoire envahi et nous tenant enfermés dans une ville, obligée, faute d'y avoir été préparée, à improviser ses moyens de défense dans le moment même où elle était assaillie.

La position dans laquelle on se trouvait acculé, du jour au lendemain, était, en effet, absolument imprévue. Le gouvernement lui-même, au début de la guerre, ne semblait pas croire que Metz pût être attaqué. Cette imprévoyance était sans doute une faute; nous n'avons pas à l'apprécier ici, nous la constatons seulement. La ville n'était ni armée, ni approvisionnée; bien plus, ses défenses n'étaient pas terminées et ses forts, en cours de construction, n'étaient pas achevés. Un ministre avait cru pouvoir dire, cependant, que tout était prêt pour la guerre qu'on allait entreprendre. C'est qu'on ne pensait alors à faire de la ville de Metz qu'un dépôt de blessés pour l'armée opérant loin d'elle sur le territoire ennemi.

Ces vues se manifestent dans les premières communications faites par l'autorité militaire aux magistrats de la cité. On ne leur parle, à ce moment, ni de mesures de police, ni d'approvisionnements de vivres en prévision d'un siège ou d'un blocus. Il n'est question alors que de la constitution des ambulances. Les fonctionnaires de l'intendance pressent la ville d'adopter diverses mesures pour cet objet. Cédant à cette impulsion, le Conseil municipal décide et fait commencer la construction d'un vaste baraquement dans le champ du polygone. En même temps les médecins et les pharmaciens de la ville, de nombreux volontaires de la charité, et les femmes de toutes les conditions s'offrent avec empressement pour faire le service des futurs établissements hospitaliers. On pense aussi à créer un fonds spécial de secours pour les blessés et les malades qu'on s'apprête ainsi à recevoir; une souscription est ouverte à l'hôtel de ville; elle dépasse bientôt le chiffre de 87,000 francs (Append. I).

La question des ambulances s'est profondément modifiée et notablement développée ensuite à Metz par le fait du blocus. Elle a créé pour la population civile de pénibles devoirs d'humanité, à l'accomplissement desquels on peut affirmer qu'elle n'a pas failli. Ce qui a été fait pour cela mérite une exposition détaillée qui fera l'objet d'un chapitre particulier dans le présent mémoire.

C'est dans cette unique préoccupation que la population de Metz est surprise à l'improviste par le triple coup de tonnerre de Wissembourg, de Reichshoffen et de Forbach. Alors que nous ne pensions encore qu'à suivre de loin les opérations de la campagne, nous apprenons tout à coup que la guerre revient vers nous. L'armée, qui depuis quinze jours avait défilé dans nos murs pour se rendre à la frontière, se replie rapidement sur Metz. Le 7 août on entrevoyait à peine la possibilité de cette retraite; le 11 elle était effectuée et les troupes avaient pris position au sud de la ville, sous les remparts ébauchés de ses forts. En moins de huit jours elles allaient se trouver immobilisées par le blocus autour de la forteresse.

Nous passions ainsi, presque sans transition, d'un état de complète sécurité à une situation pleine de périls, d'autant plus redoutables que rien ne nous en avait avertis et ne nous avait fait prendre les précautions qu'ils nécessitaient. Sans parler des difficultés toutes militaires de la défense, à côté de la question des ambulances, singulièrement aggravée par le fait de l'investissement, allait se poser celle des subsistances que jusque-là on soupçonnait à peine, et qui devait prendre bientôt une importance de premier ordre. La nécessité de présenter dans tous ses détails cette grave question des subsistances nous a conduits à la réserver, comme celle des ambulances, pour un chapitre spécial de notre mémoire.

Au lendemain de l'échec de Forbach, la nouvelle du désastre de Reichshoffen s'était répandue dans la ville, en même temps qu'on y affichait deux décrets du même jour (7 août) : l'un mettant en état de siège Metz et toutes les villes fortifiées du nord-est, de Montmédy à Béfort ; l'autre nommant commandant supérieur de la place le général de division du génie Coffinières de Nordeck. Un même placard contenait ces deux décrets et le texte des articles 248 et 249 du décret du 13 octobre 1863, où sont définis les pouvoirs du commandant supérieur : le premier l'autorisant à occuper tous les terrains jugés nécessaires à la défense et à faire tomber tous les édifices qui peuvent la gêner ; le second disant que, aussitôt l'état de siège déclaré, les pouvoirs dont l'autorité civile était revêtue pour le maintien de l'ordre et la police passent tout entiers à l'autorité militaire (Append. II).

Le régime nouveau est inauguré sur l'heure. Un arrêté du commandant supérieur annule les opérations électorales en cours d'exécution depuis la veille, pour le renouvellement du Conseil municipal, et en ajourne indéfiniment la reprise (Append. III). Un autre transforme les bureaux électoraux fonctionnant à cette heure même en bureaux de recensement de la garde nationale et ordonne la formation immédiate de celle-ci (Append. IV).

La première mesure étonne la population et froisse quelque peu ses susceptibilités ; la seconde est reçue avec applaudissements. Elle allait au-devant d'un désir qui s'était manifesté, dès le début de la guerre, par une démarche de simples citoyens chez le maire, le préfet et le général commandant la division, et par un vœu du Conseil municipal (séance du 18 juillet 1870). On avait, il est vrai, reçu ensuite avec tiédeur l'autorisation du gouvernement de former des compagnies d'hommes choisis, commandées par des officiers qu'il se réservait de nommer, conformément au décret de 1852. Maintenant c'était la population virile tout entière qui était appelée, et, sous cette forme, la mesure rencontrait le sentiment unanime de patriotisme qui poussait tout le monde à saisir une arme au moment où l'on savait le territoire envahi et l'ennemi près de paraître devant nos murs.

On court aux bureaux d'inscription. Outre les hommes de vingt à cinquante-cinq ans, à qui le service est légalement imposé, se présentent comme volontaires, et en grand nombre, ceux dont l'âge n'atteint pas ou dépasse les limites fixées par la loi. En quarante-huit heures, 5,000 hommes et plus sont organisés en cinq bataillons répondant aux cinq sections de la ville, avec des officiers nommés par le commandant supérieur, sur la présentation des gardes nationaux (Append. VI). Ce sont de véritables élections populaires. Pour le 12 août, la milice citoyenne est armée, chacun étant allé aux arsenaux recevoir son fusil et des cartouches ; la garde de l'enceinte est aussitôt distribuée entre les cinq bataillons, et le 13 le service commence. Cette organisation était complétée, quelques jours plus tard, par la constitution de cinq batteries d'artillerie (Append. XIII et XIV).

L'arrêté du 7 août, qui suspendait les élections, continuait dans ses fonctions le Conseil municipal existant (Append. III). La loi prescrivait, du reste, à celui-ci de rester à son poste jusqu'à son remplacement. Cette situation devait, en raison des événements, se prolonger bien au delà de ce qu'on prévoyait alors, et imposer ensuite aux mandataires de la cité des obligations pénibles, à l'accomplissement desquelles ils ont considéré comme un devoir de ne pas se soustraire [1].

Du 7 au 12 août paraissent, à court intervalle, deux nouveaux arrêtés du commandant supérieur touchant la police des étrangers dans la ville (Append. V) et la suspension des poursuites en matière commerciale (Append. VIII); puis trois ordres significatifs prescrivant de détruire immédiatement les plantations et les édifices qui se trouvent dans les deux premières zones de défense de la place et des forts (Append. VII), de ne laisser entrer à Metz que les personnes apportant avec elles pour quarante jours de vivres (Ap-

---

[1]. Le Conseil municipal avait à sa tête un homme plein de patriotisme et de dévouement, qui en était l'âme. Donnant l'exemple à tous, l'honorable M. Félix Maréchal, maire de Metz, soutint résolument, malgré le double poids de l'âge et de la maladie, l'épreuve de ces mauvais jours. On le vit à son poste jusqu'à l'épuisement de ses forces. Après les difficultés du blocus et au milieu des amertumes de l'occupation étrangère, il mourait, en quelque sorte à la peine, le 29 mars 1871, au moment où paraissait la première édition de ce livre, auquel il s'intéressait vivement et où il avait voulu lui-même prendre sa part de collaboration. Les funérailles de ce bon citoyen, dans la triste situation où se trouvait la ville, ont été pour sa mémoire l'occasion d'un hommage mérité rendu par la population tout entière dans une manifestation publique pleine de convenance et de dignité. (*Note de la seconde édition.*)

pend. IX et X), et enfin, deux jours après, d'arrêter complètement cette immigration des campagnards dans l'intérieur de la ville (Append. XI).

L'ordre du 10 août de ne laisser entrer dans Metz que les gens munis de vivres pour quarante jours semblait impliquer que le commandant supérieur n'entendait pas pourvoir aux nécessités d'un investissement de plus longue durée. L'événement a prouvé qu'en cela sa prudence était en défaut. Cette remarque doit être faite parce que l'insuffisance des vivres a joué un rôle décisif dans la reddition de la ville. Mais, s'il est permis aujourd'hui de le déplorer, il faut se rappeler que personne alors ne pouvait demander compte de ses résolutions au commandant supérieur, maître absolu des mesures qu'il croyait devoir prendre pour la défense, remise, avec pleins pouvoirs, à sa responsabilité.

Les faits militaires se précipitaient pendant ce temps-là. Le 10 août, nous avions vu arriver les troupes du camp de Châlons, formant le 6ᵉ corps, sous le commandement du maréchal Canrobert. Elles venaient rallier l'armée concentrée sous nos murs. Celle-ci, le 14, arrêtait un instant, à Borny, la poursuite pressante de l'ennemi; le 16, ayant passé de la rive droite de la Moselle sur la rive gauche, elle lui disputait encore à Gravelotte (Rezonville) la possession des plateaux; mais, le 18, à Amanvillers (Saint-Privat), elle était rejetée sur la ville d'où elle avait tenté de s'éloigner, et l'investissement de Metz commençait.

L'Empereur avait quitté, le 12 août, le commandement de l'armée, qu'il était impuissant à conduire, et l'avait remis au maréchal Bazaine, que désignaient pour ce poste et l'opinion publique et la confiance des soldats. La mission du maréchal, à ce moment, était de ramener, a-t-il dit, cette armée en arrière, en laissant la défense de Metz à une garnison secondée par la garde nationale. Dès le début, il échoua malheureusement dans cette entreprise, et, après avoir vainement cherché à se frayer un passage le 16 et le 18[1], comme nous venons de le dire, il avait dû se replier sur la ville, que la seule présence de ses 150,000 soldats devait protéger d'abord, mais que leur immobilité persistante devait compromettre ensuite et entraîner finalement dans leur propre désastre.

A partir de ce jour, les Messins, dans la situation subordonnée qui leur est faite, assistent, frémissants et presque sans pouvoir y intervenir, au drame où, sous leurs yeux, se joue leur propre destinée. Toujours mal ou incomplètement informés, ils ne savent, à aucun moment, ni à quel point on en est ni où l'on va.

Nous avons à constater, pendant cette période, les mouvements inquiets de l'opinion dans la population et les mesures prises sur quelques objets particuliers par le Conseil municipal, seules manifestations possibles de la vie publique, sous le régime de l'état de

---

1. Le 18 août, le maréchal Bazaine était déjà sur la défensive, comme il le dit dans son *rapport sommaire*; il semble même avoir douté, pendant la plus grande partie de la journée, que son armée fût à ce moment l'objet d'une attaque sérieuse, et il était encore vers quatre heures du soir à son logis, au village de Plappeville (Append. LXVII).

siège; enfin le sentiment douloureux de l'étonnement, de l'indignation et de la souffrance chez les malheureux Messins lorsqu'éclate inopinément la catastrophe que rien n'annonçait d'abord, qu'ils persistent ensuite à croire impossible quand on essaie de la leur faire entrevoir et qui leur semble encore un rêve, un cauchemar imaginaire, alors que les faits sont accomplis et sans remède.

La torture de l'ignorance, du doute et de l'impuissance, tel a été notre supplice pendant les longues semaines du blocus qui ont abouti à notre perte.

Après les journées de Borny, de Gravelotte et d'Amanvillers, la ville se remplit de blessés. Les soins qu'ils réclament absorbent toute l'attention des habitants. Le Conseil municipal se partage en cinq commissions permanentes de sections, avec adjonction de citoyens de bonne volonté, pour organiser et surveiller les ambulances improvisées de tous côtés dans les divers quartiers de la ville. Il nomme en même temps dans son sein deux commissions spéciales, l'une pour diriger l'emploi des fonds de la souscription de secours, l'autre pour aviser aux mesures de toutes sortes qui peuvent intéresser l'alimentation publique (Append. XXXIII et XXXIV).

Le soin des blessés, auquel surtout on était appliqué, n'empêchait pas qu'on ne se préoccupât tout naturellement de la situation militaire, bien qu'on la crût en bonnes mains. Ce n'est cependant pas sans un certain étonnement, et quelque chose de plus peut-être, qu'on avait été témoin de la confusion incroyable avec laquelle s'était effectué le passage de l'armée à travers la ville, pendant et après la bataille de Borny, les 14 et 15 août. Le désordre apparent qui suivit la bataille du 18 avait à son tour surpris et inquiété l'opinion publique. Le lendemain de cette affaire, tous les corps semblaient se presser confusément sur les pentes du Saint-Quentin et dans la plaine qui s'étend à ses pieds, entre les forts de l'ouest et la ville, pendant qu'au sud et à l'est de celle-ci le terrain était abandonné; à ce point que, le 19, on avait vu avec stupeur les cavaliers ennemis se présenter en deçà même de Montigny et de Magny et jusque sur les glacis des forts de Queuleu et de Saint-Julien. Le 3e corps, puis le 2e, repassant quelques jours après sur la rive droite de la Moselle, régularisèrent heureusement bientôt la distribution des forces de l'armée autour de la place, et l'on vit en même temps ces troupes exécuter sur leurs divers fronts des lignes de défense. Le maréchal Bazaine semblait décidé à attendre. On n'hésita pas à penser que ce qu'il attendait c'était l'armée de Mac-Mahon; on ne doutait pas que celui-ci n'arrivât bientôt, et la pensée que sa présence dégagerait l'armée prisonnière dans ses lignes fit prendre patience à tout le monde.

Les deux mouvements du 26 et du 31 août, dans lesquels l'armée de Metz presque tout entière se porta sur la rive droite de la Moselle, parurent d'abord annoncer la prochaine apparition de cette autre armée avec laquelle on croyait le maréchal Bazaine secrètement en communication.

Cependant, le 26, les troupes étaient rentrées, après avoir été toute la journée à la pluie sans avoir rien fait. Le 31, il est vrai, une action brillante exécutée, après une longue attente, à la fin de la journée, avait donné à tous un vif sentiment d'espérance; mais cet espoir s'était évanoui le 1er septembre, quand on avait vu les troupes engagées rentrer le matin dans la place, après avoir abandonné pendant la nuit les positions dont elles s'étaient emparées la veille. L'étonnement fut grand, lorsqu'on s'aperçut, après ces deux journées, que les différents corps reprenaient simplement leurs positions antérieures entre les forts et derrière leurs lignes de défense, qu'ils se bornèrent, dès lors, à étendre un peu et à perfectionner.

Depuis quinze jours et plus nous étions, à Metz, sans nouvelles positives du dehors. Les derniers journaux parvenus jusqu'à nous étaient ceux du 16 août. Nous ne savions rien des événements accomplis que le remplacement du ministère Ollivier par celui que présidait le comte de Palikao, lorsque, dans la seconde semaine de septembre, nous apprenons, presqu'à la fois, par des prisonniers rendus et par des fragments de journaux, la capitulation de Sedan, la captivité de l'Empereur, la fuite de l'Impératrice et la formation, à Paris, d'un gouvernement provisoire.

L'*Indépendant de la Moselle* reproduit le premier une partie de ces nouvelles dans son numéro du

12 septembre, qu'on s'arrache avec avidité, et le lendemain un caractère en quelque sorte officiel leur est donné, mais avec certaines réserves, dans une proclamation signée par le commandant supérieur, par le préfet et par le maire, où il est dit qu'on ne peut ni les confirmer ni les démentir. On ajoute que, du reste, dans la situation où nous sommes, notre unique pensée doit être pour la France et que notre premier devoir est l'union dans la défense de la ville de Metz (Append. XVI). On en savait un peu plus en certain lieu qu'on ne voulait en dire, car la veille (12 septembre) le maréchal Bazaine avait informé les généraux de ces événements et le 16 il les fit connaître à l'armée par un ordre du jour imprimé.

La proclamation du 13 septembre parut, au Conseil municipal, lui offrir une occasion toute naturelle de manifester son adhésion à l'acte important des hommes qui venaient de prendre en main la défense nationale, et il vota dans cette intention une adresse où était exprimée cette pensée et qui fut remise au commandant supérieur, au préfet et au maire, comme réponse à la proclamation qu'ils avaient signée (Append. XXXVII).

Notre situation semblait entrer dans une phase nouvelle. L'armée restait immobile. L'ennemi établissait, disait-on, pour l'enfermer, des lignes de circonvallation qu'on représentait comme formidables. Un blocus plus ou moins prolongé paraissait imminent.

La question des subsistances se pose alors dans tous les esprits. Jusqu'alors le Conseil municipal s'était occupé surtout des blessés et des ambulances. Cependant, le 25 août déjà, il avait, comme nous l'avons dit, nommé dans son sein une Commission des subsistances (Append. XXXIV), et le 30 août il s'était ému d'une mesure dont il avait obtenu la révocation et qui avait pour objet de livrer, comme viande de boucherie, à la consommation de l'armée, les vaches laitières existant dans la ville (Append. XXXV).

Le 13 septembre, la Commission des subsistances fait au Conseil un rapport, à la suite duquel celui-ci décide que tous les blés et les farines conservés chez les particuliers seront immédiatement mis en réquisition, pour être appliqués ultérieurement à l'alimentation publique (Append. XXXVI). En vertu de cette délibération, un arrêté est sollicité et obtenu du commandant supérieur pour prescrire l'exécution de cette mesure (Append. XVII).

Cette grave question de l'alimentation publique commençait donc à inspirer quelques inquiétudes. Jusqu'alors elle n'en avait causé aucune. On savait le maréchal Bazaine au courant de la situation et parfaitement informé des ressources de la ville (Append. LXIII), et l'on pouvait croire qu'il les jugeait suffisantes pour les éventualités qu'il prévoyait. On croyait aussi que son armée en était, de son côté, abondamment pourvue, d'autant plus que des quantités notables de denrées qu'elle aurait pu facilement recueillir dans les fermes et les villages environnant la place avaient été négligées et même parfois refusées, malgré les propositions formelles de ceux qui en étaient détenteurs (Append. LXVII). Cependant, le 10 septembre, les habitants avaient été, par ordre du maréchal, invités à livrer à l'intendance les quantités d'avoine, d'orge et de fourrage qui pouvaient dépasser les besoins de leurs propres chevaux jusqu'au 10 octobre (Append. XV). Depuis quinze jours, en outre, les vivres renchérissaient graduellement dans la ville (Append. LXI). La viande devenait rare et quelques denrées même manquaient complètement dans les magasins du commerce. On commençait aussi à s'inquiéter de l'attitude du général en chef, immobile à la tête d'une armée nombreuse à peu près intacte. On se demandait ce que pouvait signifier l'inaction dans laquelle il la retenait. Avant le 1er septembre il attendait, disait-on, Mac-Mahon; mais, maintenant que Mac-Mahon ne pouvait plus venir, qu'attendait-il encore?

Il courait dans Metz de vagues rumeurs de négociations, et l'on savait que des communications actives existaient entre les deux quartiers généraux français et allemand. Ces bruits se renouvelèrent à plusieurs reprises, vers le milieu de septembre d'abord, puis à la fin du même mois lors du départ de Bourbaki, et en octobre lors des voyages du général Boyer. Le public ne sut jamais au juste ce qu'il en était. Après avoir cru d'abord que ces négociations pouvaient procurer par un traité de paix le salut de la ville, il se laissa persuader à la fin qu'on allait obtenir au moins ainsi l'éloignement de l'armée, dont la présence prolongée l'inquiétait plus, à cause de la nécessité de la nourrir, qu'elle ne le rassurait contre des attaques qu'on ne redoutait pas.

Vers le milieu de septembre, l'opinion se prononce avec énergie contre cette inaction de l'armée. Elle se produit de diverses manières, contre les officiers surtout qui remplissent journellement la ville, et auxquels on s'en prend bien à tort d'une situation qu'ils subissent plutôt qu'ils ne la font. Le maréchal Bazaine, le maire de la ville reçoivent des lettres dans lesquelles s'expriment ces sentiments et où sont parfois développés en outre des plans d'opérations pour sortir de la situation dont on souffre. L'impatience publique grandissant, les choses en viennent à ce point qu'à la fin de septembre une adresse couverte d'un grand nombre de signatures est remise au maire pour lui exposer ces inquiétudes de la population et le prier de s'en faire l'interprète auprès du général en chef.

« Il vous sera permis, lui dit-on, à vous le repré-
« sentant naturel et respecté d'une vieille cité qui
« veut rester française, de faire à cette occasion telle
« démarche que vous jugerez nécessaire et de parler
« avec la franchise et la simplicité que commandent
« les circonstances...

« Nous croyons que l'armée rassemblée sous nos
« murs est capable de grandes choses, mais nous
« croyons aussi qu'il est temps qu'elle les fasse.

« Chaque jour qui s'écoule amènera pour elle et pour
« nous des difficultés nouvelles...

« Sans pouvoir discuter ni même indiquer des opé-
« rations militaires, le simple bon sens nous montre
« clairement que des entreprises énergiquement et
« rapidement conduites, avec l'ensemble des forces
« dont on dispose, peuvent amener des résultats con-
« sidérables, peut-être même décisifs. Laisserons-
« nous venir le jour où, après avoir fermé les yeux,
« il faudra reconnaître que les retards nous ont été
« funestes et ont eu des conséquences irréparables?
« Certes, toute tentative est périlleuse; mais avec le
« temps le péril sera-t-il moindre? Quel secours atten-
« dons-nous d'ailleurs? Est-ce la question politique
« qui se mêle à tort à la question militaire et qui com-
« mande ces lenteurs?...

« Si dures que soient les exigences de la situation...
« notre ville les supportera... puisqu'elle ne veut pas
« être la rançon de la paix, et, qu'après le long passé
« d'honneur qu'elle trouve dans ses annales, elle ne
« veut pas déchoir (Append. LIV). »

Le maire n'hésite pas à faire la démarche qui lui est demandée. Il se rend au quartier général du Ban-Saint-Martin, où il trouve le maréchal en possession déjà du document dont il vient l'entretenir. Il est accueilli du reste avec courtoisie, mais finalement éconduit sans avoir obtenu la moindre parole capable de rassurer (Append. LV).

En parlant de la question politique, les auteurs de l'adresse avaient, on a lieu de le croire, touché, sans oser cependant y insister, le point capital de la situation. La démarche montrait du reste où en était le moral toujours excellent de la population. Sa fermeté dans la résolution de se défendre pouvait devenir un embarras, suivant l'attitude qu'on voudrait prendre, et, à diverses reprises, elle dut résister à d'évidents essais d'intimidation, indépendamment des épreuves auxquelles la soumettait naturellement la marche des événements. Elle en avait déjà supporté, sans faiblir, plus d'une capable de l'ébranler. Sans parler de l'effet qu'aurait pu produire à Metz, sur l'esprit public, la nouvelle devenue certaine du désastre de Sedan, le bruit y avait été prématurément répandu, dès le commencement de septembre, de la chute de Strasbourg (Append. LVI). On avait ensuite annoncé que l'anarchie était déchaînée à Paris et dans les provinces, tombées, disait-on, entre les mains des socialistes : détail imaginaire dont la mise en œuvre était un des procédés habituels des hommes de l'Empire et qui trahissait ainsi l'origine des faux bruits auxquels il était associé.

Tout à coup, vers le milieu de septembre, se produit la menace d'un prochain bombardement. Parmi les chefs militaires, quelques-uns semblent y croire. Avis est donné de la part du général Coffinières à la municipalité[1], et par celle-ci aux habitants, de se pré-

---

1. Le 16 septembre, M. Demoget, architecte de la ville, capitaine-com-

parer à cette éventualité par des précautions spéciales. Le service des pompiers est renforcé, des tonneaux pleins d'eau sont disposés sur les places, dans les rues et dans les cours des maisons. Cependant, des gens raisonnables démontraient qu'en raison des positions occupées à ce moment par les ennemis ce bombardement était tout à fait chimérique. Beaucoup de personnes hésitaient à le croire possible. Les plus crédules se rassurèrent bientôt. Il n'y eut pas de bombardement, et l'on se demanda naturellement si le bruit qui s'en était répandu ne procédait pas de quelqu'intention d'inquiéter, d'intimider peut-être la population. On eut occasion de revenir plus tard à ces soupçons.

Il avait été dit, dans certains groupes militaires, que la menace d'un bombardement ferait nécessairement jeter les hauts cris aux bourgeois et rendrait impossible la défense si l'on arrivait à cette extrémité. Une pareille supposition faisait bondir d'indignation les braves Messins et, comme pour affirmer cette disposition, ils se prononçaient de plus en plus contre la présence prolongée et l'inaction de l'armée. On demandait tout haut, à Metz, son éloignement et la constitution, dans la place, d'une garnison qui ne dépassât

---

mandant des sapeurs-pompiers, fut appelé chez M. le général Coffinières pour recevoir ses avis touchant les mesures à prendre en prévision du bombardement. Ces mesures furent prises. Elles n'aboutirent qu'à augmenter les charges ordinaires du service pour les sapeurs-pompiers, dont les tours de garde revenaient tous les quatre jours depuis le commencement du blocus.

pas en nombre les nécessités de la défense, avec le concours de la garde nationale, pour une durée dont la prolongation serait assurée par celle des subsistances, quand on n'aurait plus à pourvoir, avec les approvisionnements existants, à la nourriture d'une armée nombreuse et inutile.

L'impatience de tous ne fut guère trompée par les petites expéditions entreprises, peut-être pour lui répondre, vers cette époque, du 22 septembre au 7 octobre; opérations décousues, brillantes quelquefois, grâce à la valeur des soldats, mais toujours à peu près stériles et sans aucun résultat sérieux. Ce qu'on voulait de l'armée, c'est que, rompant le blocus, elle réussît à se ravitailler, ou que, tenant la campagne, elle se transportât ailleurs. Ce sentiment s'exprimait d'une manière quelquefois excessive et il froissait injustement, dans les troupes, de braves gens à qui n'appartenait nulle initiative et qui ne pouvaient qu'obéir; mais il était vrai dans son principe. A cette impatience allaient se mêler bientôt le doute et la méfiance, touchant les intentions du général en chef, et ces dispositions devaient se prononcer contre lui jusqu'à faire naître la pensée de lui enlever le commandement pour le remettre en d'autres mains.

La question des subsistances dominait cependant de plus en plus la situation. Le 21 septembre, le Conseil municipal est touché de certaines difficultés qui s'y rattachent, des collisions à la porte des boulangers et du commerce interlope du pain entre la ville et les camps, avec les abus et les dangers qu'il entraîne (Append. XXXVII). A cette occasion est proposée, pour la première fois, la mesure des cartes de consommation, renvoyée à l'étude de la Commission des subsistances et adoptée ultérieurement dans une séance du Conseil, renforcé d'un certain nombre de notables habitants (4 octobre), où se constituent des Comités de recensement pour son exécution. Les opérations commencèrent immédiatement ; elles étaient longues et difficiles et la mesure ne put être appliquée que tardivement : à partir du 16 octobre seulement (Append. XXV).

Dans l'intervalle venait de se produire, les 12 et 13 octobre, un grave incident. Pour compléter la mesure de la réquisition des blés et farines, dont l'arrêté du 15 septembre avait prescrit le recensement chez les particuliers, le commandant supérieur avait, le 7 octobre, enjoint à tous les détenteurs de ces denrées de venir en faire à l'hôtel de ville la déclaration avant le terme du 11 de ce mois (Append. XXI). Il avait, en même temps, institué des commissions mixtes de perquisition, chargées de contrôler, par des visites domiciliaires, les déclarations. Ces commissions, composées de membres du Conseil et d'officiers, étaient réunies le 12 au matin à l'hôtel de ville pour commencer leurs opérations, quand le général Coffinières, qu'on n'y avait guère vu jusque-là, s'y présente lui-même et leur déclare que, par ordre du maréchal Bazaine, c'est non pas aux greniers de la ville, comme on l'avait annoncé, mais aux magasins de l'armée que devront être portés les grains qu'on va recueillir. Il ajoute que, du reste, l'armée est près de nous quitter et qu'elle s'éloignera, soit en se frayant un passage par la force, soit par suite d'un arrangement (*sic*) ; que la ville alors restera exposée à un bombardement inévitable, car les Prussiens, sans s'arrêter aux lenteurs d'un siège méthodique, ont l'habitude de brusquer ainsi l'attaque des places qu'ils veulent enlever. On devra s'attendre dès lors, dit-il, à des choses effroyables (*sic*) (Append. XXXIX).

Cet incroyable langage rappelle l'essai d'intimidation du mois précédent par la première annonce, vers le milieu de septembre, d'un bombardement qui ne s'est pas réalisé. Il est rapporté le lendemain au Conseil municipal, en même temps que lui est communiquée une lettre du général qui, pour le confirmer en quelque sorte, fait savoir que l'armée n'a plus de vivres et que la ville est sommée de lui livrer, sur ses propres approvisionnements, ce qu'exige son alimentation.

« M. le Maire, dit le général Coffinières dans cette
« lettre datée du 13 octobre, j'ai l'honneur de vous
« informer que les magasins militaires de vivres sont
« complètement vidés aujourd'hui même... Dans les
« circonstances critiques où nous nous trouvons, toutes
« nos ressources doivent être mises en commun, et je
« ne saurais penser qu'il fût nécessaire de recourir à la
« force pour établir cette égalité entre tous. En consé-

« quence, je vous prie et je vous requiers, au besoin,
« de prendre les mesures nécessaires pour que la
« quantité de 480 quintaux de blé soit mise journelle-
« ment à la disposition de l'administration de l'ar-
« mée. La première livraison, c'est-à-dire celle qui
« doit s'opérer immédiatement, sera enlevée par les
« voitures militaires dès que vous m'aurez fait con-
« naître les locaux dans lesquels se trouvent les den-
« rées. »

Dans le corps de sa lettre, le général évaluait, d'après ses renseignements, les ressources actuelles de la ville à 5,000 quintaux environ, la consommation journalière de la population à 300 quintaux, celle de l'armée à 480, et il en inférait qu'on aurait ainsi du pain pendant six jours encore à peu près (Append. XXXIX).

Rapprochée de la communication verbale du 12, la lettre du 13 octobre parut, au Conseil municipal, dénoter le projet de l'intimider par la double perspective du bombardement et de la famine à court délai, comme terme d'une défense qu'on ne voulait pas prolonger. Avait-on l'intention de provoquer dans la population civile des sentiments et peut-être des manifestations de crainte qui servissent d'excuse à quelqu'acte honteux? L'indignation que causait une pareille pensée fit rédiger et adopter immédiatement par le Conseil une adresse au général, dans laquelle, sans exprimer formellement les suppositions que permettait sa double communication, on lui disait que la connaissance tardive de la situation de l'armée, quant à ses subsistances, ne pouvait que causer à la population un douloureux étonnement, mais qu'on était prêt à supporter avec courage et sans faiblir toutes les conséquences de cette situation qu'on n'avait été en position ni de connaître ni de prévenir (Append. XXXIX).

Cette résolution avait été prise par le Conseil municipal dans une séance de nuit, convoquée d'urgence, et qui s'était prolongée jusqu'à dix heures du soir (Append. XXXIX). A cette heure avancée se pressaient encore sur la place de l'hôtel de ville des groupes nombreux, mis en éveil par ce qui avait transpiré du langage tenu la veille au matin par le général, et se demandant avec inquiétude ce qu'on allait décider et ce qu'on allait faire. La séance terminée, le maire, escorté par le Conseil tout entier, paraît devant cette foule agitée et lit à haute voix l'adresse qui vient d'être rédigée. La résolution de tenir, sans se laisser intimider, jusqu'aux dernières extrémités, est reçue avec des cris chaleureux de : vive la France ! vive la République ! Le document répandu le lendemain, puis affiché dans la ville, n'est pas moins bien accueilli, et il est ratifié ainsi par la population tout entière[1].

---

1. En même temps, un certain nombre d'officiers de la garde nationale signaient, dans une réunion chez M. Racine, architecte, l'adresse suivante, envoyée ensuite au général Coffinières :

« Général, le bruit s'est répandu dans la ville qu'il restait à la population pour dix jours de vivres et pour deux jours seulement à l'armée qui campe sous nos murs. Ce bruit a été accueilli à la fois avec stupeur

Le général répondit immédiatement à cette adresse, en feignant d'y voir l'expression d'un sentiment qui eût été naïf, s'il eût consisté, comme il le dit, à s'étonner que 230,000 bouches et plus, alimentées pendant deux mois par les approvisionnements d'une ville, en eussent réduit les ressources. Il rencontrait mieux le sentiment vrai de la population, en déclarant ensuite

et indignation. Qui de nous, en effet, eût pu s'attendre à cette nouvelle, après avoir vu, il y a peu de jours encore, le blé distribué aux chevaux de l'armée ; après être, nous-mêmes, restés libres jusqu'à ce jour de manger à notre faim sans avoir été prévenus par aucune note officielle qu'il y avait lieu de ménager les vivres ! Il est difficile d'admettre que l'on ait ainsi, sans motifs, attendu au dernier jour pour adopter les mesures commandées par la prudence la plus élémentaire ; tant d'imprévoyance ferait croire qu'il y a lieu de prendre au sérieux le mot de trahison, qui est dans toutes les bouches.

« Quoi qu'il en soit, en présence de circonstances si graves et sans vouloir rechercher aujourd'hui sur qui doit retomber la responsabilité des fautes commises, nous venons réclamer, de l'autorité concentrée dans vos mains depuis la mise en état de siège, l'application des mesures les plus énergiques pour faire face à la situation. — Que tous les habitants soient rationnés et toutes les rations réduites à leur minimum. Que, si la réalisation de cette mesure doit entraîner quelque délai, on fasse, dès aujourd'hui, placarder une proclamation dans laquelle les habitants seront avertis de la situation et invités à se rationner eux-mêmes.

« La population de Metz tout entière saura, nous n'en doutons pas, s'imposer les privations nécessaires pour éviter à tout prix une seconde édition de la capitulation de Sedan. S'il s'agit de nous préparer à supporter les rigueurs d'un siège, nous sommes prêts. Mais, s'il s'agit de nous préparer à une lâcheté, que l'on ne compte point sur nous ! La population de Metz saura résister jusqu'au dernier jour, non pas seulement à l'ennemi du dehors, mais encore à tous ceux qui tenteraient de proposer une capitulation avant le jour où les circonstances seront devenues telles que cette capitulation, si nous devions avoir le malheur de la subir, devînt une gloire pour la ville au lieu d'être une honte de plus pour la France.

« Veuillez, général, agréer l'expression de nos sentiments patriotiques.
« Metz, le 13 octobre 1870. »   *(Suivent les signatures.)*

qu'il comptait sur son ardent concours pour la défense de la ville et qu'on pouvait aussi être assuré de l'énergie avec laquelle il saurait accomplir son devoir. Le commandant supérieur avait introduit, en outre, dans cette réponse, qui fut affichée, une reconnaissance explicite, que n'avait encore produite à Metz aucun chef militaire, du *Gouvernement de la défense nationale* (Append. XXIV).

Cette dernière déclaration satisfaisait le sentiment général, exprimé plus formellement et plus vivement surtout, contre l'Empire, deux jours auparavant (le 11 octobre), par les officiers de la garde nationale arrachant, aux acclamations d'un public nombreux, l'aigle qui surmontait le drapeau placé à la façade de l'hôtel de ville, où personne n'a plus demandé son rétablissement.

L'instinct populaire était que du régime nouveau dépendait notre salut. Aussi commençait-on à se méfier de Bazaine, qu'on avait lieu de croire attaché par des liens étroits à l'ancien gouvernement; ce qui augmentait singulièrement l'inquiétude produite par son inexplicable attitude militaire. Son étrange et persistante immobilité démoralisait évidemment son armée, dans laquelle se propageaient l'indiscipline et le découragement. Certaines manœuvres, dont on hésite à accuser l'apparente origine, aggravaient journellement encore cette situation. On inquiétait les troupes par une image exagérée et anticipée des souffrances qui les attendaient. Le 12 septembre, au moment de faire connaître aux soldats l'anéantissement de l'armée de Mac-Mahon, on leur annonçait qu'on n'avait plus de pain que pour vingt-cinq jours et de fourrage que pour cinq seulement. Des bruits de négociations politiques, accrédités ensuite par différents actes, par les communications fréquentes et bien connues avec le quartier général prussien, par les voyages de Bourbaki et de Boyer, habituaient peu à peu l'armée à ne plus compter sur elle-même et à attendre, non d'une action militaire, mais d'une transaction politique, la solution qui devait la sauver.

Cependant, l'idée de se dégager par un coup de vigueur avait, on le savait aussi, ses partisans dans l'armée. Un certain nombre d'officiers réunis dans cette pensée cherchèrent jusqu'à la fin à la réaliser. Ils s'en occupaient encore dans les derniers temps en secret; mais, au commencement, ils avaient agi à découvert, et ils étaient même allés, assurait-on, communiquer leur projet au général en chef. Celui-ci leur aurait déclaré qu'il était des leurs, qu'on le verrait le jour de l'action à leur tête, qu'ils pouvaient compter sur lui; mais, finalement, il les aurait, disait-on, éconduits de telle façon qu'ils n'y étaient plus revenus.

Bazaine n'entendait nullement, on peut le croire, encourager de pareilles entreprises. Il tâchait bien plutôt d'en détourner ses soldats. Le 17 octobre, un communiqué émanant du grand quartier général et publié dans le journal l'*Indépendant* énumérait avec complaisance les forces considérables des ennemis autour de Metz. Ces indications fournies par le général en chef résultaient, disait le document officiel, du témoignage de soldats ennemis faits prisonniers, et c'est au journaliste qu'on laissait le soin si naturel de faire remarquer que ces renseignements, en raison de leur origine, ne devaient être accueillis qu'avec beaucoup de réserve (Append. LIX).

Un peu plus tard on faisait pis encore; on répandait parmi les officiers une note que tout le monde a eue entre les mains et qui détaillait, en les exagérant, les obstacles créés par les ennemis pour former les lignes de circonvallation qui nous enfermaient. En même temps se propageait, parmi les troupes, le bruit qu'une capitulation, si elle avait lieu, stipulerait la captivité des officiers seulement et le licenciement, avec renvoi dans leurs foyers, des soldats.

Voilà comment on agissait vis-à-vis de l'armée. Du côté de la population, on ne se bornait pas aux tentatives d'intimidation. De temps en temps, un bruit habilement mis en circulation calmait l'opinion par l'espérance que l'armée allait lever le camp. Les ordres étaient donnés à tout le monde de se tenir prêt. Les officiers, croyant partir, faisaient leurs adieux à leurs amis de la ville en leur confiant une partie de leurs bagages pour obéir à l'invitation qu'ils avaient reçue de les alléger. On allait, croyait-on, percer les lignes. Ordre fut même, dit-on, donné un jour de préparer des lits pour les blessés qu'une pareille tentative devait coûter.

Le départ de l'armée était devenu l'idée fixe des Messins. L'impatience que causait son ajournement avait fait naître une sorte d'irritation qui s'exprimait de mille façons, contre les officiers surtout. Cette situation provoque un jour une déclaration, datée du 15 octobre, signée : un officier d'infanterie, et accueillie dans l'*Indépendant* du 19.

« Depuis quelques jours, y est-il dit, les Messins,
« qui, jusqu'à présent, ont fait notre admiration et
« se sont acquis des droits à notre grande reconnais-
« sance, se plaignent de ce que l'armée reste autour
« de la ville et absorbe le peu d'approvisionnements
« qui lui restent... Il est bien facile de dire : que l'ar-
« mée s'en aille et il nous restera des approvisionne-
« ments ; nous nous défendrons et nous périrons dans
« nos murs. Tout cela se dit très bien et se ferait de
« même, j'en suis persuadé... Ceux qui, en ce moment,
« ne rendent pas justice à l'armée sont peu au cou-
« rant de la situation. Il m'est difficile de m'expliquer
« comme je pourrais le faire, parce que je ne dois
« pas entrer dans certaines considérations que ma
« position de militaire ne me permet pas de dévelop-
« per... Nous avons occupé et fait respecter par l'en-
« nemi le principal rempart de la France... On a eu
« bien de la peine à réunir assez de monde pour
« défendre Paris, et Metz reste seul, entouré d'en-
« nemis en grand nombre et de fortifications dont il
« faudrait faire un siège en règle si l'on voulait les
« franchir. Je ne sais ce que fera le maréchal Bazaine ;
« je m'en rapporte complètement à sa sagesse et j'ac-

« cepterai, avec une entière confiance, les ordres qu'il
« nous donnera... On parle sans cesse de la fameuse
« trouée qui doit nous dégager. Je ne puis vous dire
« ce que j'en pense, mais, si on ne la fait pas, croyez
« bien qu'elle est impossible. Si nous recevons l'ordre
« de la tenter, comptez sur notre énergie pour la voir
« réussir. Si vous, Messieurs les Messins, voulez bien
« vous rappeler ce que nous avons fait et voir les
« dangers et les privations que nous supportons tous
« les jours avec gaîté pour être dignes de notre pays,
« vous aurez pour nous de meilleurs sentiments et
« vous nous laisserez, sans mélange, au fond du cœur,
« une reconnaissance sans bornes pour les soins
« empressés que vous avez donnés à nos camarades
« atteints par la maladie ou le feu de l'ennemi. »

Nous citons cette lettre parce qu'elle fournit un intéressant témoignage de l'état d'esprit où se trouvaient, à sa date et à plusieurs points de vue, les officiers de l'armée. Les nuages légers qu'elle accuse entre celle-ci et la population civile ne troublaient pas, cependant, d'une manière essentielle les rapports toujours excellents qui existaient entre elles[1] ni les sentiments de sérieuse estime qu'elles avaient l'une pour l'autre. Nous en avons pour garants, notamment, une adresse de confraternité de la garde nationale à l'armée,

[1]. On peut mentionner comme une preuve de ces bonnes dispositions du côté de l'armée la part considérable prise par ses différents corps à une souscription en faveur des indigents de la ville, ouverte dès le 21 septembre sur la proposition du général Coffinières, et dont le produit a dépassé le chiffre de 103,000 francs (Append. XXXVII et LXVIII).

imprimée dans l'*Indépendant* du 16 octobre, et une réponse chaleureuse publiée au nom de celle-ci dans le numéro du 18 du même journal.

« Inspirés par les nobles résolutions du Conseil
« municipal, disait l'adresse, les citoyens et les gardes
« nationaux de la ville de Metz viennent vous offrir
« leur concours pour défendre l'indépendance de la
« patrie menacée. Ils sont convaincus que vous accueil-
« lerez leur démarche et que vous résisterez avec eux
« à toute idée de capitulation... »

Dans la réponse on disait : « Plusieurs motifs empê-
« cheront sans doute l'armée de répondre par une
« adresse à celle que la garde nationale de Metz lui a
« fait l'honneur de lui envoyer ; mais, à défaut d'une
« réponse collective, elle en recevra certainement de
« particulières. Plus d'un de nous tiendra à remercier
« la garde nationale d'une offre de concours qui n'a
« surpris personne... Pour moi, je n'ai pas la préten-
« tion exagérée d'être l'interprète de toute l'armée,
« mais je suis sûr, au moins, d'être l'écho fidèle des
« pensées et des paroles de ceux qui m'entourent...
« L'union de tous est notre plus grande, peut-être
« notre seule force. Que cette union soit pour nous le
« plus saint des devoirs... Il faut que chacun sache
« qu'avant d'être soldat chacun de nous est Français...
« Malheur et honte à qui croirait que, dans la terrible
« épreuve que nous traversons, nous pourrions avoir
« d'autre pensée que de sauver la patrie ou de mourir
« pour elle !... Plus de défaillances, plus de hontes,

« plus de capitulations!... Merci à la population de
« Metz, à ses femmes dévouées, à ses hommes fiers et
« braves. L'armée conservera toujours dans son cœur
« le souvenir et l'amour de cette héroïque cité. »

Dans cette réponse, comme dans l'adresse qui l'avait provoquée, se manifestait un sentiment d'inquiétude touchant la solution à laquelle on marchait et comme une réaction contre certaines menées politiques attribuées par la rumeur publique à Bazaine. On l'accusait de refuser son concours au gouvernement de la défense nationale et de ménager une restauration de l'Empire (Append. LVII). Il ne paraissait pas s'émouvoir beaucoup de ces bruits. Un jour, cependant, rompant le silence obstiné qui semblait chez lui un système, il se décide à parler. Pour la première fois il s'adresse directement à la population et, incidemment du reste, dans un communiqué placardé le 11 octobre 1870 à l'occasion de nouvelles réclamées par l'opinion publique, il adjure les habitants de Metz d'avoir confiance dans sa loyauté, car rien, assure-t-il, ne leur est caché; depuis le blocus, il n'a jamais reçu la moindre communication du gouvernement, malgré toutes les tentatives faites pour établir des relations. « Quoi qu'il advienne, ajoute-t-il en finissant, une
« seule pensée doit en ce moment absorber tous les
« esprits, c'est la défense du pays ; un seul cri doit
« sortir de toutes les poitrines : Vive la France ! »
(Append. XXIII).

A la suite de cette publication, les commandants de

la garde nationale sont mandés, le 15 octobre, au quartier général du Ban-Saint-Martin ; le maréchal veut savoir ce que, dans la population de Metz, on lui reproche, et, sur la franche exposition faite par eux des inquiétudes et des doutes qui assiègent les esprits, il leur déclare qu'il ne fait rien pour un pouvoir tombé par ses propres fautes et qu'il ne pense pas à autre chose qu'à servir le pays. Il ajoute que, dans les conseils où il réunit les généraux, il n'a jamais été question de capitulation ou de reddition de l'armée[1] (Append. LVII).

On aurait pu croire qu'il ne pensait plus à l'Empire. On sait aujourd'hui qu'il en était tout autrement, et qu'à cette date du 15 octobre, et depuis trois jours déjà, après Bourbaki, absent depuis le 25 septembre, Boyer était parti pour négocier une restauration bonapartiste.

On comprend que, dans ces circonstances, quelques hommes plus impatients et plus résolus que le grand nombre aient songé à se débarrasser d'un chef qu'ils croyaient capable de trahison et à lui enlever le commandement pour le remettre en d'autres mains. La

---

[1]. Nous ne savons pas à quel moment remonte la première pensée de la capitulation, mais nous tenons de M. le colonel Humbert, bibliothécaire de l'École d'application, que, le 5 octobre, un officier du génie attaché à l'état-major du général Coffinières est venu chercher pour M. le maréchal Bazaine, à la bibliothèque de l'École, le volume de l'ouvrage de Thiers où il est question de la capitulation de Baylen, et les relations de la défense et de la capitulation de Gênes et de Dantzig. Quelques jours plus tard, M. le général Frossard faisait demander aussi ces ouvrages.

difficulté était de trouver un officier qui pût prendre le rôle de commandant en chef, avec les capacités requises et le crédit nécessaire sur les troupes. Il fallait un général. On a parlé de plusieurs tentatives qui, toutes, échouèrent. Nous nous bornerons à mentionner celle qui fut dirigée du côté du général Changarnier.

Le général Changarnier était, depuis les premiers jours d'août, à l'armée de Metz, sans y avoir de commandement. Il s'était établi finalement à Saint-Julien, avec l'état-major du 3e corps, qu'il avait suivi dans quelques-unes des dernières journées, notamment le 31 août, à Servigny, où son attitude pleine d'entrain avait produit beaucoup d'effet. Sa vieille réputation militaire ainsi rajeunie aurait exercé sur les soldats le prestige nécessaire pour les enlever, et l'on pouvait compter qu'ils le suivraient s'il consentait à se mettre à leur tête. La difficulté était d'engager la question, d'aborder le général en le pressentant et de le mettre de suite, s'il voulait s'y prêter, dans une position qui pût servir de point de départ et d'appui à son action. On imagina de lui offrir le commandement de la garde nationale. Le 16 octobre, plusieurs officiers de celle-ci se décident à se rendre à Saint-Julien pour lui faire cette proposition.

Le général parut démêler dès l'abord la portée véritable de la démarche dont il était l'objet. Il commença par déclarer que son premier devoir était l'obéissance envers le général en chef, pour lequel il protesta de son estime et de sa confiance. Il ne pouvait donc, dit-il, sans son assentiment, répondre d'aucune façon à la proposition qui lui était faite, mais il s'en déclarait très flatté. Il ajouta cependant, avec une légère teinte d'ironie, que, le service de la garde nationale devant se borner à la défense des remparts, il préférerait peut-être un commandement qui lui permît d'aller plutôt aux avant-postes. On lui répondit que la garde nationale tout entière était prête à le suivre où il voudrait la mener, et l'on se sépara. Le général avait, en outre, profité de cet échange d'explications pour blâmer certaine démarche faite récemment d'un autre côté par la garde nationale, en vue d'obtenir une part plus large dans l'œuvre de la défense. Elle avait demandé au général Coffinières d'être admise à la garde des portes et au service des pièces d'artillerie dans les forts[1] (Append. XXXIX et LVI).

---

1. Pour satisfaire à cette dernière demande, le général Coffinières, par décision du 14 octobre, admit l'artillerie de la garde nationale sédentaire à faire dans les forts détachés un service que des difficultés d'exécution obligèrent d'ajourner, mais dont elle s'était rendue digne par son zèle à s'instruire.

« L'artillerie avait conscience de ce qu'elle pouvait et devait faire pour
« la défense de Metz et sa conservation à la France ; son zèle fut prodi-
« gieux. En huit jours, son instruction était complète pour le service des
« pièces de siège qui garnissaient les remparts. Ce résultat fut constaté
« et proclamé par M. le général de Mecquenem, commandant de l'artil-
« lerie de la place, dans la visite que lui firent les officiers de l'artillerie
« de la garde nationale quelques jours après sa réorganisation. Dans sa
« réponse au commandant de l'escadron qui mettait l'artillerie à sa com-
« plète disposition, le général de Mecquenem déclara qu'en raison de l'ap-
« titude des artilleurs des batteries, dont il s'était rendu compte par lui-
« même, il s'était entendu avec le général Coffinières pour leur confier le

La tentative à l'adresse de Changarnier n'alla pas plus loin. Le général avait suffisamment montré, et c'était évidemment son intention, qu'il ne fallait pas compter sur lui pour le rôle qu'on avait un instant songé à lui offrir; et il n'en fut plus question (Append. LVIII).

Il était dit qu'on subirait jusqu'au bout le commandement du maréchal Bazaine, efficacement protégé par les principes vivaces de discipline qui dominaient, après tout, chez les officiers, malgré quelques défaillances accidentelles et purement individuelles. La population contenait plus de ferments de révolte; mais ils étaient nécessairement étouffés par l'écrasante supériorité numérique de l'armée, toujours soumise à ses chefs. Du reste, dans la ville elle-même, la méfiance n'était pas générale, et, en raison de l'ignorance où l'on était des événements, il ne manquait pas de gens qui, répugnant à tout soupçon de trahison, pensaient que l'inaction du général en chef était motivée par des calculs de temporisation, fondés sur la connaissance où l'on pouvait le croire de ce qui se passait au dehors, aussi bien chez nous que chez les ennemis.

Il est assurément permis de déplorer aujourd'hui le

« service exclusif des fronts de la place et des forts intérieurs, tels que « Belle-Croix, Gisors, la lunette d'Arçon, Miollis, de manière à utiliser « pour le service des forts extérieurs toute l'artillerie de ligne disponible. Cette déclaration du général de Mecquenem fut confirmée en « tous points par le général Coffinières lors de la visite que lui firent les « officiers de l'artillerie le 18 septembre. » — *La garde nationale pendant le siège, par un citoyen de Metz* (M. Noizet).

maintien du maréchal Bazaine à la tête de l'armée de Metz; mais qui oserait blâmer ses officiers, eux ses premières victimes, d'avoir respecté dans son autorité la loi fondamentale de la discipline militaire! Il n'eût d'ailleurs été, probablement, au pouvoir d'aucun d'eux de décider tous les autres à oublier leur premier devoir ; et, si l'on doit douter du succès, au sein de l'armée, d'une conspiration militaire, que penser d'une tentative de ce genre qui fût partie du milieu de la bourgeoisie messine? Il s'est trouvé pourtant des gens pour croire qu'une pareille entreprise était possible. Le maire reçut des lettres dans lesquelles on l'invitait à déposer le maréchal et à disposer de son commandement. D'autres auraient voulu qu'il provoquât l'armée à se révolter contre son chef et à en choisir un autre. Nous ne mentionnons ces faits que pour montrer à quel point étaient portés l'inquiétude et le trouble dans certains esprits.

Sans aller jusque-là, sans concevoir la pensée que le maréchal Bazaine fût capable de trahison, beaucoup se laissaient aller à douter, au moins, qu'il fût bien résolu aux actes de vigueur qui auraient pu nous sauver ; et, à tort ou à raison, ils étendaient leurs soupçons au général Coffinières, malgré les assurances que celui-ci n'avait pas hésité à donner, dans quelques circonstances, de ses bonnes dispositions (Append. LVI). La méfiance, à l'endroit du général en chef et du commandant supérieur, s'exprime, faute de pouvoir s'affirmer autrement, par des manifestations diverses de la volonté de résister et de se défendre à outrance; volonté bien arrêtée qu'on entendait leur signifier en toute occasion, avec d'autant plus d'insistance qu'on les soupçonnait de ne pas la partager.

Les officiers de la garde nationale font dans cet esprit, à diverses reprises, des démarches chez le commandant supérieur, pour lui demander d'agrandir le rôle de la population dans le service militaire de la défense (Append. XXXIX et LVI).

Les journaux publient, pour le même objet, des pages significatives. L'*Indépendant* reproduit, le 15 octobre, dans ses colonnes, les articles de la loi militaire qui condamnent à la dégradation et à la peine de mort le commandant d'une place de guerre qui capitule sans avoir forcé l'ennemi à passer par les travaux lents et successifs des sièges, et avant d'avoir repoussé au moins un assaut au corps de place, sur des brèches praticables[1].

Un autre jour, la statue du maréchal Fabert, élevée à l'illustre messin sur la place de l'hôtel de ville, se trouve ornée d'une couronne destinée à appeler l'attention sur elle et sur l'inscription qui décore son piédestal :

SI, POUR EMPÊCHER QU'UNE PLACE QUE LE ROI
M'A CONFIÉE NE TOMBAT AU POUVOIR DE L'ENNEMI,
IL FALLAIT METTRE A LA BRÈCHE MA PERSONNE,
MA FAMILLE ET TOUT MON BIEN, JE NE BALANCERAIS
PAS UN MOMENT A LE FAIRE.

---

1. Il ne faut pas croire cependant que les six journaux existant à Metz

Les craintes exprimées par ces manifestations pouvaient sembler suffisamment motivées, car le général Coffinières avait dit publiquement, le 12 octobre, à l'hôtel de ville, que la population se faisait des illusions regrettables sur la possibilité d'une défense prolongée que ne permettait pas l'état des subsistances existant dans la place, et il avait ajouté qu'il importait d'éclairer les habitants sur cette situation et de les préparer à certaines conséquences qui pouvaient, à bref délai peut-être, en résulter (Append. LVI). Les bonnes dispositions des habitants, qu'un commandant énergique et résolu eût entretenues et fait naître au besoin, même au prix d'un pieux mensonge, celui-ci les déplorait et s'étudiait à les détruire.

Le général Coffinières se plaignait du reste d'être paralysé dans l'adoption de certaines mesures nécessaires à la défense, par la toute-puissante autorité du maréchal Bazaine qui, en lui imposant la charge des subsistances de son armée, anéantissait les ressources sans lesquelles il se trouvait, lui, dans l'impossibilité de garder la ville, comme c'était son devoir et sa volonté, disait-il, de le faire.

Nous ne pouvons juger jusqu'à quel point le commandant supérieur de la place était obligé de sacrifier ainsi ses obligations aux exigences du général en chef,

---

pendant le blocus aient alors joui d'une complète liberté. Une censure, qu'ils ont pu quelquefois lasser ou surprendre accidentellement, était exercée sur eux à l'état-major du commandant supérieur. On trouvera dans une note placée à la suite de ce mémoire quelques détails intéressants sur sa manière de procéder (Append. LVI).

mais il nous est permis de nous en étonner, en présence surtout de l'attitude nouvelle que le général Coffinières se décide enfin à prendre aux approches de la crise finale. Après avoir subi sans révolte, au grand détriment de la place, la volonté du chef de l'armée, depuis le milieu d'août jusqu'au milieu d'octobre, tout à coup à la veille d'en finir, et quand les ressources vont manquer, il s'avise d'y résister et il indique la résolution de séparer désormais les intérêts de la place de ceux de l'armée. Il constitue, le 12, et il installe, le 13 octobre (Append. LX), le comité de surveillance des subsistances que la loi prescrit d'établir aussitôt après l'ordre de former les approvisionnements, c'est-à-dire au début de la mise en état de siège; mais cette mesure tardive ne semble pas être un acte bien sérieux de la part du général, le jour même où il écrivait au maire de Metz : « Les magasins militaires des vivres sont complètement vidés aujourd'hui même (Append. XXXIX). » Cette dernière déclaration, qui pouvait être utile pour obtenir les grains qu'on voulait tirer des greniers de la ville, n'était, il est vrai, pas tout à fait exacte; car le comité de surveillance constata ultérieurement l'existence dans les magasins de la place de certaines ressources et, le 18 octobre, le commandant supérieur put ordonner encore de ne plus rien laisser sortir de ses magasins au profit de l'armée. Des vérifications permirent en outre de reconnaître des approvisionnements assez importants conservés jusqu'à la fin dans certains corps, et l'on sut que les forts en avaient encore des quantités plus ou moins notables le jour de la reddition. L'assertion du 13 octobre était donc quelque peu prématurée; mais ce qui n'était pas encore vrai ne devait malheureusement pas tarder à l'être.

Le 13 octobre, il s'agissait, ce semble, de retirer seulement à la ville une partie de ses ressources (Append. XL). On lui prit, en effet, les 15 et 16 de ce mois, 756 quintaux de blés et de farines; après quoi on lui fit savoir qu'on renonçait pour le moment à lui rien demander de plus. La population se trouvait dès lors avoir de quoi vivre, à deux jours près, juste autant de temps que l'armée. Peut-être avait-on voulu égaliser ainsi les ressources de chacun pour faire tomber plus sûrement ensemble toutes les possibilités et toutes les velléités de résistance. On a dit que le maréchal Bazaine voulait en finir pour un terme convenu. On n'ose le croire; mais les faits s'accorderaient véritablement avec une pareille supposition si l'on pouvait la faire.

C'est par les subsistances, on le voit, que la situation devait se dénouer et la chute de la place se décider. Les questions qui les concernaient étaient devenues, pour le Conseil municipal, l'objet des plus grandes préoccupations. Depuis le 18 octobre, il s'était déclaré en permanence; tous les jours il se réunissait pour s'occuper surtout de l'alimentation publique. La farine diminuait; on avait réduit les rations de pain, on pensait à leur substituer des rations de bouillon et de viande cuite, quand la farine viendrait à manquer (Append. XLI et XLII). On sentait bien, il est vrai, qu'arrivée à ce point la défense ne pouvait plus être qu'une question de jours; mais on savait aussi que, pour une ville assiégée, une seule journée gagnée peut tout sauver et que l'assurer, au prix même des plus grands sacrifices, est le strict devoir de ses défenseurs. Or, on voulait pousser la défense jusqu'aux dernières limites.

Cependant le bruit se répandait qu'il se tenait de nombreux conseils de guerre dont on ne savait rien de positif sinon qu'on voyait les généraux s'y rendre. Dans ces conseils il était, disait-on, question de capitulation suivant les uns, d'un coup de vigueur suivant les autres, pour sortir à tout prix de la situation où l'on se trouvait. On a su depuis que, dans ces réunions, il avait été en effet quelque peu parlé d'une action énergique et désespérée, mais que cette idée y avait trouvé peu d'accueil, et qu'on s'y était bien plus occupé de la manière dont on pourrait obtenir une capitulation qu'on voulait honorable, sans avoir la force ni la résolution d'en imposer les conditions.

Le 22 octobre, le général Coffinières se rend à la séance du Conseil municipal. C'était la première fois qu'il y paraissait. Il vient dire que des nécessités impérieuses ressortent de la situation et qu'au point où l'on en est les récriminations sont inutiles; que l'armée va décidément nous quitter; que ce qu'il demande maintenant à la ville, c'est de partager ses ressources avec la garnison qui s'enfermera dans ses murs; que celle-ci a dans les magasins militaires du pain pour cinq jours, jusqu'au 27; que la ville en a pour sept jours, jusqu'au 29; et qu'en mettant tout en commun on pourra vivre ensemble jusqu'au 28. Mais, plus que jamais, il faut, dit-il, que la population renonce à des illusions que rien encore n'a pu détruire; il faut qu'elle soit enfin convaincue que les vivres touchent à leur fin et que dans six jours ils seront épuisés. Le général insiste surtout sur la nécessité de faire savoir aux habitants que le 28 octobre ils mangeront leur dernier morceau de pain (Append. XLIV).

La connaissance de la situation devait se répandre dans ces termes précis, le lendemain même, par la publication du procès-verbal de la séance. Avant d'en transmettre, comme d'habitude, le résumé aux journaux, on le soumet à l'appréciation du général pour s'assurer qu'il rend bien sa pensée. On trouvait plus d'un inconvénient à fixer ainsi, à une date déterminée, l'entier épuisement des ressources, car on voulait croire encore à une prolongation désespérée de la résistance. On eût désiré que le général modifiât quelque peu, dans ce qu'elles avaient de précis, les expressions de sa communication. Mais son intention formelle était tout autre; il avait dit, pour que cela fût répété : Nous aurons du pain jusqu'au 28. On obtint seulement de lui que, dans le résumé qui allait être publié, il fût dit d'une manière un peu moins saisissante : Nous aurons du pain pendant quelques jours encore. C'est ainsi que la nouvelle fut donnée, le lendemain, à la population, dont on eût bien plutôt souhaité de soutenir, le plus longtemps possible, les bonnes dispositions (Append. XLIV et XLV).

Le général voulait, c'était son expression, ôter aux Messins leurs illusions. On pourrait presque dire qu'il voulait les décourager. Il n'y parvient pas encore. L'opinion publique accueille avec incrédulité sa communication au Conseil municipal. Elle n'en a pas moins pour certains bruits alarmants répandus dans les camps, qui les renvoient à la ville. Il s'agissait des nouvelles rapportées par le général Boyer qui arrivait de Versailles. Elles avaient été communiquées verbalement aux chefs des corps, aux généraux et, par ceux-ci, de la même manière, aux officiers et aux soldats. La France était, disait-on, en proie à l'anarchie; le gouvernement de la défense nationale était en dissolution; plusieurs villes, entre autres Rouen, avaient demandé des garnisons prussiennes pour les protéger contre le désordre; l'armée de Lyon avait été battue à Orléans. On ajoutait que les Prussiens étaient disposés à traiter de la paix, mais seulement avec la dynastie napoléonienne et la régence, représentée par le maréchal Bazaine, et que le général Boyer repartait pour aller demander à l'Impératrice d'acquiescer à cette combinaison.

Ces nouvelles se produisaient, au reste, avec certaines variantes qui s'expliquent suffisamment par cette circonstance qu'elles avaient pour origine les communications purement verbales des généraux. Plusieurs officiers avaient pris cependant la précaution d'en rédiger la teneur immédiatement après les avoir reçues. Une de ces notes, remise à cette époque entre nos mains par son auteur, porte en outre ces indications : « L'armée ne touchera probablement pas de vivres « demain, et après-demain on ne lui donnera que du « vin et de la viande. — On engage les soldats à ne « pas crier. — Dans trois jours ils quitteront Metz, « avec le consentement des Prussiens, pour aller réta- « blir l'ordre en France. — On demande aux chefs « de corps de faire de nombreuses propositions pour « la croix et la médaille. — Les officiers touchent « aujourd'hui, 19 octobre, la solde du mois de no- « vembre. »

On était étonné et justement ému dans la ville que de pareilles communications faites officiellement à l'armée n'arrivassent à la population que d'une manière indirecte, par des versions incomplètes et peut-être infidèles. Dans sa séance du 23 octobre, le Conseil municipal émet le vœu que des renseignements positifs soient demandés sur les nouvelles données à l'armée touchant les affaires générales du pays et les négociations pendantes, et que cette demande soit adressée au commandant supérieur (Append. XLV). Celui-ci répond (25 octobre) que, pour sa part, il ne peut rien dire, et que le général en chef peut seul le faire. La demande est adressée alors dans les mêmes termes, avec la déclaration du général Coffinières, au maréchal Bazaine (Append. XLVII).

La réponse du maréchal arrive le lendemain (26 octobre). Elle est lue au Conseil municipal le jour même, en présence du général Coffinières qui, pour la seconde fois, s'était rendu à sa séance. Le maréchal disait que le général, ayant assisté à tous les conseils de guerre, aurait pu fournir au Conseil municipal les renseignements qu'il réclamait (Append. XLVIII). Le général ne pouvait plus se dispenser de parler et il communique alors les tristes et décourageantes nouvelles que nous venons d'indiquer; mais il néglige de faire connaître, ce qui a été avoué depuis lors, qu'elles ont pour unique origine les déclarations de M. de Bismarck ou des officiers prussiens au général Boyer [1].

La lettre du maréchal qui a provoqué ces confidences contient encore une autre information bien plus grave et malheureusement plus certaine, c'est que, de l'avis unanime des chefs militaires réunis en conseil, l'heure de la reddition est arrivée, et que, par suite des exigences de l'ennemi et de la pénurie actuelle des vivres, il est irrévocablement décidé que la place et l'armée doivent subir le même sort. Le général Coffinières fait savoir, en outre, que les négociations sont déjà com-

---

1. « L'autorisation demandée pour M. le général Boyer, qui avait été « refusée le 11 octobre, fut accordée le 12, sur une dépêche télégraphique « du roi de Prusse. Cet officier général se mit immédiatement en route « pour Versailles, accompagné de deux officiers de l'état-major du prince « Frédéric-Charles. A son arrivée à Versailles, le 14, *où on ne le laissa* « *pas communiquer librement*, il fut reçu par M. le comte de Bismarck, « qui lui donna une seconde audience le lendemain, à l'issue du Conseil. « M. le général Boyer revint à Metz le 17. » — *Rapport sommaire sur les opérations de l'armée du Rhin du* 13 *août au* 29 *octobre* 1870, *par le commandant en chef, maréchal* BAZAINE.

mencées pour la reddition de la place (Append. XLVIII).

Malgré les bruits persistants qui couraient depuis quelque temps déjà, cette déclaration produit au sein du Conseil municipal une profonde consternation. Il était évident que tout était consommé. La capitulation était certaine; Coffinières s'applique à la justifier. L'épuisement des subsistances est le grand, l'unique argument de sa thèse; et il se charge d'annoncer lui-même, par une proclamation aux habitants, la situation où l'on se trouve. Il pourra, du reste, leur donner, dit-il, l'assurance que, dans les négociations qui ont maintenant leur cours, on ne négligera pas leurs intérêts, en faveur desquels il a fourni déjà plusieurs pages d'observations, et il invite, en finissant, le Conseil à lui envoyer, s'il le juge à propos, des notes relatant, pour le même objet, tout ce que lui suggérera sa prudence.

Après s'être levé, le général s'entretient avec quelques membres du Conseil municipal des conditions qu'on peut proposer en faveur de la ville, puis il se retire. Il laisse le Conseil en proie à une vive émotion, mais fermement résolu à ne tremper d'aucune manière dans l'acte déplorable qui s'accomplit. Le Conseil municipal déclare à l'unanimité qu'il ne fournira pas de notes pour la négociation, et qu'il convient de laisser à celle-ci son caractère purement militaire. Il décide aussi, par un sentiment facile à comprendre et pour ne pas se faire auprès de la population le porteur de cette lamentable nouvelle, que le procès-verbal qui la contient ne sera livré le lendemain à la publicité habituelle qu'après la proclamation annoncée par le commandant supérieur, pour faire connaître aux habitants la triste résolution du général en chef (Append. XLVIII).

C'est en effet par la proclamation du général Coffinières que les Messins apprennent dans la journée du 27 octobre où en sont les choses. « L'ennemi, dit le « général, demande la place et l'armée et n'admet pas « la séparation de ces deux intérêts. » C'est à cette exigence que l'on consent à céder (Append. XXXI).

Le soir, une députation des officiers de la garde nationale, introduite d'abord au sein du Conseil municipal, est ensuite menée chez le général Coffinières par le maire accompagné de quelques conseillers. Les officiers veulent dire encore une fois que la milice citoyenne est toujours prête à s'associer à toute mesure énergique que pourrait tenter l'armée jusqu'au dernier moment; mais que, si l'on a décidé irrévocablement la reddition de la place, elle demande de remettre ses armes dans les arsenaux avant que l'ennemi vienne l'obliger à les déposer[1] (Append. XLIX).

---

1. Le 28 octobre, le commandant supérieur rendait un arrêté portant que la garde nationale sédentaire de Metz était dissoute et que ses armes devaient être déposées dans les arsenaux. — La garde nationale de Metz avait été formée, en conséquence, d'un arrêté du commandant supérieur en date du 7 août (Append. IV). Elle avait procédé immédiatement au choix de ses officiers, confirmés le 8 par un arrêté du général Coffinières (Append. VI). — Les armes lui avaient été remises dès le 8 août, les compagnies se présentant successivement aux arsenaux, où les fusils nécessaires à leur armement étaient délivrés au chef de chaque détachement; ces fusils étaient ceux du dernier modèle à percussion. — L'artillerie fut

Dans une conversation qui suit ces déclarations, on revient sur les négociations dont le général a parlé la veille. On lui apprend que le Conseil a résolu d'y rester étranger, et lui-même affirme qu'il s'est décidé à n'y participer également en rien. L'œuvre est donc laissée à celui-là seul qui en a été l'artisan principal et à qui elle appartient, au général en chef, à Bazaine, à qui est réservé tout entier le triste rôle de livrer l'armée qu'il n'a pas voulu conduire au combat, et la malheureuse ville où il a trouvé un refuge, et dont il a ainsi

organisée le 22 août (Append. XIII et XIV). — L'uniforme adopté était la blouse de toile couleur feuille morte et la casquette américaine de même étoffe, avec un galon d'une couleur particulière (bleue, rouge, jaune, verte ou noire) pour chaque bataillon au collet de la blouse et à la casquette. L'artillerie avait le galon de couleur écarlate et l'état-major le galon tricolore. — Les cinq bataillons d'infanterie et les cinq batteries d'artillerie de la garde nationale portaient les numéros des sections de la ville auxquelles appartenaient les hommes qui les composaient et avaient la garde et la défense des portions de l'enceinte comprises dans ces sections. L'infanterie était forte de 5,064 hommes et l'artillerie de 605. — La première garde fut fournie le 13 août, par la 1re compagnie du 4e bataillon, aux postes du palais de justice et de la maîtrise de l'évêché. — Une décision du maréchal Bazaine du 22 septembre, notifiée par une lettre du 23 du général Coffinières, portait qu'une solde de 1 fr. 50 c. par jour de service serait accordée aux gardes nationaux sédentaires de Metz. Cette solde, payée des deniers de la ville, ne fut pas réclamée par tout le monde ; une somme d'environ 9,000 francs y a été consacrée. — Le 4 octobre, une décision du général Coffinières autorisait les habitants des campagnes réfugiés à Metz à se faire inscrire à titre volontaire dans les bataillons de la garde nationale. Cet appel a été peu entendu. — Les exercices journaliers, auxquels tout le monde se rendait avec zèle, les gardes sur les remparts, dont le tour revenait pour chacun tous les huit ou dix jours, concurremment avec celles du poste de l'hôtel de ville à partir du 2 octobre, et l'exécution de quelques mesures de police intérieure, tels ont été les seuls services réclamés de la garde nationale pendant le blocus. Elle a été passée une seule fois en revue par son colonel, le 25 septembre.

entraîné la perte. A ce moment (27 octobre au soir), l'acte de reddition était déjà signé, au nom du maréchal Bazaine, par le général Jarras, son chef d'état-major.

Le 28 octobre est pour l'infortunée ville de Metz un jour de trouble, de souffrances et d'efforts violents et vains, comme ceux qu'on fait convulsivement pour vivre encore quand on va mourir. Les rues sont pleines de tumulte; des clameurs bruyantes, des coups de feu s'y font entendre. La grande voix de la *Mutte* est déchaînée par quelques hommes exaltés qui ont envahi le clocher de la cathédrale et s'y sont barricadés. L'air est rempli des sons de la vieille cloche municipale. Signe ordinaire de réjouissance dans la cité, ses volées, retentissant à cette heure d'angoisse, font l'effet du rire insensé que provoque parfois la frénésie de la douleur. Plus vrai dans sa signification est le tocsin d'incendie, cloche d'alarme, qu'on met en branle à son tour. En même temps des groupes agités se forment; des hommes fous de colère se portent menaçants sur l'hôtel du commandant supérieur; mais des piquets d'infanterie ont été placés déjà aux abords des rues qui y donnent accès. Des gardes nationaux mêlés à des soldats se réunissent en armes. Ils veulent se jeter à travers les lignes ennemies; ils franchissent le soir les portes de la ville et disparaissent. Le tumulte se prolonge jusqu'à une heure avancée de la nuit.

Cette agitation impuissante, comme celle de l'agonie, ne pouvait plus provoquer que des périls. Le maire et le Conseil municipal cherchent à la calmer par une proclamation dont le langage est compris.

« Chers concitoyens, y est-il dit, le véritable cou-
« rage consiste à supporter un malheur sans les agita-
« tions qui ne peuvent que l'aggraver. — Celui dont
« nous sommes tous frappés aujourd'hui nous atteint
« sans qu'aucun de nous puisse se reprocher d'avoir
« un seul jour failli à son devoir. — Ne donnons pas
« le désolant spectacle de troubles intérieurs, et ne
« fournissons aucun prétexte à des violences ou à des
« malheurs nouveaux et plus complets encore. — La
« pensée que cette épreuve ne sera que passagère et
« que nous, Messins, n'avons assumé dans les faits
« accomplis aucune part de responsabilité devant le
« pays et devant l'histoire, doit être, en ce moment,
« notre consolation. — Nous confions la sécurité com-
« mune à la sagesse de la population » (Append. L).

Le 28 octobre avait été pour la population une journée d'agitations convulsives. Le lendemain la souffrance était renfermée dans les cœurs. Les rues encore pleines de mouvement étaient silencieuses. Des mains patriotiques avaient voilé d'un crêpe de deuil la statue de Fabert et sa noble inscription. A midi, les forts étaient remis à l'ennemi ainsi que les portes de la ville, pendant que les soldats étaient conduits, désarmés, aux avant-postes. Livrées en même temps, partageant le même sort, la cité et l'armée étaient maintenant prisonnières.

II.

LES SUBSISTANCES.

Le 26 octobre, le général Coffinières, parlant devant le Conseil municipal, à qui il venait d'annoncer la nouvelle imprévue de la capitulation, terminait sa triste communication par les paroles suivantes :

« Dans une telle situation et acculés par la famine, « avec quatre jours de vivres, que pouvions-nous « faire?... Je ne connais pas de place qui ait été si « près de l'épuisement complet de ses ressources. A « Dantzig, quand le général Rapp se vit réduit à qua- « rante jours de vivres, il fit, le 24 novembre, un traité « pour le 1er janvier, et cinq jours avant l'échéance, le « 25 décembre, il rendit la place. »

Ce tableau du dénûment de l'armée du maréchal Bazaine était exact. Il ne nous appartient pas de rechercher comment elle était arrivée à une telle extrémité : notre mission a seulement pour objet de retracer ce qui se rapporte à la ville de Metz, de grouper les faits relatifs à son alimentation pendant le blocus et d'exposer les documents officiels qui s'y rattachent.

Avant d'aborder le récit qui va suivre, il est nécessaire de bien établir tout d'abord les conditions dans lesquelles se trouvait Metz au moment où se présenta pour la première fois à ses yeux l'éventualité d'un blocus.

Jusqu'à ce moment, et à dater du 15 juillet, jour de la déclaration de guerre, c'est-à-dire pendant un intervalle de trois semaines, Metz n'avait pas cessé de servir de lieu de passage et de cantonnement aux troupes qui devaient composer l'armée. Tous les moyens de transport, toutes les ressources des chemins de fer avaient été absorbés par le service de la guerre, et pendant que, d'une part, la consommation s'était accrue dans des proportions considérables, d'autre part, le ravitaillement, même normal, avait été radicalement suspendu.

En outre, aucune injonction, aucun avertissement de se prémunir pour le cas d'un siège n'avait été adressé à l'administration civile.

Les esprits n'étaient pas alors tournés de ce côté. Chacun croyait que la guerre allait être portée bien au delà de la frontière. La confiance dans des succès prochains était complète, générale, absolue.

La réaction produite par les échecs de Spickeren et de Reichshoffen fut aussi violente que subite. En un jour, en un instant, apparut l'imminence d'un blocus et se révéla la nécessité de faire des approvisionnements et d'amasser des réserves de vivres.

Mais il était déjà trop tard. L'ennemi était, sinon aux portes de Metz, au moins à quelques lieues. Une grande partie des campagnes environnantes était en sa possession; les denrées qu'elles pouvaient fournir, dans ses mains ou à sa portée, et le ravitaillement était ainsi, du premier coup, devenu une affaire exclusivement militaire et l'objet d'une opération de guerre.

A ces difficultés, déjà si redoutables, était venu bientôt se joindre un nouvel élément d'embarras.

L'approche de l'ennemi et la frayeur qu'il semait devant lui avaient fait affluer dans Metz une quantité considérable de campagnards, accourus de toutes parts pour chercher un refuge, une protection dans l'enceinte de la ville. Du 10 au 15 août, ce n'avait été qu'une longue traînée d'émigrants amenant à leur suite leurs femmes, leurs enfants, leurs meubles, tout ce qu'ils avaient pu sauver dans la hâte de la fuite.

En vain, des arrêtés successifs avaient été édictés les 10 et 12 août (Append. IX, X et XI) pour arrêter cette immigration, ou, tout au moins, pour en atténuer les effets relativement aux subsistances.

Ces arrêtés n'avaient pas été complètement exécutés; et, de fait, ils ne pouvaient pas l'être, car il eût été inhumain de refuser à des concitoyens sans défense l'asile qu'ils venaient implorer et de les rejeter brutalement aux mains de l'ennemi.

En conséquence, les émigrants étaient restés dans Metz et la somme des bouches à nourrir s'en était trouvée, en peu de jours, augmentée dans de notables proportions.

En effet, la population de Metz est, en temps normal, de 48,000 habitants ; or, d'après un recensement qui fut opéré plus tard et dont il sera parlé dans la suite, il y a lieu d'estimer que, pendant le blocus, elle s'est élevée à un total d'au moins 70,000 âmes.

Il est toutefois juste d'ajouter que les campagnards avaient apporté avec eux des quantités assez importantes de blé, lesquelles pourvurent, au moins en partie, à leur subsistance.

Telle était la situation faite par les circonstances à la ville de Metz et à son Administration municipale le jour où se posa devant cette dernière la question des subsistances : à ce moment, c'est-à-dire pendant les huit jours qui séparèrent les premières menaces d'un siège, de l'investissement même, on ne pouvait essayer de se pourvoir de vivres : la seule chose à faire était de s'assurer de ce que renfermait la ville et de le réserver pour l'alimentation des habitants[1].

Pénétrée de cette idée, l'Administration procéda immédiatement à une enquête et chargea le fermier des moulins de la ville[2] de lui faire un rapport sur le stock de grains dont on pouvait disposer.

Or, ce rapport lui fit connaître que cet industriel

---

1. On lit dans le rapport sommaire sur les opérations de l'armée du Rhin (p. 9 et 10) : « Malheureusement, les autorités *civiles* et militaires « de cette place n'avaient pas pris de dispositions, *quand il en était* « *temps encore*, pour faire rentrer dans son enceinte toutes les ressources « en vivres et fourrages des cantons voisins et augmenter ainsi les appro- « visionnements, en prévision d'un long blocus. »

Les lignes qu'on vient de lire répondent suffisamment à cette singulière imputation de M. le maréchal Bazaine et feront comprendre à tous les lecteurs l'étonnement qu'elle a causé chez les personnes au courant des faits.

2. M. E. Bouchotte.

possédait alors une réserve de 14,000 quintaux métriques, soit de quoi alimenter la population pendant trente jours au moins; que, de plus, il y avait dans les mains des négociants pour une dizaine de jours de nourriture; enfin, que les greniers des particuliers pouvaient contenir environ 15,000 quintaux, représentant encore un mois de vivres, si bien que la totalité des ressources disponibles pouvait s'élever à plus de 30,000 quintaux.

Il y avait donc deux mois d'assurés (Append. LXIII). En outre, les magasins de l'intendance militaire devaient renfermer des grains en quantités considérables. Tout ce qui avait été acheté et accumulé pour le service de l'armée était resté à Metz, et on pouvait compter sur une participation à ces réserves, au profit de la population civile, pour le jour où les approvisionnements seraient épuisés.

Ainsi se présentait l'état des choses à la date du 15 août : mais, quelques jours après, tous les calculs étaient bouleversés et les prévisions, basées sur le secours à tirer des réserves de l'intendance, se trouvaient complètement déjouées.

En effet, on ne supputait alors que sur une garnison ordinaire de siège, soit environ 20,000 hommes, et on ne tenait pas compte de l'armée du maréchal Bazaine, qu'on croyait devoir s'éloigner et quitter le campement de Metz. Mais cette armée, après avoir essayé, les 16 et 18, de percer les lignes ennemies, revenait, le 19, s'établir dans l'enceinte de Metz et, dès lors, il fallait lui réserver sa part, la part de 150,000 bouches, dans les approvisionnements militaires.

Cet événement inattendu ne pouvait manquer d'apporter un trouble profond dans l'affaire des subsistances. L'effet ne s'en fit pas longtemps attendre.

L'intendance militaire se mit à acheter des grains sur le marché de Metz, faisant ainsi concurrence à la population et menaçant d'attirer à elle une grande partie de ce qui appartenait aux habitants.

En outre, comme les moyens de mouture étaient devenus insuffisants devant l'augmentation des besoins, elle prétendit requérir, pour son service exclusif, l'ensemble des moulins de la ville, comprenant un total de vingt-sept paires de meules (Append. XXXVII).

Toutefois, sur les observations qui lui furent aussitôt faites, elle consentit, le 29 août, à cesser ses achats dans l'intérieur de la ville et à laisser à la population les dix-sept paires de meules des moulins Bouchotte, se réservant pour son usage le reste, soit dix paires de meules, dont six exploitées par des particuliers et quatre appartenant à la manutention militaire.

Ce premier différend aplani, il en surgit bientôt un autre à propos de la viande.

Cet article, dès le commencement du blocus, avait accusé une rareté et subi une hausse inquiétante. De 1 fr. 50 c. le kilo, la viande de bœuf s'était élevée en un instant à 2 francs, 2 fr. 50 c., pour atteindre, dans les premiers jours de septembre, 3 et 4 francs[1]. La

---

1. En octobre, le bœuf se paya 10 francs le kilo. Voir à l'appendice

viande de cheval avait, en même temps, fait son apparition sur les étaux des bouchers et était devenue la seule ressource des petits ménages [1].

De fait, le bétail était accaparé pour les besoins de l'armée, et la population était menacée d'en être totalement privée.

Le 30 août, un incident d'une certaine gravité s'élevait dans le Conseil municipal à ce sujet.

Le maire faisait connaître au Conseil que, dans la journée du 29, un intendant militaire, agissant par ordre du général en chef, s'était présenté à la mairie avec ordre d'opérer le recensement de toutes les bêtes à cornes et vaches laitières qui étaient logées en ville. Ces animaux, que l'autorité militaire estimait être au nombre de 12 à 1,500, étaient destinés à l'alimentation de l'armée et devaient être livrés, à sa réquisition, par leurs propriétaires [2].

---

la nomenclature des prix des principaux articles de consommation (Append. LXI).

1. Du 22 août au 3 septembre, l'Administration autorisa l'ouverture de vingt boucheries chevalines.

2. Dès le matin, le maire se rend chez le général Coffinières, afin de lui exposer le mécontentement causé dans la population par la réquisition des vaches laitières, qui fournissent aux enfants, aux infirmes et aux femmes un aliment de première nécessité qu'aucun autre ne pourrait remplacer; qu'enfin, la voirie, en exécution des mesures prescrites dans l'intérêt de la salubrité de la ville, ayant voulu procéder à l'enlèvement des fumiers amoncelés au Jardin-d'Amour, un officier a fait savoir aux ouvriers qu'il repousserait par la force toute tentative d'enlèvement.

Au milieu d'ordres aussi contradictoires et émanant de sources diverses, l'Administration municipale, ne pouvant plus être utile à ses concitoyens, se trouvera dans la nécessité de résigner ses fonctions.

Le général répondit qu'à l'instant il allait demander la suppression des

Le maire ajoutait que toutes les représentations qu'il avait faites, en invoquant l'intérêt des malades et des enfants, étaient restées sans effet.

Une discussion animée succéda à cette communication ; des protestations énergiques partirent de la bouche de chacun des membres du Conseil, et une commission fut chargée de se transporter au quartier général et de soumettre au maréchal Bazaine les justes réclamations du Conseil (Append. XXXV).

Une heure après, justice était obtenue et la mesure rapportée. Mais l'incident n'en restait pas moins comme un fâcheux présage des difficultés qui devaient s'élever entre la ville et l'armée à l'endroit des subsistances.

L'Administration municipale n'avait pas attendu jusque-là pour pressentir la gravité des questions qu'elle aurait à résoudre. Dès le 25 août, elle avait proposé au Conseil la nomination d'une commission spéciale des subsistances, et le Conseil avait constitué aussitôt cette commission, qu'il avait composée de trois membres, en lui donnant mission de s'occuper de tout ce qui se rapportait à l'alimentation publique, avec faculté de s'adjoindre telles personnes qu'il lui conviendrait d'appeler dans son sein (Append. XXXIV).

La Commission était entrée immédiatement en fonction, et, le 13 septembre suivant, elle faisait au Conseil

acquisitions de vaches et irait s'en expliquer avec l'intendance du quartier général de l'armée du Rhin.

Quant à l'opposition faite à l'enlèvement des fumiers, il déléguerait un de MM. les officiers de son état-major pour lui faire un rapport sur l'incident. (*Note de M. Félix Maréchal, maire de Metz.*)

une communication qui allait ouvrir une phase nouvelle dans l'importante affaire dont elle était chargée.

Les approvisionnements en blé étaient sur le point de s'épuiser. Le 8 septembre, le fermier des moulins de la ville avait prévenu le maire que ses réserves diminuaient, et qu'il n'avait plus en magasin, à la date précitée, que 2,400 quintaux, représentant sept jours de travail. Il était donc urgent d'aviser. Or, il existait dans les greniers des particuliers d'importantes quantités de blé, estimées, ainsi qu'on l'a vu plus haut, à environ 15,000 quintaux, et le moment était venu de les requérir, afin de les faire entrer dans les mains de la ville et de les verser dans la consommation.

En conséquence, la Commission proposait de requérir ces blés; elle proposait en outre d'en fixer le prix à 36 francs les 100 kilos, prix à peu près conforme à leur valeur du moment, tout en réservant, à ceux qui le préféreraient, la faculté de se faire rembourser en nature après le blocus.

De plus, elle demandait que, en suite de conventions arrêtées avec la meunerie, la farine fût taxée à 48 francs le quintal et le pain à 0 fr. 46 c. le kilo[1].

En second lieu, la Commission signalait l'élévation croissante du prix de la viande de cheval, élévation provenant de la concurrence que se faisaient, sur le

---

1. Jusque-là, le pain n'avait pas été taxé officiellement; seulement, il avait été convenu entre l'Administration et M. Bouchotte que celui-ci livrerait ses farines au prix de 50 francs à la boulangerie, qui avait été avertie officieusement de ne pas dépasser 48 centimes pour le coût du kilo de pain (Append. LXIII).

marché, le fournisseur de l'armée et les bouchers de la ville, et appelait l'attention du Conseil sur cette fâcheuse cherté et sur le préjudice qui en résultait pour les classes laborieuses, dont les plaintes s'étaient déjà fait entendre à plusieurs reprises[1].

Les conclusions et observations de la Commission furent adoptées par le Conseil, qui, après une discussion sur quelques points de détail, décida qu'il serait demandé au général Coffinières de rendre un arrêté pour la réquisition des céréales et la taxation des farines et du pain. Le Conseil émettait en outre le vœu que cette taxation s'étendît à la viande de cheval (Append. XXXVI).

Un arrêté conforme à ces conclusions parut le 15 septembre. Aux termes de cet arrêté, la réquisition des blés des particuliers était ordonnée; le blé était taxé à 36 francs les 100 kilos; la farine à en provenir à 48 francs chez le meunier, et le pain, d'une seule sorte, dite de seconde qualité, à 0 fr. 48 c. le kilo chez le boulanger. Enfin le prix de la viande de cheval était établi ainsi qu'il suit :

0 fr. 60 c. pour les parties basses;

1 franc pour les parties moyennes;

1 fr. 50 c. pour les morceaux de choix autres que le filet, dont la vente restait libre (Append. XVII).

L'abaissement du prix de la viande fut accueilli avec une grande satisfaction; bien plus, un fait d'une haute

---

[1]. Le kilo de la viande de cheval était alors de 1 fr. 50 c. à 2 francs pour les morceaux moyens.

gravité, et qui exerça depuis une triste influence sur la situation de l'armée, vint, quelques jours après, déterminer une nouvelle diminution des prix de la boucherie, diminution sans doute avantageuse aux habitants, mais bien chèrement payée plus tard.

La disette des fourrages commençait à se faire vivement sentir; la nourriture des chevaux devenait difficile. Une réquisition, essayée le 10 septembre, n'avait amené que des quantités tout à fait insuffisantes (Append. XV). Enfin, le 14 septembre[1], l'intendant militaire prenait la mesure extrême d'ordonner de mélanger le blé et le seigle pour la ration des chevaux[2]; si

---

[1]. « Le blé sera employé à la nourriture des chevaux en le mélangeant, « tant que cela sera possible, soit avec du seigle, soit avec de l'avoine. » (*Circulaire de M. Mony, intendant militaire,* 14 *septembre.*)

[2]. Il est assez difficile de déterminer les quantités de blé et de seigle qui furent détournées de la consommation pour la nourriture des chevaux, car le fait ne fut connu que plus tard, vers la fin du blocus, et quand il n'était plus temps, soit d'empêcher l'abus, soit d'en mesurer l'importance. Voici, toutefois, d'après des renseignements qui nous ont été fournis après la reddition, un relevé que nous croyons pouvoir donner comme exact, tout en faisant expressément nos réserves :

Blés. — Par le service des vivres	4,000 q. m.
Petit blé acheté à M. B.	1,200
Gerbes prises à Magny.	1,500
Seigle acheté à M. B.	1,200
— à M. R.	1,700
— à M. E.	750
— à M. J.	1,200
— à M. S. C.	300
Plus 138,000 gerbes livrées par différents cultivateurs dont les noms sont sous nos yeux, soit, à 3 kil. la gerbe	4,140
	15,990 q. m.

bien qu'on en fut bientôt réduit à les abattre et que, dès lors, on se trouva plutôt embarrassé d'un trop-plein de viande.

En présence de cette situation, dont elle ne connaissait toutefois qu'un côté, celui relatif à l'abatage des chevaux, l'Administration municipale demanda au général Coffinières de lui livrer, pour le service de la population, le nombre de chevaux, environ cinquante par jour, qui étaient nécessaires à l'alimentation publique, s'engageant à les céder, à prix d'achat, aux bouchers qui, eux-mêmes, les débiteraient suivant une taxe proportionnée; et, cette demande ayant été accueillie, la taxe fut, le 23 septembre, fixée à 10 centimes, 50 centimes et 1 franc, suivant les morceaux, toujours à l'exception du filet (Append. XVIII).

Pour en revenir aux céréales, les choses n'allèrent pas aussi aisément sur ce point. La réquisition du 15 septembre fut, il est vrai, immédiatement exécutée. On avait calculé sur 15,000 quintaux; il s'en présenta environ 12,000, et le reste fut déclaré ensuite sur une seconde réquisition dont il sera fait mention en son temps. Toutefois, il est à croire qu'on était resté, dans les évaluations, au-dessous de la réalité, car il fut reconnu plus tard que des quantités d'une certaine importance furent achetées par-dessous main, soit pour la nourriture des chevaux, soit pour les réserves secrètes de certains corps d'armée, que ces quantités furent prises à des prix bien supérieurs à ceux que payait la ville[1]; d'où il suit que l'opération ne rendit pas tout ce qu'elle aurait régulièrement dû rendre.

Quoi qu'il en soit, et pendant que la réquisition suivait son cours, les difficultés qui s'étaient déjà manifestées à l'égard de la mouture se reproduisaient avec une nouvelle intensité.

Le 21 septembre, l'Administration municipale informait le Conseil que l'armée se trouvait à bout de farines, et que, ayant à faire moudre des blés au delà de ce que pouvaient lui livrer les moulins qui lui avaient été attribués, elle avait manifesté l'intention de requérir tout ou partie des meules de M. Bouchotte[2] (Append. XXXVII).

---

[1]. Il est certain que, pendant que la ville requérait le blé à 36 francs le quintal, des agents de l'armée le recherchaient à 45 francs, en le faisant passer pour de l'avoine. Le fait est notoire à Metz et est attesté par des saisies qui eurent lieu dans les derniers jours d'octobre aux portes de la ville.

Une personne digne de foi nous communique même la note suivante, que nous transcrivons littéralement, en supprimant toutefois les noms qui y sont cités :

« Quatre jours avant la reddition de Metz, M. S..., cultivateur de la...,
« avait 380 sacs de blé. Il en a amené 180 sacs à 36 francs. Sur l'ordre
« du maréchal Bazaine, les 200 autres sacs ont été achetés par un inten-
« dant, à 100 francs les 100 kilog. MM. D..., de M..., et S..., de M..., ont
« aussi vendu, au même prix, certaines quantités dont le chiffre est
« inconnu. »

L'auteur de la note nous affirme avoir eu sous les yeux la facture, encore impayée, des 200 sacs cotés à 100 francs.

[2]. « Dans cette conférence, le maire se plaint de ce que l'intendance
« entrave tout le service de la boulangerie locale, en accaparant pour elle
« seule toute la mouture à façon et en faisant des acquisitions en blé
« bien supérieures, quant au prix, à celui fixé par le tarif du gouverneur.

« M. M... assure que l'armée est largement approvisionnée pour vingt-

Cette exigence n'allait rien moins qu'à arrêter le service de la boulangerie. Le Conseil protesta; des négociations furent engagées entre les administrations respectives, et enfin l'armée consentit à ne réclamer, des moulins Bouchotte, que la mouture de quarante sacs par jour; même, quelques jours après, le 3 octobre, elle renonçait complètement à empiéter sur les droits de la ville [1].

En même temps que la farine se faisait rare, la consommation s'augmentait chaque jour. Les provisions des communes suburbaines, comprises dans l'enceinte des forts, s'épuisant, les habitants venaient réclamer du pain chez les boulangers de la ville. En même temps, l'armée, dont la ration avait été réduite, le 15 septembre, à 500 grammes, accourait de son côté en chercher dans Metz.

Aussi, dès le matin, on voyait une foule de gens assiégeant les portes des boulangeries et se pressant, se heurtant pour entrer et obtenir du pain. Des altercations, des rixes, des scènes fâcheuses eurent même lieu.

Pour faire cesser le désordre, on prit le parti de défendre aux soldats l'entrée de la ville avant midi,

---

« cinq jours au moins; que 300 sacs de farine peuvent journellement suf-
« fire aux besoins d'une population évaluée, avec la garnison de la place,
« à 80,000 habitants. En résumé, dit-il, loin de considérer l'armée comme
« une cause d'épuisement, c'est elle qui, par ses approvisionnements et
« ses réserves, assurera la subsistance de la population, ce qui doit dissi-
« per bien des inquiétudes. » (Note de M. Félix Maréchal, maire de Metz.)

1. L'intendance se vit réduite à employer les moulins à café des épiciers (Append. LXII).

heure à laquelle les boulangeries se fermaient. Aussitôt, des courtiers, des entremetteurs de bas aloi s'improvisèrent et se mirent à acheter du pain qu'ils revendaient quelques instants après aux soldats, aux cantiniers moyennant le double du prix qu'ils l'avaient payé.

Sur la demande de l'Administration civile, deux arrêtés furent aussitôt édictés pour empêcher et punir ce commerce interlope (Append. XX). Mais rien n'y faisait; la queue aux portes des boulangers était toujours la même et un certain nombre d'entre eux menaçait de fermer.

Il fallut aviser. Le 21 septembre, l'Administration municipale appelait les délibérations du Conseil sur cette situation insoutenable (Append. XXXVII), et la question, renvoyée à la Commission des subsistances, revenait trois jours après, le 24 septembre.

La Commission, par l'organe de son rapporteur, après avoir signalé et constaté les faits qui viennent d'être retracés, concluait que le seul remède efficace était la délivrance à chaque habitant d'une carte pour prendre sa ration de pain chez son boulanger, opération longue, difficile et dont elle ne dissimulait pas les inconvénients (Append. XXXVIII).

La discussion fut assez animée : le Conseil, préoccupé d'apporter un terme immédiat aux embarras du moment, écarta provisoirement le système des cartes et décida que les boulangers seraient invités à constituer un syndicat de cinq membres pris dans leur sein. Un nombre égal de conseillers municipaux fut délégué pour s'adjoindre à eux, et la Commission, ainsi composée, reçut pour mandat de prendre en main la police du service de la boulangerie et de rechercher et exécuter toutes les mesures qui lui paraîtraient opportunes.

Le syndicat fut nommé le lendemain, 25 septembre, et le 26 la Commission commençait son travail.

La question qui lui était posée se formulait ainsi :
« Étant donné le nombre de sacs de farine dont la
« ville pouvait disposer chaque jour, calculer quelle
« ration approximative revenait à chaque habitant et
« faire en sorte que tous eussent leur part légitime. »

Or, les moulins, dont les produits étaient assurés, étaient en mesure de livrer chaque jour 240 sacs de farine, lesquels, rapprochés d'une population pouvant s'élever, en prenant la moyenne des âges, à 63,000 bouches adultes, donnaient pour ration quotidienne environ 500 grammes de pain.

Il fut donc décidé que les boulangers seraient d'abord divisés en trois classes, suivant l'importance de leur clientèle respective ; que les 240 sacs disponibles seraient répartis entre tous, suivant une échelle adoptée pour chaque classe, savoir : quatre sacs pour la première, trois pour la seconde et deux pour la troisième ; enfin, que les boulangers, ainsi pourvus de farine, délivreraient à chacun de leurs habitués sa ration de pain, sur le pied de 500 grammes par adulte.

Quant aux communes suburbaines, il fut convenu que ce qui pourrait être obtenu en sus des 240 sacs assurés leur serait attribué. Cette part éventuelle était estimée à un maximum de 40 sacs par jour et les communes à alimenter représentaient une population de 8,355 personnes. Enfin, quelques villages, d'une population totale de 4,809 habitants, qui possédaient encore du blé, furent autorisés à le faire moudre par les moulins de la ville.

La mesure, mise en pratique dès le 27 septembre, n'eut pas les résultats qu'on en attendait. Les fraudes se reproduisirent, plus habilement déguisées, mais non moins nuisibles. Les boulangers, toujours aux abois, continuèrent à crier merci, et enfin la Commission, huit jours après l'application du nouveau système, résolut d'adopter le régime des cartes.

Sans perdre de temps, on convoque un certain nombre de fonctionnaires civils, d'officiers de la garde nationale, de citoyens notables, et on compose cinq commissions, correspondant aux cinq sections de la ville, lesquelles sont chargées d'opérer un recensement général et détaillé, maison par maison, famille par famille, de tous les habitants, et d'attribuer à chacun, suivant son âge, une carte avec indication d'un boulanger déterminé, en établissant le rationnement d'après les bases suivantes :

Adultes, une ration entière ;
Enfants de quatre à douze ans, une demi-ration ;
Enfants de un à quatre ans, un quart de ration.

Les commissions se mettent aussitôt à l'œuvre et, après dix jours d'un travail continu, elles achèvent le recensement, dont le résultat est la fixation d'un total de 63,370 rations entières.

Cette opération, en régularisant la vente du pain, mit fin aux faits regrettables dont tout le monde se plaignait ; mais, la quantité de farine dépensée chaque jour étant restée la même, elle n'eut pas d'influence sur l'ensemble de la consommation et n'eut pas pour résultat d'arrêter la décroissance des ressources, décroissance d'autant plus sensible que les autres objets comestibles, les légumes, le riz, etc., se raréfiaient en même temps d'une façon inquiétante.

On essaya, il est vrai, d'amoindrir l'importance du mal en prenant, enfin, une mesure réclamée depuis quelque temps par le Conseil municipal. Le 10 octobre, un arrêté du général Coffinières, rendu sur les ordres du maréchal Bazaine et renouvelé le 18 suivant, décidait que la sortie des blés, farines et de toutes denrées fourragères serait désormais interdite[1] (Append. XXII) ; mais ce n'était là qu'un palliatif insuffisant et tardif et, aussi bien, la plaie était plus large et plus profonde qu'on ne pouvait le supposer.

L'armée allait manquer de pain : telle était la triste réalité, telle était la douloureuse révélation qu'on réservait aux Messins et qu'il fallut enfin faire à la population tout entière.

---

1. Cette prohibition fut même étendue en fait aux comestibles de tout genre et de tout ordre.

Déjà, le 7 octobre, le général Coffinières avait rendu un arrêté, corollaire et complément de celui du 15 septembre, enjoignant à tous les détenteurs de blé de faire, avant le 11 octobre, la déclaration des quantités qu'ils possédaient encore, et édictant en outre une pénalité contre ceux qui n'auraient pas obéi à cette injonction (Append. XXI).

Le même arrêté annonçait que des perquisitions seraient faites à domicile, chez tous les habitants, après le délai écoulé. Or, le 12 octobre, au matin, le général Coffinières, en présence des commissaires chargés d'opérer les perquisitions, déclarait que non seulement les ressources de la ville commençaient à s'épuiser, mais que celles de l'armée étaient sur le point de faire absolument défaut; que, dès lors, toutes les denrées qui allaient être recherchées et qui seraient découvertes devraient, sur l'ordre du maréchal commandant en chef, être enlevées par les soins de l'autorité militaire pour être versées dans les magasins de l'armée[1].

Le lendemain matin, le général adressait au maire de Metz une lettre dans laquelle, accentuant encore davantage ses déclarations, il annonçait que les magasins militaires étaient vides et réclamait la livraison des quantités nécessaires pour l'alimentation des troupes (Append. XXXIX).

---

[1]. Celui qui écrit ces lignes, se trouvant près du général Coffinières et lui ayant demandé s'il ne serait pas possible de pratiquer un ravitaillement, reçut pour réponse un haussement d'épaules parfaitement significatif.

La communication verbale du 12 avait produit un effet considérable sur les auditeurs et s'était répandue aussitôt dans la population. La dépêche, qui la suivit, mit le comble à l'émotion générale, et le Conseil municipal, s'étant réuni d'urgence le 13 au soir, protesta contre le mystère qui lui avait été fait de la situation de l'armée, et, dans une adresse rédigée, votée et lue séance tenante à la foule qui couvrait la place de l'hôtel de ville, consigna l'expression des sentiments qui animaient tous les citoyens (Append. XXXIX).

Néanmoins, il fallait obéir; les perquisitions, d'ailleurs, avaient commencé, et, à la date du 15 octobre, l'armée avait reçu 215 quintaux métriques de blé et 221 de farine. Le 16, il était encore versé 320 sacs de farine à l'armée.

Un incident arrêta bientôt ces livraisons : le 17 octobre, le Conseil municipal était informé par un de ses membres que le bruit courait que l'armée avait des réserves cachées; que certains corps, parmi lesquels on citait surtout le 3ᵉ, avaient, par des achats déguisés, acquis des blés qu'ils détenaient encore en magasin; d'où il y avait lieu de conclure que les levées faites par l'armée sur la ville étaient abusives et de décider non seulement qu'on reviendrait sur le partage subi et qu'on en suspendrait l'exécution, mais même qu'on réclamerait énergiquement les quantités qui avaient été livrées.

Sur ces énonciations, appuyées et confirmées par plusieurs membres, une délibération est prise portant qu'on ne livrera plus rien à l'armée (Append. XL). Des ordres sévères sont ensuite donnés aux gardes nationaux faisant le service des portes de la ville, et le général Coffinières lui-même, atteint par l'émotion générale, déclare qu'il ne livrera plus de pain à l'armée[1].

Les perquisitions continuèrent, dès lors, au profit exclusif de la ville et furent terminées au bout de quelques jours, grâce au zèle des commissaires et à la bonne volonté des habitants. Elles produisirent un millier de quintaux, tant en farine qu'en blé, et amenèrent la constatation, en farine, de quelques provisions de ménage, s'élevant chacune de 1 à 5 kilogrammes et d'un ensemble presque insignifiant.

Dans l'intervalle, de nouvelles mesures étaient prises pour épargner les ressources. Ainsi, à la suite de négociations entre le général Coffinières et l'Administration municipale, il était établi que la farine livrée aux boulangers comprendrait désormais tout le son, et un arrêté, en date du 14 octobre, ordonnait la mise en vente d'un pain confectionné avec cette farine et dit pain de boulange (Append. XXV et LXIV)[2].

En même temps, la ration était abaissée à :

---

[1]. Quelle était l'exacte vérité sur ces économies de l'armée? C'est ce qu'il nous est impossible de déterminer. Quoi qu'il en soit, il a été constaté que, le 17 octobre, l'intendant du 3ᵉ corps avait versé aux subsistances 225 quintaux métriques de blé et 45 de seigle. On sut en outre, plus tard, que le 3ᵉ corps avait eu continuellement ration entière de pain.

[2]. L'adoption du pain de boulange devait produire et produisit une économie de matière d'environ 20 p. %.

400 grammes pour les adultes ;
200   —   pour les enfants de quatre à douze ans ;
100   —   pour les enfants de un à quatre ans.

Enfin, le 18, la ration des adultes était encore réduite à 300 grammes (Append. XXV, XXVI et XLI).

Malgré tous ces efforts combinés, la situation allait empirant chaque jour, et, le 21, le Conseil municipal apprenait de la bouche du plus autorisé de ses membres en cette matière que la ville n'avait plus que huit jours assurés de blé et de farine (Append. XLIII). Ce ne fut pas tout : la viande même menaça de manquer. Dès le 20, le maire avait annoncé que l'armée ne pourrait plus livrer de chevaux à la ville[1], attendu qu'elle avait abattu, faute de pouvoir les nourrir, la presque totalité de ceux qu'elle possédait, et que, en conséquence, il serait nécessaire de requérir les chevaux des particuliers (Append. XLII). Deux jours après, le 22, le général Coffinières se rendait au sein du Conseil, et, après un exposé de l'ensemble de la situation, exposé d'où il ressortait que les ressources en céréales de la ville seraient épuisées pour le 30 et celles de l'armée pour le 28, il convenait avec le Conseil qu'un arrêté serait pris pour la réquisition des chevaux des habitants (Append. XLIV).

L'arrêté fut affiché le 23 et étendu le lendemain aux communes suburbaines (Append. XXVII et XXVIII).

---

1. Le manque de chevaux arrêta la réalisation d'un projet adopté par le Conseil et qui consistait à confectionner du bouillon de cheval et à le distribuer gratuitement aux nécessiteux (Append. XLI et XLII).

En même temps, une commission mixte est instituée pour l'achat des chevaux et la revente aux bouchers. Le prix de la viande est maintenu aux conditions de l'arrêté du 24 octobre, et on stipule que la perte qui résulterait de l'opération serait supportée par le trésor (Append. XLV).

Vains et inutiles efforts! Alors que chacun se flattait de l'espoir d'un changement radical dans l'état des choses et pensait voir enfin partir l'armée et la ville rentrer en possession de ses dernières ressources, pendant que l'Administration civile s'ingéniait, par tous les moyens humains, à prolonger la résistance et que les citoyens, se refusant d'ailleurs à croire à la réalité, se préparaient aux plus extrêmes sacrifices, de secrètes et mystérieuses négociations étaient entamées pour la capitulation de la ville.

Le 26 octobre, le général Coffinières revenait une dernière fois prendre part aux délibérations du Conseil et lui faisait connaître que les conventions de la reddition étaient arrêtées et que, dans le moment même où il parlait, on était occupé à rédiger l'acte sinistre qui devait consommer la perte de la cité.

Cette déclaration coupait court à toutes les opérations entamées, et, du même coup, mettait fin à toute la série des mesures que l'Administration et le Conseil avaient prises et se disposaient encore à prendre relativement à la question des subsistances[1].

---

[1]. Pour ne pas scinder le récit, et afin, d'ailleurs, de rester fidèle à notre programme, nous nous sommes efforcé de ne pas sortir du domaine

Ici devrait également s'arrêter ce résumé; toutefois, pour compléter notre tâche, nous avons encore à dire quelques mots des autres éléments d'alimentation qui, après le pain et la viande, constituent les moyens de subsistance d'une grande ville.

Parmi ces éléments, l'eau et le sel, qui, d'ailleurs, ont un caractère exceptionnel, ayant seuls donné lieu à des mesures générales et administratives, nous occuperont d'une manière plus spéciale et à peu près exclusive.

Sous le rapport de l'eau, la ville de Metz est alimentée par les sources de Scy et du Sablon, et surtout par celles de Gorze et de Parfondval, d'une abondance et d'une richesse plus que suffisantes pour tous les besoins. Ces dernières, qui sont amenées par des conduites d'une longueur d'environ 14 kilomètres, étaient coupées vers le 25 août, et la ville se vit réduite aux sources secondaires et à l'eau de Moselle[1].

Pour amener cette eau, on établit trois pompes rotatives avec trois locomobiles, au moyen desquelles elle

---

des faits se rapportant à la ville, et nous n'avons, en ce qui concerne l'armée, relaté que ceux qui avaient eu une action directe et décisive sur les conditions d'alimentation de Metz. — Nous croyons, toutefois, utile de donner sur ce sujet quelques notes que nous extrayons textuellement des documents officiels militaires. On les trouvera dans la partie consacrée aux documents officiels (Append. LX).

1. Le moment précis où les eaux de Gorze ont cessé d'arriver à Metz n'a pas été constaté, parce que les vastes réservoirs qui les recueillent dans la ville ont continué à les débiter pendant quelque temps encore après avoir cessé de les recevoir.

fut dirigée vers une partie des fontaines de la ville.

De cette façon, l'eau ne manqua pas : les deux tiers de la ville purent se fournir d'eau de source; le reste dut se contenter d'eau de rivière, et, quoique cette dernière fût loin de posséder les qualités hygiéniques que réclame la santé publique, chacun s'en accommoda sans grand dommage.

Il n'en fut pas de même du sel qui, dès le premier jour, devint d'une rareté inouïe. Placée au milieu des principales salines de France, la ville de Metz, à sa grande stupeur, se trouva subitement en présence d'une pénurie presque absolue de sel, et l'Administration dut chercher à remédier au manque de cette denrée de première nécessité.

Heureusement, il existait dans les environs de Metz une source d'eau salée de quelque importance. La Commission des subsistances, saisie de la question, se mit aussitôt en mesure d'utiliser cette précieuse ressource. Le 13 septembre, le rapporteur de la Commission faisait, à ce sujet, une communication au Conseil, et, à la même séance, un autre membre indiquait un procédé par lequel, en traitant le carbonate de soude par une certaine quantité d'acide chlorhydrique qu'on avait à sa disposition, on pourrait obtenir une quantité d'environ 2,000 kilogrammes de sel (Append. LXV).

Ce procédé fut aussitôt mis en pratique et le produit obtenu versé aux hôpitaux et au bureau de bienfaisance. Quant à la source d'eau salée, qui prend son origine dans les galeries de mine du fort Belle-Croix[1], l'autorité militaire avait d'abord commencé à la réclamer comme sa propriété et à s'en attribuer l'usage exclusif, mais, quelque temps après (24 septembre), elle en faisait, dans une certaine mesure, profiter les habitants (Append. XIX).

On trouvera, plus loin, le prix du sel pendant le blocus, et on verra qu'il s'est élevé jusqu'à huit francs la livre[2], c'est-à-dire quelque chose comme quatre-vingts fois sa valeur ordinaire (Append. LXI).

On trouvera encore à l'appendice les cours des principaux objets de consommation, relevés à diverses dates, et d'une authenticité hors de toute contestation (Append. LXI).

La cherté qui caractérise ces cours n'a pas besoin de commentaires et en dit plus que tous les développements dans lesquels nous pourrions entrer.

Il est bon, toutefois, de rappeler ici ce qui a été énoncé au commencement de ce travail, relativement à l'interruption des transports.

Dès le 15 juillet, on le sait, le service des chemins de fer avait été suspendu. Le commerce avait donc, à partir de cette époque, cessé de recevoir des marchandises. Pendant huit jours seulement, avant le 6 août, il avait pu se faire expédier quelques objets

---

1. Le propriétaire du terrain où elle est reçue, M. Sendret, avait fait spontanément don à la ville de la source saline.

2. Quelques personnes assurent même qu'il a été vendu du sel à douze francs la livre.

dans les conditions très restreintes de la grande vitesse.

Beaucoup de commandes étaient ainsi restées inexécutées; tout ce qui avait été demandé en vue des circonstances n'avait pu arriver, et la consommation avait été réduite à se contenter des produits qui se trouvaient en magasin et des provisions ordinaires faites en dehors de toute prévision d'un blocus.

De toutes façons, ces provisions eussent à peine suffi pour la population normale de la ville; devant le développement énorme qu'elle avait pris, elles étaient devenues à peu près insignifiantes.

Dès les premiers jours du blocus, les officiers et les soldats eux-mêmes étaient venus largement puiser dans le fonds commun, achetant de toutes mains et à tout prix. Peu à peu, les magasins s'étaient dégarnis, et, au bout de quelque temps, ils s'étaient trouvés complètement vides.

Au mois d'octobre, la rareté était générale, et, vers le 10, on ne voyait plus dans les vitrines des marchands que des cafés et des liquides de choix qui ne tardèrent pas, eux-mêmes, à disparaître.

Il y a lieu toutefois de mentionner le produit de quelques réquisitions qui furent pratiquées, par les ordres du général Coffinières, sur des marchandises restées dans les magasins de la gare, par suite de l'impossibilité de les diriger sur leur lieu de destination. Ces réquisitions (23 août et 12 septembre) portaient sur des sucres, des riz, des vins, des eaux-de-vie qui furent attribués aux ambulances. Enfin, les 24, 25 et 26 octobre, une vente aux enchères déblaya tout ce qui restait dans les mains du chemin de fer[1].

Il est à peine besoin d'ajouter que tout autre commerce que celui des comestibles et de quelques objets de première nécessité demeura suspendu.

Dans l'ignorance des décrets du gouvernement, les effets de commerce furent, par des arrêtés du général Coffinières, en date des 9 août, 9 septembre, 28 septembre, 12 octobre et 27 octobre, prorogés successivement jusqu'au 30 novembre (Append. VIII).

En ce qui touche à la partie financière, la Banque de France avait cessé en fait, dès le blocus[2] et faute de matière escomptable et de demandes du commerce, ses opérations d'escompte. L'argent versé par l'armée suffit amplement aux besoins de la circulation. Seulement, vers le 20 octobre, les caisses publiques se trouvant à bout, un appel fut fait par le général Coffi-

---

1. Le manque de houille entrava aussi le service du gaz d'une manière sérieuse (Append. XXIX et XXX). Dès neuf heures du soir, les rues étaient enveloppées dans la plus complète obscurité. Le chauffage fut de même très difficile et très cher dans les quinze derniers jours du blocus.

2. La succursale de la Banque de France, après avoir fourni à M. le trésorier-payeur général du département, pendant tout le cours du blocus, des sommes très considérables (49,959,000 francs) pour les besoins de l'armée et des services publics, avait, à partir du 23 octobre, épuisé son encaisse et les crédits ouverts sur l'établissement.

Il y avait donc à pourvoir, dès ce moment, en dehors des ressources de ladite succursale, aux nécessités des services publics, et notamment aux remboursements de la caisse d'épargne. (*Note de M. Blondin, directeur de la succursale de la Banque de France.*)

nières aux banquiers et agents de change, et ceux-ci, les 22 et 23 octobre, deux jours avant que la capitulation fût annoncée, versaient près d'un million pour venir en aide au trésor et faciliter les services financiers de la ville.

Une partie de cette somme, environ 85,000 francs, se trouvait en caisse le jour de la capitulation et tomba dans les mains des Prussiens.

III.

LES AMBULANCES.

Les travaux récents, entrepris autour de la place de Metz, et sa situation près de la frontière, où allait se porter le premier effort de la guerre, désignaient à l'avance notre ville comme un centre important d'opérations. La question des ambulances devait naturellement y tenir une grande place. C'est à elle, en effet, que se rattachent les premiers rapports de l'administration militaire avec la municipalité messine. Prise au dépourvu, cette administration chercha, dès le début, à se décharger, sur la ville, de la responsabilité que lui imposait une tâche dont elle était loin, cependant, de prévoir alors l'étendue et la gravité.

Le 23 juillet, M. le Maire annonçait au Conseil municipal que, peu de jours avant, l'intendant général de l'armée avait proposé à l'administration civile des hospices de Metz de prendre sous sa direction l'hôpital militaire et les services hospitaliers qu'il pourrait être nécessaire d'organiser. Malgré son vif désir de venir en aide à l'administration militaire, et après lui avoir fait toutes les offres qui pouvaient témoigner de ce désir, la commission des hospices avait déclaré qu'il lui était impossible de suffire à une pareille entreprise.

Sur son refus, l'intendant général s'adressait à l'Administration municipale et demandait à la ville « de se
« charger de l'organisation et de la gestion des hôpi-
« taux temporaires nécessaires aux malades et blessés
« de l'armée et de la gestion de l'hôpital militaire de
« Metz, dont le personnel actuel serait retiré. La ville
« choisirait les médecins, les sœurs (si elle désirait en
« avoir), le personnel, l'administration, les infirmiers ;
« elle fournirait les locaux, les médicaments, les ali-
« ments ; elle entrerait en jouissance de tout le maté-
« riel de l'hôpital militaire, et l'administration de la
« guerre lui procurerait, en totalité ou en partie, le
« matériel nécessaire à ces hôpitaux temporaires ; le
« but principal de cette mesure étant de rendre dis-
« ponible le personnel attaché à l'hôpital militaire de
« Metz, afin de le porter sur les points où l'appelle
« l'intérêt de l'armée. »

Telle était la situation proposée à notre ville. Le maire ajoutait qu'afin d'éclairer le Conseil, et avant de provoquer à ce sujet une délibération, il jugeait utile de lui communiquer les conclusions auxquelles s'était arrêté le Conseil central d'hygiène, devant lequel la question avait été posée et mûrement étudiée, en s'appuyant de l'autorité de toutes les personnes compétentes que ce Conseil avait pensé convenable de s'adjoindre (Procès-verbal de la séance du 22 juillet. Append. LII).

La délibération qui s'ouvrit au sein du Conseil municipal manifeste le bon vouloir le plus empressé de prêter à l'administration militaire tout le concours possible, mais en même temps l'intention bien arrêtée de ne pas s'engager dans des voies complètement inconnues. Accepter la direction absolue du service hospitalier avec le personnel restreint de médecins civils dont on pouvait disposer, c'était, comme on le faisait observer, se substituer à l'administration militaire pour une mission qui, en raison des connaissances spéciales qu'elle exige et de l'autorité qu'elle suppose, ne peut être remplie que par elle; c'était désorganiser, au moment même du plus pressant besoin, l'hôpital militaire qui est un centre tout créé, et, en exposant les malades à de graves dangers, assumer sur soi la plus lourde des responsabilités.

Pour sortir de l'ordre des généralités, et définir nettement l'action que la ville entendait exercer, le Conseil adoptait, à l'unanimité, les résolutions suivantes :

1° La ville ne peut consentir à prendre la direction de l'hôpital militaire, à entreprendre la création et la gestion des hôpitaux temporaires, en un mot à se substituer d'une manière absolue à l'administration militaire pour l'organisation du service administratif et médical de ces hôpitaux.

2° Ne pouvant accepter cette substitution, à raison de la responsabilité qui pèserait sur elle, sans avoir les ressources nécessaires pour y faire face, et dans l'intérêt même des malades, la cité offre d'ailleurs à l'administration militaire tout son concours.

3° A cet effet, et préalablement à toute autre mesure, d'après l'avis exprimé par le chef du service médical militaire, au sein du Conseil central d'hygiène, le Conseil municipal propose, au nom de la ville, de faire immédiatement construire à l'extérieur un baraquement pour 2,000 lits, si ce système a l'approbation de l'autorité militaire, et sous la réserve du compte ultérieur à établir avec l'État pour cette avance dont l'évaluation approximative s'élève au chiffre de 160,000 francs. Pour la réalisation éventuelle de ce projet, le Conseil ouvre un crédit de 160,000 francs à inscrire au budget supplémentaire de l'exercice 1870.

4° Le Conseil municipal déclare qu'il y a lieu de nommer une commission qui devra, de concert avec l'administration municipale, rechercher d'urgence les divers moyens de donner à l'administration militaire le concours le plus efficace.

Le maire faisait connaître ensuite au Conseil qu'un certain nombre de dames avaient offert leurs services en faveur des blessés, proposant de former des comités pour préparer la charpie, le linge, et réunir les divers objets qui pouvaient être nécessaires ou utiles aux malades. Le concours de ces dames ayant été accepté avec gratitude, une salle de l'hôtel de ville avait été mise immédiatement à leur disposition.

Enfin, sur la proposition d'un de ses membres, avant de se séparer, le Conseil, prévoyant « le moment « imminent où la population de Metz, indépendam- « ment de ce qu'elle pourrait mettre à la disposition

« du comité central de Paris, aurait à pourvoir sans
« délai, par elle-même, aux besoins des blessés et des
« malades, se préoccupait de créer sur-le-champ les
« ressources qui seraient alors nécessaires. En ver-
« sant dans une caisse spéciale, à l'hôtel de ville, tout
« ce dont on pourrait disposer et ce que, de partout,
« on voudrait bien y joindre, on serait en mesure de
« secourir efficacement, et sans retard, les souffrances
« dont nous allions être les premiers témoins. »

Le Conseil municipal, s'associant à ces vues, à l'unanimité, renvoyait à une commission l'adoption de toutes les mesures propres à en réaliser l'exécution.

Les suggestions de l'administration militaire ne manquèrent pas pour faire revenir le Conseil des conclusions qu'il venait de voter, et pour obtenir de lui que la ville se chargeât, sous sa responsabilité, de l'ensemble des services hospitaliers. Le Conseil sut garder, jusqu'au bout, l'attitude qu'il avait prise dès la séance du 23 juillet, et que les événements ne devaient que trop tôt justifier. Déçue dans ses espérances, mais conservant encore quelque espoir de les voir se réaliser, l'intendance opposait un silence prolongé aux propositions réitérées que lui adressait la ville d'organiser une ambulance dans un baraquement extérieur. Vainement on objectait que le temps pressait, qu'il était indispensable de faire sur-le-champ les acquisitions nécessaires pour les divers services de cette ambulance, qu'il fallait la pourvoir d'un personnel suffisant et s'occuper immédiatement des constructions : les lettres restaient sans réponse. Enfin, dans sa séance du 27 juillet, le Conseil municipal, après avoir convoqué et consulté les médecins et pharmaciens civils de Metz, qui avaient tous promis leur concours, confirmait sa première délibération et persistait dans la résolution de ne prendre à sa charge que la création et l'administration d'une ambulance qui pourrait recevoir 2,050 malades et qui serait construite au dehors de la ville. L'intendance militaire, mise ainsi en demeure, dut accepter cette proposition, qu'elle consacra par un traité formel passé avec la ville de Metz, l'État se portant garant des avances faites par la ville pour l'établissement et la gestion de l'hôpital temporaire du Polygone. En raison de l'importance de cet hôpital et de son organisation purement municipale, il a paru convenable de lui consacrer plus loin une notice spéciale, quand l'ensemble du mouvement hospitalier aura été succinctement examiné[1].

I. — L'intendance militaire, grâce à l'arrangement qu'elle venait de prendre, et aux diverses installations que de son côté elle avait pu réaliser, allait disposer à Metz de 4,000 lits environ, nombre qui lui paraissait

[1]. Il ne peut être ici question que de la part prise par l'administration municipale et par la population de Metz à l'organisation et au service des ambulances. Le point de vue purement médical trouvera naturellement sa place dans les *Mémoires de la Société des sciences médicales de la Moselle*.

suffisant[1] puisqu'elle comptait répartir à l'intérieur du pays et dans différents centres tous les blessés qui pourraient être transportés au dehors. Dans le seul département de la Moselle, les offres dont elle pensait profiter, et qui lui étaient venues d'un grand nombre de communes, atteignaient le chiffre de 5,000 lits, sans comprendre ceux que pourraient fournir les villes de Sarreguemines, de Longwy, de Bitche, de Thionville et de Metz[2].

Mais si, dans sa prévoyance, le Conseil municipal avait tenu à définir nettement la responsabilité que la ville voulait accepter, il n'entendait pas mettre de limites à son action, et c'est avec confiance qu'il faisait appel au patriotique dévouement de la population messine. Déjà, on l'a vu, les dames de Metz avaient offert leur concours. Dans une assemblée générale présidée par le maire, elles avaient constitué à l'hôtel de ville un comité central destiné à former une sorte

---

1. C'était aussi l'impression de M. le docteur Oulmont, médecin des Chemins de fer de l'Est, chargé à ce titre par le ministre des travaux publics d'organiser des ambulances dans notre région. Après s'être rendu compte des dispositions prises à Metz, et avoir visité les premières baraques construites au Polygone, M. Oulmont disait au maire que sa présence dans notre ville était désormais inutile, et que tout y avait été prévu.

2. L'investissement de Metz empêcha de mettre à profit pour nos blessés ces offres dont la liste est sous nos yeux. Les troupes ennemies purent trouver disponibles et préparés déjà une foule de locaux qui avaient été destinés à nos soldats. Les plus pauvres communes ou celles qui étaient trop éloignées des secours médicaux proposaient de recevoir des convalescents, ou témoignaient de leur charité patriotique par des dons d'argent, de linge, de couchages, de vins, etc.

d'atelier permanent pour veiller à la réception, à la confection, à la garde et à l'envoi dans les diverses ambulances de tous les objets de secours qui pourraient leur être utiles. La répartition se faisait par les soins de comités particuliers établis dans chacune des sections de la ville sous la présidence de dames désignées par le maire. Les tâches y étaient distribuées et remplies avec la plus charitable émulation.

Les collectes recueillies à domicile et les sommes spontanément portées au comité central s'élevaient bientôt au total respectable de 87,899 fr. 65 c. A côté des riches offrandes, on ne pouvait lire sans émotion sur la liste les modestes chiffres qui représentaient pour les donateurs le prix de plusieurs journées de leur travail. Des employés médiocrement rétribués abandonnaient à la souscription des portions notables de leur traitement. Les dons en nature affluaient aussi à la mairie : ils consistaient en objets de pansement, en provisions alimentaires ; des vins fins ou vieux, du cognac, des confitures, des sirops, du sucre, du chocolat, des jambons, etc.[1]. Ces dons étaient mis en réserve dans des locaux prêtés par l'Administration, et jusqu'à leur entière distribution l'état en était régulièrement tenu. Peu à peu, toutes les salles disponibles à l'hôtel de ville étaient transformées en magasins ou en ateliers. Dans ces derniers régnait une incessante

---

1. Sur la proposition du maire, le Conseil, dans sa séance du 2 août, décidait que les liquides et comestibles offerts pour les blessés de l'armée seraient admis en franchise des droits d'octroi.

activité; d'après les indications données par le médecin en chef, le linge était coupé, adapté au meilleur usage, puis classé avec la charpie dans des caisses dont chacune portait l'indication exacte de son contenu. On s'était mis résolument à la besogne. Il y avait des visages qu'on était sûr de rencontrer chaque jour dans ces salles où tous les rangs de la société étaient confondus, et où de simples ouvrières, en grand nombre, travaillaient gratuitement et avec ardeur, donnant, sans compter, leur temps, puisqu'elles ne pouvaient disposer d'autre chose.

Il fallait se hâter, en effet, de réunir ces précieuses ressources, car elles allaient bientôt trouver leur emploi. Déjà, par suite des fatigues et des marches forcées, par suite des privations et des chaleurs excessives qui régnaient à ce moment, nos hôpitaux avaient reçu ce tribut de malades que fournit toute guerre à ses débuts. Bientôt les sanglantes journées de Borny, de Gravelotte et d'Amanvillers allaient, coup sur coup (14, 16 et 18 août), amener dans nos murs de nombreux blessés. Les cacolets, les voitures d'ambulances, les charrettes de paysans sur lesquelles ils étaient entassés pêle-mêle, sans avoir parfois reçu leur premier pansement, traversaient la ville sans relâche. Les transports suffisaient à peine à cette lugubre tâche.

En même temps, l'investissement complet de Metz modifiait et aggravait singulièrement la situation. La ville, coupée de toute communication, ne devait plus compter que sur elle-même pour recueillir et soigner tous les blessés, tous les malades de l'armée. Il n'y avait plus à tirer du dehors aucun secours ni en personnel ni en approvisionnements. Jusqu'au dernier moment, l'intendance avait pris à tâche d'évacuer dans l'intérieur du pays les hommes en état de supporter le voyage[1], mais ces évacuations, qui furent peu nombreuses, étaient désormais impossibles. Les hôpitaux étaient pleins et les casernes, qui ne présentaient trop souvent que les plus déplorables conditions pour l'installation des malades, s'étaient également remplies. On eut bientôt reconnu l'insuffisance de tous ces locaux.

Dès le 17 août, une affiche du gouverneur de la place déclarée en état de siège fait appel aux habitants, et leur demande d'organiser des ambulances et de recevoir même chez eux des blessés. Dans la matinée de ce jour, le maire donne communication de cette affiche au Conseil, « il ne doute pas de l'empressement
« de la population à répondre à un semblable appel,
« mais, dans l'intérêt même des malades, il pense que
« tous les efforts devraient tendre à éviter leur dissé-
« mination chez les particuliers : c'est là une mesure à
« laquelle il ne faut arriver que quand tous les moyens
« de concentration seront épuisés. Il propose en con-
« séquence de rechercher, dans les cinq sections de la
« ville, tous les locaux dans lesquels on pourrait orga-

---

1. Dans les journées des 17 et 18, et dans la matinée du 19 août, l'intendance put expédier 2,500 blessés par la ligne des Ardennes. Malheureusement les derniers convois du 19 au soir furent obligés de rétrograder.

« niser des ambulances temporaires par la réunion
« d'un certain nombre de blessés. Quand les locaux
« seront trouvés, on avisera à se procurer des lits et
« ensuite toute l'organisation qui deviendra néces-
« saire » (séance du 17 août). La proposition est
accueillie par le Conseil, et les membres de chaque
section se constituent en commission afin d'opérer
immédiatement cette recherche. Dans l'après-midi le
Conseil rentre en séance, et chacun des membres de
la Commission rend compte du résultat de ses inves-
tigations. Il est décidé que les cinq commissions resteront en permanence pour organiser et surveiller
dans Metz le service hospitalier.

Cependant, un grand nombre d'habitants s'étaient
portés à la rencontre des convois de blessés. Chacun
recueillait à l'envi ces hôtes glorieux. Des artisans, de
pauvres ménages, oublieux de leur propre gêne, les
ramenaient dans leur logis. En remerciant les Messins
de cet empressement, le général Coffinières, par une
nouvelle affiche (18 août), décidait qu'une indemnité
de deux francs par jour serait allouée à quiconque la
réclamerait, pour soins et aliments donnés aux soldats
ainsi recueillis. Le maire, de son côté, comme on
vient de le voir, justement préoccupé des difficultés
que pouvait présenter, pour les secours, la dispersion
des malades pris sans discernement, engageait, par
une affiche du même jour (18 août), les personnes qui
voulaient recevoir des blessés « à s'adresser aux mé-
« decins traitants des ambulances. Ils désigneront ceux

« que l'état de leur santé permet de placer chez des
« particuliers. »

La difficulté des secours médicaux n'était pas, en effet, une des moindres de la situation. Les médecins militaires, retenus dans les camps afin d'y veiller à la santé des soldats sous les armes et de porter les premiers secours aux blessés, ne pouvaient, pour la plupart, être détachés au service des ambulances. Le nombre de ceux qui restaient disponibles était bien insuffisant en face des nécessités présentes. Aidés de quelques médecins anglais, belges, luxembourgeois ou français, renfermés dans la place, les médecins civils de Metz tinrent à honneur de les suppléer à force de zèle et d'abnégation. Et quand, vers la fin du blocus, l'autorité militaire désignait plusieurs d'entre eux pour une distinction bien légitime, on comprit qu'elle avait voulu rendre ainsi hommage au corps médical tout entier; car, si quelques-uns étaient à l'honneur, on les avait vus, tous, à la peine. Sans compter leur dévouement, ils étaient parvenus à se distribuer les tâches et à visiter journellement les diverses ambulances établies dans Metz; mais ce ne fut qu'au prix de fatigues excessives qui, pour quelques-uns, devaient amener la maladie et même la mort.

Le nombre des malades s'élevait rapidement de jour en jour. A côté des blessures graves causées par les terribles engins de destruction employés dans cette guerre, l'insalubrité du séjour des camps, les fortes chaleurs suivies de pluies torrentielles qui, plus d'une fois, remplirent d'eau les tranchées, les excès ou les privations fournissaient leur contingent de maladies : c'étaient surtout la dysenterie, la petite vérole et la fièvre typhoïde qui faisaient leurs ravages. L'autorité municipale avait dû pourvoir, dès le commencement de la campagne, au service des inhumations avec toute la convenance et aussi avec les précautions de salubrité qu'il réclame. Un terrain attenant au cimetière de Chambière avait été affecté aux sépultures militaires[1].

En raison de cet encombrement subit de malades, les grands édifices de l'État, tels que la manufacture des tabacs nouvellement construite et le lycée, les maisons des communautés religieuses des divers cultes, les deux séminaires, l'établissement des Pères jésuites, le palais de justice, l'évêché, la préfecture, l'école normale, les écoles centrales, les bâtiments communaux, des locaux appartenant à des associations ou à de simples particuliers, avaient été successivement demandés ou spontanément offerts et finalement occupés. Tout cela ne suffisait pas encore. Il avait fallu couvrir de grandes tentes les terrains libres de l'Esplanade, du jardin Boufflers et du Saulcy. Sur la place Royale, 300 wagons de la Compagnie de l'Est, dans lesquels

---

1. L'employé qui dirigeait ce service avait rencontré le concours imprévu d'un des principaux acteurs du théâtre de Metz, qui faillit payer de la vie son dévouement et l'emploi qu'il faisait de ses loisirs forcés. Il ne fallut pas moins que l'activité courageuse de l'un et de l'autre pour suffire à cette tâche ingrate et périlleuse.

étaient installés des hamacs ou des lits, avaient été amenés à grand'peine et disposés symétriquement. Tous les emplacements susceptibles d'être convertis en ambulances étaient aussitôt utilisés. Pendant que l'armée était campée au dehors, sous la tente ou dans les forts, cette place de guerre, presque vide de troupes valides, semblait n'être plus qu'un vaste hôpital[1]. Dans une ville de 50,000 âmes, le nombre des blessés et des malades s'est élevé, à une certaine époque, jusqu'à 22,000 environ, et on n'y a pas compté moins de 65 ambulances[2], sans comprendre dans ces nombres les ambulances suburbaines établies au séminaire et au Sacré-Cœur de Montigny, à Plantières, à Queuleu, à Longeville, à Woippy, etc., et dans presque toutes les localités situées à l'intérieur des lignes de défense.

Les officiers étaient recueillis à l'hôpital militaire, aux séminaires de Metz et de Montigny, chez les Pères

1. Pendant toute la durée du blocus, l'armée étant au dehors, le service intérieur de la place était fait en partie par la garde nationale sédentaire, concurremment avec l'infanterie de la garde nationale mobile (l'artillerie était dans les forts), les sapeurs-pompiers, les douaniers ramenés de la frontière, et les francs-tireurs de Metz, jusqu'à leur envoi au poste avancé de Grimont. Rien n'était plus pittoresque que le mélange de costumes des 40 hommes de service qui, chaque matin, venaient prendre l'ordre à l'état-major de la place pour les différents postes de la ville. On vit cependant un instant à l'hôtel de ville un poste d'infanterie de ligne, lorsque, vers le milieu de septembre, le général Coffinières introduisit à Metz un bataillon qui fut installé dans une des ailes du marché couvert, où il est resté jusqu'à la capitulation. Le poste de l'hôtel de ville, occupé alors par les soldats, fut aussitôt réclamé par la garde nationale ; il lui fut rendu le 3 octobre.

2. En ne donnant le nom d'ambulances qu'à des locaux où dix malades, au moins, se trouvaient réunis d'une manière permanente.

jésuites et à l'École d'application, mais la plupart avaient été réclamés par les habitants. Il n'y avait guère de maison qui ne renfermât quelque blessé[1] : malgré les indemnités offertes par l'intendance, le plus grand nombre étaient traités gratuitement et recevaient, au sein des familles, les soins les plus délicats et les plus dévoués.

L'administration militaire, on le comprend, n'aurait pu seule faire face à des besoins aussi imprévus, aussi complexes. Elle avait dû, sous la pression des circonstances, accepter toutes les combinaisons qui pouvaient alléger sa tâche. Outre les hôpitaux régis avec les ressources dont elle disposait, et sous sa direction unique, elle avait confié à des particuliers, à des communautés ou à des associations quelconques, et en vertu de traités libellés d'une manière uniforme, la gestion et la comptabilité d'ambulances dans lesquelles elle se chargeait de faire des avances en espèces, de rembourser toutes les dépenses justifiées selon certaines formes, à charge, par les directeurs ou les établissements recevant ainsi délégation, de pourvoir à tous les besoins des malades qui leur étaient envoyés. Pour les ambulances d'une troisième catégorie, un prix fixe de deux francs par homme et par jour était stipulé dans un marché à forfait passé avec l'autorité militaire[2].

---

1. Environ 2,500 avaient été ainsi recueillis chez des particuliers.
2. « Cette allocation fixée au début du blocus était devenue bien insuf-
« fisante en raison du renchérissement de tous les objets de consomma-
« tion. Il est positif que certaines communautés religieuses, pauvres
« d'ailleurs, se sont trouvées au mois d'octobre dans l'obligation de s'im-

Enfin, plusieurs ambulances privées avaient été organisées d'une manière toute gratuite et avec une libéralité digne de la reconnaissance publique (Append. LXVI).

Quel que fût d'ailleurs le mode de gestion de chacun de ces établissements, il y avait toujours place et appel au dévouement de tous. L'administration militaire livrait bien ce qu'elle avait de disponible en fait de couchages, de médicaments, mais elle était débordée par l'urgence des besoins qui s'accusaient de jour en jour. Les commissions municipales lui venaient puissamment en aide. Dans chaque section les conseillers exerçaient un contrôle assidu sur les divers centres de malades placés dans leur ressort : quelques-uns d'entre eux avaient même pris en main la gestion de plusieurs ambulances. Sous leur surveillance, et par les soins des dames présidentes des comités, les distributions de secours, provenant des fonds de la souscription, étaient réparties avec la plus stricte équité.

Le maire et ses adjoints montraient, d'ailleurs, les premiers, l'exemple. Malgré tout le labeur que leur imposaient les circonstances, ils se rendaient fréquemment dans les ambulances et ils tenaient à les visiter toutes pour se rendre compte de leur installation. Ils donnaient à l'occasion des conseils pleins d'expérience

---

« poser à elles-mêmes de dures privations, et d'épargner même sur le « nécessaire pour nourrir leurs malades. » (Rapport de M. Moisson.) Dans la séance du 21 septembre, le Conseil municipal demanda que l'indemnité fût élevée à 2 fr. 50 c. par homme et par jour.

et de prévoyante bonté, s'enquéraient des besoins et témoignaient ainsi aux malades un intérêt que ni le commandant en chef de l'armée, ni presque aucun des généraux placés sous ses ordres n'ont, pas même une seule fois, su leur montrer pendant toute la durée du blocus.

Le 25 août, sur la proposition du maire, le Conseil arrêtait la formation d'une commission permanente, chargée de centraliser, à l'hôtel de ville, les renseignements relatifs à un service aussi compliqué et d'y établir tout l'ordre possible. L'un de ses membres aurait mission de recueillir et de résumer les rapports qui lui étaient journellement adressés, afin de transmettre à qui de droit les observations ou réclamations qui se produiraient[1]. C'est également sur la proposition du maire que le Conseil nommait une autre commission chargée de surveiller le fonctionnement de la caisse de secours aux blessés et d'examiner toutes les questions se rattachant à l'emploi de ces fonds.

La première commission ne tardait pas à justifier sa création, en signalant (30 août et 5 septembre) et obtenant des améliorations notables dans diverses

---

1. Ces rapports partiels, et le travail d'ensemble qui les résume, ont été rédigés par M. Moisson, président de la Commission. Nous y avons largement puisé, non seulement des chiffres et des dates, qui nous ont servi pour dresser la liste complète des ambulances (Append. LXVI), mais, dans le cours même de cette étude, nous ne pouvions mieux faire que d'emprunter à ces consciencieux documents, et souvent même avec leur forme, les renseignements exacts et les excellentes appréciations qu'ils contiennent.

ambulances dont l'organisation lui avait paru défectueuse et préjudiciable à la santé des malades ou à la salubrité publique. Elle réclamait : ici, l'eau qui, par suite de la rupture de l'aqueduc de Gorze, faisait défaut dans certains quartiers ; là, des couchages moins incommodes ; en plusieurs endroits, une surveillance plus suivie. A un point de vue général, elle demandait au Conseil central d'hygiène l'assainissement de l'ambulance du Saulcy, établie tardivement dans les plus mauvaises conditions, quoiqu'elle renfermât des malades ou des blessés gravement atteints, exposés, sous des tentes, aux intempéries de l'air et même aux débordements de la Moselle, dans ce terrain bas et découvert[1]. Elle appelait aussi l'attention sur les casernes, dont les corridors étroits, les salles basses et mal aérées exigeaient des soins de propreté particuliers, sous peine de les voir transformées en foyers d'infection et de maladie.

D'un autre côté, le 5 septembre, le maire faisait encore connaître au Conseil que 30,000 francs environ sur les fonds de la souscription avaient été déjà dépensés[2], et qu'en raison de certaines dépenses non soldées, on ne pouvait plus guère compter que sur un avoir de 55,000 francs en argent. Presque tous les dons en nature étaient épuisés par suite des distributions faites. Sur l'avis du Conseil, la Commission de

---

1. Conseil central d'hygiène, séance du 31 août (Append. LIII).
2. La majeure partie de cette somme avait été employée en achats de linge.

surveillance s'occupa de constater immédiatement les ressources alimentaires encore disponibles, afin d'en opérer sans retard la distribution entre les diverses ambulances, et, autant que possible, proportionnellement à la population de chacune d'elles. Vers la même époque, cette Commission, chargée seule désormais de décider les acquisitions, jugea que le soin de procurer le linge nécessaire aux ambulances rentrait dans les attributions de l'intendance. Elle fit donc remise à celle-ci de tout ce qui lui avait été confié et de tout ce qu'elle avait acheté, à charge de pourvoir à l'entretien de ce qui était en circulation, ainsi qu'aux fournitures ultérieures. De cette manière, l'argent restant en caisse pouvait être appliqué à d'autres usages, en tenant compte des désirs des malades et des exigences de la situation. Des objets de première nécessité, rares dès le début, le sucre et le sel, étaient devenus presque introuvables : l'alimentation des convalescents ou des blessés, alors qu'il eût fallu un régime plus substantiel pour les réconforter, tournait chaque jour dans un cercle plus restreint. La concentration imprévue de tant de malades et la prédominance de certaines affections régnantes avaient aussi épuisé les réserves de plusieurs des matières employées comme désinfectants ou comme médicaments. Il fallait, dans les limites du possible, subvenir à tous ces besoins, acheter les quantités de sucre ou de sel qu'on pourrait encore découvrir, soutenir les blessés par des distributions de vins généreux ou d'eau-de-vie[1]; enfin donner satisfaction à un désir généralement émis par les malades, en leur procurant du tabac, dont la privation semblait la plus dure de toutes à la plupart[2].

Toutes ces utiles mesures venaient en aide aux efforts de la population dont le dévouement suppléait, en toute occasion, au manque de ressources et surtout de personnel. L'investissement de la ville n'avait pas permis d'appeler du dehors un nombre d'infirmiers en rapport avec les besoins présents. La Société internationale française avait bien, il est vrai, précipitamment dirigé sur Metz un premier envoi de chirurgiens, d'aides et de matériel, et, par les soins des hommes distingués qui en avaient la direction, son ambulance avait été organisée dans la serre et sur les terrains du Jardin-Fabert. Mais cette ambulance, qui rendit d'ailleurs les meilleurs services, ne pouvait presque rien distraire de son personnel, ni surtout

---

1. Le renchérissement de ces divers objets nécessita des dépenses considérables; on put cependant trouver encore et distribuer, du 20 au 30 septembre, près de 2,600 kilogrammes de sucre et 100 kilogrammes de sel. Dans les premiers jours d'octobre, 80 hectolitres de vin de Bordeaux et, vers la fin de ce mois, 7 hectolitres de vins fins et 5 hectolitres d'eau-de-vie furent achetés pour suppléer à l'insuffisance des rations fournies par l'intendance.

2. Au commencement de septembre, une première distribution de tabac se montait à 1,500 kilogrammes; une autre, le 26 septembre, à 1,600 kilogrammes; enfin, le 23 octobre, eut lieu une dernière distribution de 1,000 kilogrammes. Les livraisons étaient faites à la Commission, par ordre du directeur de la manufacture de Metz, dans les meilleures conditions possibles de prix et de qualité : elles étaient d'autant mieux accueillies que, dans un grand nombre de bureaux, certaines sortes de tabac faisaient souvent défaut.

de ses ressources bientôt épuisées. D'autres sociétés internationales de secours aux blessés ne purent pénétrer dans la place qu'après la capitulation. Des sœurs de Saint-Vincent-de-Paul, mandées sur-le-champ, n'arrivèrent qu'en très petit nombre et furent employées au Polygone. Les ambulances que les communautés religieuses avaient elles-mêmes installées dans leurs couvents y nécessitaient la présence de toutes les sœurs, et quelques-unes seulement, appartenant à divers ordres, purent être momentanément attachées à d'autres établissements. Autour de chaque réunion de malades créée par l'initiative privée, les aides s'étaient naturellement groupés suivant des convenances de voisinage, de croyances religieuses ou de relations; le service y était donc assuré gratuitement et avec toutes les garanties qu'on pouvait désirer. Mais les grandes agglomérations, celles qui contenaient chacune plus de 1,000 malades, comme les casernes, la manufacture des tabacs, les tentes de l'Esplanade et du jardin Boufflers, celles du Saulcy, ne comptaient qu'un personnel insuffisant, recruté à la hâte et presque sans aucun renseignement[1]. Parmi ces infirmiers salariés, les uns étaient capables de zèle et de soins excellents, d'autres ne voyaient dans leurs fonctions qu'un moyen de vivre, quelques-uns ont pu n'y chercher

---

1. Il faut en excepter l'hôpital sous wagons, où les ouvriers et les employés de la Compagnie de l'Est formèrent immédiatement un service homogène, composé d'hommes d'une intelligence et d'une honnêteté éprouvées.

que des facilités de paresse ou même de vol qui convenaient à la bassesse de leur nature. Mais à côté de ces misères morales, heureusement assez rares, que d'exemples d'abnégation et d'infatigable dévouement chez toutes les classes de la population ! Quel empressement, quelle émulation parmi ces volontaires de la charité ! Des hommes, des jeunes gens, après les exercices et le service des gardes, consacraient aux ambulances leur temps et leurs forces. Toutes les tâches leur étaient bonnes, s'ils y étaient utiles, et, à force de bon et cordial vouloir, les éducations d'infirmiers ou d'administrateurs se faisaient vite à Metz. Infatigables, eux aussi, dans l'accomplissement de leur mission, les ministres des différents cultes se montraient partout, prodiguant à l'envi aux malades leurs consolations et leurs soins.

Mais les femmes surtout montrèrent en ces douloureux moments un dévouement à la hauteur de nos épreuves. Leur charité patriotique se révélait chaque jour par mille traits nouveaux de bonté et de prévenante attention pour les blessés. Un même sentiment amenait et retenait près d'eux des dames élégantes, de modestes bourgeoises, des ouvrières; confondues, unies par une égale ardeur, toutes se prêtaient aux besognes les plus diverses et souvent les plus pénibles. La cuisine et la lingerie avaient leurs habituées; les cahiers étaient tenus pendant la visite des médecins, les médicaments régulièrement distribués, les plaies étaient pansées. Chacune était à l'œuvre : par tous les temps, sous le soleil et sous la pluie, autour des tentes de l'Esplanade, au Saulcy où la gravité des maladies et des blessures aussi bien qu'une installation défectueuse nécessitaient un courage plus méritoire ; dans les casernes, à Coislin, au Génie où elles bravaient le danger de la contagion ; dans toutes les ambulances enfin, pendant près de trois mois, il en est qui ne manquèrent pas un seul jour à l'appel. Les transformations de nature les plus imprévues se produisaient. Des femmes d'une organisation délicate étaient étonnées elles-mêmes de leurs forces et de leur résistance à la fatigue. Rien ne leur coûtait ; les plus timides devenaient hardies pour leurs malades ; elles savaient plaider énergiquement leur cause près des membres de la Commission municipale, près des médecins, près de l'administration militaire. Plus d'une fois, tout en admirant ce zèle, l'intendance accusait ses ardeurs indiscrètes, et le formalisme traditionnel de sa comptabilité devait céder souvent devant des sollicitations réitérées.

Ce qu'elles savaient surtout, ces femmes généreuses, c'était trouver elles-mêmes, au prix de sacrifices personnels, tout ce qui pouvait adoucir la condition de leurs chers malades. Il était touchant de les voir, par les rues de la ville, pressées de regagner l'ambulance au service de laquelle elles s'étaient vouées, portant dans leurs mains, dans leurs sacs, des aliments préparés, des vêtements chauds empruntés à la garde-robe du mari ou du père, des boissons toniques ou des médicaments. Combien avaient dérobé à la modique provision du ménage quelque régal mis en réserve pour les plus nécessiteux de leurs protégés, combien l'avaient épargné sur leur propre faim! Un peu de sucre, un petit cornet de sel donnés par elles devenaient une gâterie merveilleuse pour de pauvres gens condamnés au monotone et insuffisant régime du bouillon et de la viande de cheval sans assaisonnement. Infirmières attentives, elles devenaient bientôt habiles dans les pansements, elles soutenaient, elles guidaient les premiers pas des blessés, elles suivaient avec anxiété l'état de leurs plaies, et, quand elles rentraient au logis, on pouvait lire sur le visage des mères ou des jeunes filles associées à leurs soins le bulletin des santés auxquelles elles s'intéressaient particulièrement. Sous leur toit même, elles retrouvaient souvent la continuation de leurs charitables offices, et les blessés qu'on avait recueillis étaient, là aussi, soignés, choyés et, à l'heure de la convalescence, nourris à la table de famille, où l'on était à la fois heureux et effrayé de leur appétit.

Avec le temps, avec la contagion et les privations croissantes, bien des vides se faisaient parmi cette population d'infirmes. Il y eut des périodes pendant lesquelles presque tous les amputés succombaient. Mais les ambulances ne se dégarnissaient pas pour cela. De nouveaux combats et de nouvelles maladies venaient les remplir. Il fallait recommencer avec les nouveaux arrivés l'œuvre de chaque jour, s'attacher à eux, redoubler d'efforts pour tâcher de les sauver.

Les jours de soleil étaient les bienvenus. Aux fenêtres des hôpitaux et des casernes, une suite de visages pâles et amaigris se pressaient, avides d'air et de lumière : les lits des chambrées à portée des cours y étaient transportés pendant les bonnes heures ; tous ceux qui pouvaient se mouvoir se prêtaient un mutuel secours pour échapper à leurs tristes gîtes et aller se mêler aux camarades des tentes et des wagons. A l'Esplanade, le coup d'œil était plein d'animation, parfois même de gaieté. Chacun s'installait au soleil, fumant le tabac de la souscription ; les lettrés sur un banc avec le livre qu'on se passait de main en main, ou les journaux qu'on lisait à haute voix ; d'autres étaient accroupis par terre pour la partie de cartes, de dames ou de dominos, ou bien, groupés autour du classique loto, riaient aux éclats des appellations plaisantes du loustic de la bande ; d'autres, enfin, qui avaient pu se traîner jusqu'au mur d'enceinte, en garnissaient les abords, suivaient du regard l'effet du tir des forts et saluaient de leurs acclamations la grosse voix du canon qui manquait rarement de se faire entendre chaque jour. Ils n'étaient point difficiles dans leurs distractions, nos braves soldats, et, acceptant avec résignation leurs souffrances, ils se montraient reconnaissants, sensibles à toute marque d'intérêt [1].

---

1. Des prêts de livres dans les ambulances furent faits pendant toute la durée du blocus, et au delà, par un certain nombre de personnes. Outre cela, le maire avait décidé que la bibliothèque de la ville, quoiqu'on fût dans la période réglementaire des vacances, resterait ouverte pendant les mois de septembre et d'octobre. Les blessés qui pouvaient marcher accueillirent avec faveur cette mesure et ne cessèrent de se rendre en

Mais il y avait aussi les mauvais jours : quand la pluie et le vent faisaient rage, et qu'on était si mal préservé sous ces légers abris contre les gouttières et le froid. Alors la visite de *la Dame*, ses soins, ses paroles, ses petits cadeaux étaient bien nécessaires pour remonter le moral. Les heures étaient si longues ; déjà la nuit tombait vite, et, à la lueur des rares réverbères, les longues files blanches des tentes ou les noires rangées de wagons, qui leur faisaient suite, offraient un sinistre aspect. Quelques gémissements rompaient seuls le silence, et, dans l'air, une fade odeur d'hôpital se répandait partout.

Malgré ces spectacles attristants, si nouveaux pour la population, malgré les préoccupations de l'avenir, on reprenait avec entrain l'œuvre de chaque jour. Le moral était soutenu par l'activité, par le devoir, par je ne sais quel courant de généreux sentiments qui

foule dans les salles de lecture qu'ils encombraient littéralement, car on dut pour leur usage dresser des tables nouvelles et, outre cela, ceux qui n'y trouvaient pas de place formaient des groupes pittoresques, assis résolument par terre, au pied des rayons, avec un livre sur leurs genoux. Cet empressement donna à la Société d'histoire et d'archéologie l'idée d'instituer spécialement pour les blessés des lectures et conférences qui parurent très goûtées par eux. On trouvera peut-être quelqu'intérêt à l'indication de quelques-uns des sujets traités dans ces séances qui eurent lieu en septembre et en octobre : La vie militaire à Metz. — Le blocus de Metz en 1792. — Le blocus de Metz en 1814. — La guerre de Trente ans en Lorraine. — Les deux sièges de Longwy en 1792 et en 1815. — Le champ de bataille de Sainte-Barbe. — Metz sauvé par le boulanger Harelle en 1473. — Les opérations militaires de Villars dans le nord-est de la France. — Le champ de bataille de Rezonville. — Le siège de Metz en 1552. — Les incursions des Barbares dans le pays Messin. — Les armées de la République et Carnot.

stimulaient l'âme et l'empêchaient de fléchir. Il semble que ces choses soient d'hier, et cependant qu'elles sont loin de nous! On se sentait, jusqu'au milieu de ces misères, heureux d'être utile : on l'a bien reconnu, on l'a souvent dit depuis. Discrètement, mais avec ces saintes hardiesses que donne la charité, on relevait tous les courages, on parlait à ces pauvres abandonnés de la famille absente, de la patrie, de Dieu. On se chargeait de leurs commissions, de leurs naïves correspondances, en leur laissant l'innocente illusion qu'elles parviendraient bientôt à destination; trop souvent aussi, hélas! on recueillait leurs dernières volontés. Combien de ceux qui les assistaient ainsi devaient tomber eux-mêmes, victimes de leur dévouement et de leurs fatigues, sur ces champs de bataille de la charité!

Que de traits touchants! Que de libéralités ignorées se presseraient sous la plume et mériteraient un cadre moins étroit pour être conservées! Mais qu'est-il besoin d'insister? La voix de la reconnaissance publique n'a-t-elle pas déjà consacré ces souvenirs et proclamé que, si, réduite à des conditions qu'elle a péniblement subies, la population de Metz n'a pu faire à la défense nationale tous les sacrifices qu'elle aurait souhaités, elle a du moins, sous une autre forme, et sans compter, payé notablement sa dette envers la patrie.

Le terme fatal approchait. Le 13 octobre, le commandant supérieur avait annoncé au maire de la ville qu'il n'y avait plus dans les magasins militaires qu'un peu de lard pour les hôpitaux et les ambulances. Le 17 octobre, la ration de pain était réduite à 300 grammes; le pain de boulange livré par les subsistances n'était cuit qu'imparfaitement; les miches, empilées au sortir des fours, restaient aplaties sous la pression, elles étaient à peine mangeables; les distributions devenaient incomplètes. La viande de cheval, le pain avec de faibles portions de lard composaient toute l'alimentation. Les chevaux, qu'on ne nourrissait presque plus, et qui mouraient par bandes avant d'être abattus, ne pouvaient plus donner qu'une viande malsaine; c'était autant un danger qu'une ressource. La détresse était extrême. Le habitants avaient épuisé leurs modiques provisions ou bien ils en partageaient les derniers restes avec les malades. Que pouvaient-ils d'ailleurs en face de tous ces besoins? C'est ainsi qu'on arriva au dernier jour.

L'envahissement de l'hôtel de ville par les troupes allemandes (29 octobre) fut le signal de la désorganisation du comité qui y siégeait[1]. Cependant, bien

---

1. Peu de jours avant la capitulation, il restait encore environ 45,000 francs sur les fonds de la souscription. Cet argent était déposé dans la caisse du payeur général : 20,000 francs seulement purent être touchés, grâce aux démarches de la Commission auprès du général Coffinières, qui avait donné ordre de ne plus rien verser. Au moment de la capitulation, les 25,000 francs qu'on n'avait pu retirer furent saisis par l'ennemi dans cette caisse. Il fallut de nouvelles démarches auprès des autorités prussiennes pour obtenir, dans le courant de décembre, la restitution de cet argent.

des personnes dévouées continuèrent à fréquenter les ambulances. Le 23 octobre, un ordre, transmis dans les hôpitaux, avait prescrit de préparer un état des militaires blessés ou malades qui désiraient aller dans leurs foyers en congé de convalescence; cet ordre avait été renouvelé le lendemain. On comprend, sans peine, avec quelle satisfaction unanime il avait été accueilli : une pareille perspective avait fait prendre en patience toutes les misères. Il fallut bientôt reconnaître que ce n'était qu'un leurre et qu'aucune stipulation n'avait été faite en faveur des blessés dans la capitulation. Déçus dans leur espoir, quelques-uns des plus valides cherchèrent et parvinrent à s'échapper. L'administration prussienne se préoccupa, sur-le-champ, de réduire le nombre de ceux qui restaient dans Metz. Par des évacuations successives, tous ceux qu'elle jugeait capables d'être transportés furent, suivant leur état, dirigés vers l'Allemagne ou déclarés libres de regagner leur pays : cette dernière faculté n'était accordée qu'aux amputés et à ceux que la gravité de leurs blessures rendait manifestement incapables de reprendre jamais les armes.

La température était devenue très rigoureuse; ces départs précipités donnèrent aux fonds disponibles de la souscription un emploi naturel et tracé par les besoins mêmes des malades. On acheta, pour eux, des vêtements chauds, des boissons ou des aliments réconfortants; enfin quelque argent de route fut distribué à chacun d'eux par les soins des présidentes de section et des personnes charitables qui, jusqu'au bout, fidèles à leur mission, accompagnaient à la gare les partants et leur faisaient elles-mêmes ces distributions. Quant à ceux que leur situation ne permettait pas de transporter, ils furent, peu à peu, concentrés dans deux ou trois locaux pour continuer à y recevoir les soins qui leur sont donnés, encore aujourd'hui, par des médecins et des infirmiers français demeurés à Metz pour cet office. Les derniers fonds restant de la souscription ont été employés à leur procurer quelque soulagement[1]. Enfin, la Commission a cru se conformer à la pensée des souscripteurs en comprenant dans les répartitions de secours certaines ambulances suburbaines où des besoins urgents lui avaient été signalés.

De leur côté, les diverses sociétés internationales de secours aux blessés avaient, depuis longtemps, mis en réserve les ressources que la générosité publique accumulait à l'étranger en faveur de notre ville. A peine l'entrée en fut-elle libre que les représentants de ces sociétés accoururent en foule dans nos murs. Ce furent d'abord nos bons voisins du Luxembourg qui, au lendemain même de la capitulation, arrivaient avec leurs abondantes provisions de pain, de pommes de terre, de denrées de toute sorte, dont les envois se succé-

---

1. La gestion des fonds de la souscription a été opérée par une Commission municipale avec une régularité parfaite et suivant les formes légales usitées en matière de finances. Toutes les pièces de dépenses, à l'appui du compte du receveur, étaient visées par un membre de l'Administration municipale. (*Rapport de M. Moisson.*)

daient de jour en jour et qu'ils distribuaient eux-mêmes avec une assiduité et une bonne grâce que personne, à Metz, ne saurait oublier. Les Hollandais, puis les Anglais et les Belges les suivaient de près, et de lourdes voitures amenaient, en leur nom, jusque dans les ambulances, des ballots, des caisses remplies des objets les plus divers, mais dont la réunion montrait une charité intelligente autant que libérale. Les uns et les autres ne bornaient pas à cette utile assistance leur sympathie pour nos misères. Ils organisaient, à leur tour, dans notre ville des ambulances largement pourvues de tous les soins, de tous les secours que réclame le soulagement des malades, grâce au dévouement et au talent de leurs médecins et de leurs aides. Après avoir quitté, au milieu du plus rigoureux hiver, leur patrie et leurs familles pour accourir au chevet de nos malades, plusieurs de ces courageux étrangers ont succombé, victimes de leur courage. Qu'ils soient bénis ces martyrs de la charité et que les nations amies, qui les avaient envoyés vers nous, acceptent l'expression de notre gratitude! Nous leur avons dû les seules consolations que nous pussions recevoir dans ces cruelles épreuves : comme si, à côté de tant de violences, de ruines et de tueries honteuses, dont deux peuples, faits pour vivre dans une mutuelle estime, donnaient l'affligeant spectacle, il était bon que le monde connût encore, par de tels exemples, les sacrifices et les vertus qui honorent le plus l'humanité.

II. — L'hôpital temporaire du Polygone présente naturellement bien des points communs avec les autres ambulances établies à Metz pendant le blocus; il n'y a donc plus à examiner et à reproduire ici que les traits spéciaux qui lui donnent une physionomie propre. L'Administration municipale, on l'a vu, avait eu à résister à la pression de l'autorité militaire, qui prétendait remettre entièrement à la ville la charge et la responsabilité de tout le service hospitalier. En offrant à l'intendance son concours, la ville dut à son tour presser instamment celle-ci pour hâter la solution des questions qu'il fallait résoudre. Les journées entières des 23, 24, 25 et 26 juillet avaient été consacrées par le Conseil à l'examen et à la discussion de ces questions. Le 27, après avoir consulté le Conseil d'hygiène et fait, avec les médecins et pharmaciens de Metz, le compte du temps dont ils pouvaient disposer, le Conseil avait arrêté, nous l'avons dit précédemment, la création, au Polygone de Chambière, d'un baraquement destiné à recevoir 2,050 malades. La direction du personnel médical avait été par acclamation confiée à M. le docteur Isnard, médecin principal de première classe en retraite, que des services antérieurs et notamment la remarquable organisation des hôpitaux de Brescia, dans la dernière campagne d'Italie, désignaient au choix de ses confrères. M. Dieu, pharmacien principal de première classe en retraite, avait accepté la direction de la pharmacie, et devait, de concert avec un membre du Conseil municipal, s'occuper de ses approvisionnements. D'autres membres du Conseil, et plusieurs de leurs concitoyens qui leur furent adjoints, étaient chargés de l'administration générale. Enfin, le 29 juillet, un traité consacrant les droits respectifs de la ville et de l'État était signé par leurs représentants autorisés, et des marchés étaient, aussitôt après, passés avec les fournisseurs.

L'emplacement auquel on s'était arrêté, situé au nord de la ville, comprend, entre deux bras de la Moselle, des terrains sablonneux affectés en temps ordinaires aux manœuvres de l'artillerie. L'endroit était sain, bien choisi pour y établir des malades et aussi pour préserver la ville des funestes influences provenant de leur concentration. Les terrains, perméables, promettaient le rapide écoulement des eaux de la pluie et procuraient abondamment, sur tous les points, une eau potable excellente, provenant des filtrations de la Moselle. Mais ces divers avantages étaient un peu compensés par des difficultés de service et des pertes de temps que causait l'éloignement de la ville, et aussi par le voisinage imprévu des campements qui nécessita une surveillance plus rigoureuse.

Le mode d'installation recommandé par le Conseil d'hygiène était celui de pavillons en bois, séparés les uns des autres, pourvus d'une aération très active, et pouvant contenir chacun cinquante blessés. L'expérience faite en Amérique et surtout à l'hôpital de Washington pendant la guerre de la sécession garantissait l'excellence du principe d'isolement adopté dans les établissements de ce genre. M. Demoget, l'architecte de la ville, s'était mis aussitôt à l'œuvre, et ses plans avaient rencontré une approbation que les résultats obtenus ont pleinement justifiée depuis. Il en avait combiné les détails de manière à se servir, avec une main-d'œuvre aussi restreinte que possible, de matériaux ayant les dimensions courantes du commerce, réalisant ainsi le double avantage d'une économie notable sur la dépense (en rendant à la vente ces matériaux disponibles lors de l'évacuation de l'hôpital) et surtout d'un gain de temps précieux en de pareilles circonstances. Les pavillons, espacés l'un de l'autre de sept mètres, étaient placés, parallèlement entre eux, sur les deux côtés d'un angle assez aigu. Ils n'étaient imbriqués que d'un seul côté et sur moitié de leur longueur, afin que l'air vicié de l'un, autant que possible, ne fût pas renvoyé sur l'autre[1]. L'aération intérieure était obtenue par un système de toiture ingénieusement combiné et par des châssis mobiles et garnis de vitres disposés de chaque côté des parois verticales. En même temps, grâce à une disposition non moins favorable à la salubrité, l'air pouvait circuler librement dans un large espace ménagé entre le sol et les planchers. Cinq bâtiments, situés vers la base du triangle, étaient joints entre eux par la clôture de l'hôpital.

---

[1] Pour éviter encore cette fâcheuse influence, les water-closets, les dépôts de linge sale et la chambre des morts étaient rejetés tout à fait à l'extérieur, et le service de vidange se faisait journellement.

Les services généraux, tels que la dépense, la cuisine, le bureau des entrées, celui de la comptabilité, les deux salles d'amputation, la pharmacie, la lingerie, le poste de garde, les chambres de réunion des médecins et celles destinées à l'aumônier, aux médecins de garde et aux sœurs, étaient groupés au centre du triangle et suivant les convenances de chacun de ces services. Ils étaient reliés avec les salles de blessés par de longues galeries couvertes en zinc, qui servaient de promenoirs et d'abris en cas de pluie. Chacune des baraques, longue de 52 mètres et large de 7 mètres, était ouverte à chaque extrémité par une porte de 2 mètres de largeur, et de chaque côté de ces portes, à l'intérieur, deux cabinets avaient été réservés : pour l'infirmier de service, pour la sœur, pour le médecin traitant, enfin le quatrième servait de lieu de dépôt. Une salle avait été aménagée pour recevoir des officiers, et une autre, construite avec un soin particulier, était destinée aux soldats amputés ou blessés grièvement.

Les constructions avaient été commencées le 27 juillet. Le 18 août, le blocus empêcha tout arrivage de matériaux. On était d'ailleurs suffisamment pourvu, le nombre des baraques ayant été réduit à trente au lieu de cinquante, par suite de l'établissement d'une route militaire qui coupait les terrains disponibles. Les travaux, menés avec activité, furent terminés le 1er septembre, en trente-six jours, la surface totale des constructions étant de 13,500 mètres carrés. La réduction forcée du nombre des baraques ne permettait plus d'admettre normalement que 1,500 malades; on verra plus loin comment, sous l'empire des plus pressantes nécessités, ce nombre fut dépassé.

Le médecin en chef s'était occupé de réunir le personnel médical. Les médecins civils avaient bien, il est vrai, promis au début leur concours exclusif à l'hôpital du Polygone, comptant que là se bornerait leur service; mais l'encombrement des malades dans la ville força plusieurs d'entre eux à partager leurs soins entre les diverses ambulances qui les réclamaient. Toutefois, un certain nombre purent remplir l'engagement qu'ils avaient pris, et les vides furent comblés grâce à la présence à Metz de quelques médecins du département et de l'extérieur, auxquels furent adjoints des jeunes gens étudiant dans des facultés ou déjà munis de leurs diplômes. Le chiffre des médecins traitants, entre lesquels le service des salles était réparti, resta fixé à vingt; celui de leurs aides à dix.

Les opérations importantes étaient faites sous les yeux ou par les soins du médecin en chef. Des autopsies furent même pratiquées quand elles présentaient un intérêt scientifique : un local attenant à la chambre des morts et situé hors de l'enceinte de l'établissement avait été réservé à cet effet.

Un même zèle pour le soulagement des malades, et une égale déférence pour le chef qu'ils s'étaient choisi, maintinrent jusqu'au bout l'entente la plus étroite entre les membres de ce groupe. Vers la fin même, aides et médecins avaient tenu à consacrer cette union par une touchante démarche chez M. Isnard, auquel un souvenir était remis au nom de tous, comme l'expression d'un sentiment que tous partageaient.

Le pharmacien en chef, de son côté, avait pourvu à l'achat du matériel et des approvisionnements de la pharmacie, et le personnel un peu nombreux qu'il y avait installé provoqua même plus d'une fois les réclamations de l'autorité militaire. Un inspecteur du service des prisons, résidant à Metz, s'était chargé de veiller au détail de l'administration de l'hôpital et à la composition de son personnel. Sa retraite prématurée et l'impossibilité de pourvoir à son remplacement faisaient retomber entièrement ces soins sur les membres délégués par la municipalité. C'était une lourde tâche, et une tâche bien nouvelle pour eux que l'organisation et l'agencement des mille dispositions qui devaient donner la vie à ce grand corps et lui permettre de fonctionner régulièrement et rapidement.

Dès le début, des sœurs de Saint-Vincent-de-Paul avaient été appelées ; en quittant Paris précipitamment, elles avaient pu, au nombre de quatorze, arriver jusqu'à Metz. Sous la direction d'une supérieure pleine d'énergie, d'intelligence et de dévouement pour les malades, elles apportaient aux ambulances du Polygone l'appoint de leur expérience et de leur charitable activité. Les infirmiers qui, sur l'appel de la mairie, se présentaient munis de certificats en bonne forme, étaient successivement embrigadés sous les ordres de ceux qui semblaient offrir le plus de garanties. Il fallait encore se précautionner de comptables pour la tenue des livres, d'employés sûrs pour la dépense, de cuisiniers et d'aides nombreux, etc. On devait, en outre, garnir l'établissement d'un matériel en rapport avec son importance et sa situation isolée. Les objets que l'intendance n'avait pu procurer étaient commandés directement aux fournisseurs.

Chaque jour révélait quelque difficulté nouvelle, et on n'avait ni le temps, ni l'expérience, ni les moyens d'action nécessaires pour procéder méthodiquement. Là, comme partout, heureusement, le libre dévouement vint en aide, et on rencontra sur son chemin bien des concours sur lesquels on n'avait pas compté. Dès le 8 août, des malades en traitement à l'hôpital militaire furent évacués sur le Polygone, où les premières baraques étaient à peine terminées. Il fallut faire face à la fois à tous les besoins et pousser en toute hâte l'achèvement des baraques et leur organisation. Les événements se pressaient avec une rapidité foudroyante.

La situation des ambulances à portée des champs de bataille et leur abord possible à toute heure y amenèrent bientôt les premiers blessés de la lutte engagée sous nos murs. A la suite de la bataille de Borny, pendant les journées du 14, du 15 et du 16 août, les entrées à l'hôpital du Polygone furent successivement de 424, de 314 et de 290 blessés; le 17, 512 furent constatées; enfin, le 18, leur nombre s'éleva à 1,001, et la population d'infirmes, le 19 au matin, était de 2,270 environ. Comment installer, visiter, panser, comment nourrir une telle affluence? Qu'aurait pu, réduit à ses seules forces, le personnel novice qu'on avait à grand'peine assemblé[1]? C'est dans ces moments que la charité privée fait ses merveilles, c'est alors aussi, hélas! qu'elle reconnaît combien elle est impuissante à soulager de semblables misères.

Une profonde pitié pour les victimes, une immense horreur de la guerre saisissait les plus endurcis à la vue de ces plaies effrayantes et de ces convois de mourants qui se succédaient sans relâche le jour, la nuit. Un grand nombre n'avaient pu supporter le trajet; c'étaient des cadavres qu'on déchargeait pêle-mêle au milieu de la foule affairée. Les lits, les moindres coins des baraques avaient été bientôt remplis; les sinistres voitures arrivaient toujours. On dut, avec les planches disponibles qu'on arc-boutait les unes contre les autres, improviser sur l'heure des abris; on les garnissait d'un peu de paille, on y entassait les corps. Le dévouement des médecins, des sœurs, des infirmiers, celui de tous les volontaires accourus à l'aide trouvaient là de quoi s'exercer largement. Quelles journées et quels souvenirs! Peu à peu, cependant,

---

1. Ce personnel, en y comprenant les sœurs et les gardes mobiles, s'éleva jusqu'au chiffre d'environ 320.

on tâchait de mettre de l'ordre dans les soins, on s'occupait de trier dans cet amas les plus gravement malades, de les répartir dans les salles, de faire sortir tous ceux qu'on pouvait évacuer sans danger. Une baraque était-elle achevée, bien vite on la garnissait des blessés contenus sous les abris de planches, que les soldats, à cause de leur forme, avaient baptisés du nom de bonnets de police. C'était la besogne la plus pressante. Outre que les malades s'y trouvaient très mal installés, la surveillance y était à peu près impossible; on put même constater parfois la présence de quelques traînards de l'armée qui s'y réfugiaient, esquivant avec prudence la visite des médecins, mais très assidus aux heures des repas.

Bientôt le nombre des salles étant complété, il fut possible de supprimer entièrement cette cause de désordre.

Cependant les services s'organisaient, et, avec quelque suite dans les efforts, on parvenait à suffire aux besoins. Il est vrai qu'une tâche finie, une autre se présentait. Au commencement, les abus étaient nombreux; dans ce personnel improvisé, pris de toutes mains, il y avait bien des éléments défectueux. Pendant une dizaine de jours à peu près, alors que, débordé par tant de soins, on n'avait pu s'inquiéter qu'isolément des dépôts d'argent faits par les malades, ces dépôts consistaient presque uniquement dans des objets sans valeur, des médailles militaires, des lettres; du jour où ce service fut organisé, l'argent devint abondant, et le chiffre des consignations dépassa promptement 10,000 francs. Sous prétexte de soins à donner aux blessés, on avait vu autour d'eux bien des figures suspectes qui n'avaient plus reparu ensuite. Des rôdeurs infâmes, pénétrant dans un local ouvert de tous côtés, avaient profité du tumulte pour dépouiller les cadavres, pour voler les blessés eux-mêmes. Le matériel de l'établissement, les vivres, les couvertures disparaissaient. Une surveillance plus active amena avec le temps des épurations forcées dans le personnel, mais, quelquefois aussi, il fallait fermer momentanément les yeux sur des désordres manifestes pour ne pas se priver d'agents qui étaient nécessaires, et dont, malgré leurs fautes, on était obligé de se contenter.

La pluie et les orages étaient aussi un des fléaux du Polygone ; le stationnement prolongé de la cavalerie autour des baraques avait peu à peu dénaturé le sol avoisinant qui, piétiné par les chevaux et couvert de débris de toute sorte, était devenu imperméable. C'étaient à chaque averse des amas de boue et de véritables lacs avec des courants qui envahissaient l'enceinte elle-même, et qui, séjournant dans les parties basses, occasionnaient des troubles graves dans le service[1]. Il fallut des travaux considérables

---

1. A la suite d'une de ces pluies torrentielles, la cuisine fut envahie, et la sœur qui en avait la direction, pour assurer la distribution du soir aux malades, dut y séjourner assez longtemps ayant de l'eau jusqu'à mi-jambe. Elle y contracta une fluxion de poitrine dont elle mourut peu de jours après.

d'assainissement et de larges tranchées d'écoulement pour obvier à cet état de choses. Sans les omnibus, dont le service avait été organisé pour amener, matin et soir, les médecins, leurs aides, les dames, les sœurs et les ouvrières de la ville aux ambulances, les abords en auraient été parfois impraticables. Les gouttières dans l'intérieur des salles et le froid pendant la nuit étaient la conséquence même d'un genre de baraquement qui, il faut le reconnaître, convient surtout à la belle saison; mais l'aération, d'autre part, empêcha les influences contagieuses, dont d'autres hôpitaux n'étaient pas exempts, de se développer au Polygone, et cette précieuse immunité méritait bien d'être achetée même au prix de quelques souffrances passagères. On s'efforça d'ailleurs de porter remède à ces inconvénients et on y parvint dans une certaine mesure.

Plusieurs fournisseurs causaient au moins d'aussi sérieux tracas : ils s'étaient montrés empressés de passer leurs marchés à des prix qui leur promettaient de respectables bénéfices, mais le renchérissement de toutes choses et l'impossibilité de faire de nouveaux approvisionnements ralentirent bientôt leur zèle; il fallait à chaque instant presser leurs livraisons.

Enfin les exigences de l'administration militaire en matière de réglementation se produisaient peu à peu, et, avec elles par conséquent, le luxe d'écritures, de papiers, de démarches et d'employés qu'entraînent tant de formalités : c'étaient le bureau des entrées et des sorties, le poste des gardes mobiles, l'état civil qu'il fallait envoyer en triple expédition, le mouvement des malades adressé au médecin en chef des hôpitaux et au magasin des subsistances, le rapport de chaque matin pour lequel un agent était détaché, la comptabilité et ses minuties, les transports d'armes et de cartouches à l'arsenal, les états pour l'intendance, pour l'administration des lits militaires, pour les magasins d'habillement ou de campement, pour les divers hôpitaux avec lesquels on était en rapport, etc., etc., tout un assemblage de prescriptions nécessaires peut-être, mais certainement longues et auxquelles il fallait pourtant se conformer.

A côté et au-dessus de ce formalisme compliqué que des écritures peuvent aussi bien tromper que rassurer, l'Administration, jalouse de l'honneur qui lui était confié, se préoccupait à bon droit de sa surveillance morale, de l'honnêteté qu'elle tenait à introduire et à maintenir dans toutes les relations, du soin des malades surtout, et de la conciliation entre des intérêts qui semblaient souvent contradictoires. Elle apprenait, avec le temps, à reconnaître le zèle et la probité des divers employés et à élargir à l'occasion le cercle de leurs attributions et de leur responsabilité. Elle invoquait pour cela les conseils et les observations des médecins, des sœurs, des brigadiers les plus capables et les plus sûrs, établissant ainsi entre les divers ressorts de ce vaste organisme une communauté d'action qui tournait au profit de l'œuvre entreprise. L'intimité affectueuse et jusqu'au bout sans nuage de ses membres et les résultats obtenus peu à peu, grâce au concours de tous, leur semblaient plus qu'une compensation à leurs efforts. Si leur tâche avait de vilains côtés, et si dans des moments qui appelleraient les plus sublimes vertus ils rencontraient parfois les pires instincts ou les plus laides déformations de la nature humaine, de combien de traits admirables ou touchants n'étaient-ils pas, en revanche, les premiers témoins ! Faut-il citer ces femmes de toute condition, délicates souvent et obligées à des ménagements, qui, là comme partout et malgré l'éloignement, accouraient chaque jour dans les salles, sans y arriver jamais les mains vides, et qui mettaient si généreusement leurs bourses, leurs démarches et leurs soins à la disposition des malades ; ces aides qui, gratuitement et régulièrement, assistaient les médecins dans leurs visites et dans leurs pansements ; ce vieillard, venu de Paris, établi au Polygone sans vouloir y accepter de salaire, courbé par l'âge et ne connaissant pourtant pas la fatigue, que l'on rencontrait partout en quête de quelque adoucissement pour *ceux de sa salle*, qui travaillait de ses mains, pour mieux les abriter, et qui, lors du départ des derniers blessés, nous demandait, en pleurant, ce qu'il allait faire et s'il ne pouvait pas les accompagner en Allemagne ; cet autre petit vieux qui, tout le jour, occupé d'enlever les linges sales déposés devant la porte de chaque baraque, mettait à la plus rebutante des besognes un entrain et une bonne humeur inaltérables ; et ces infirmiers, ces sœurs de Saint-Vincent-de-Paul, qui poussaient jusqu'à la maladie et à la mort même l'accomplissement de leur mission !

La liste serait longue de ces actes méritoires, bien faits pour consoler de tant d'autres affligeants spectacles dont on était entouré.

On recueillait d'ailleurs le fruit du travail commun, et, après le trouble des premiers temps, on était entré dans une période de pleine et régulière activité. Les baraques étaient désormais pourvues de tout leur matériel ; dans chacune d'elles un personnel suffisant d'infirmiers était chargé de veiller à son entretien et au soulagement des malades. Des blessés prussiens, recueillis au début sur les champs de bataille en même temps que nos soldats, mêlés avec eux, recevaient, sans aucune distinction [1], les mêmes soins, jusqu'à ce

---

1. Tandis que les corps de nos soldats décédés, enveloppés simplement d'un suaire, étaient mis à la fosse commune (registre des ordres transmis à l'ambulance du Polygone par le sous-intendant militaire — 21 septembre), le commandant en chef de l'armée prenait à l'égard de la sépulture des militaires prussiens les dispositions suivantes : « ..... Afin de « venir en aide, autant que possible, aux familles qui recherchent les « tombes des leurs décédés à Metz, Son Exc. M. le Maréchal comman- « dant en chef a décidé que les militaires prussiens, qui succomberont « dans les hôpitaux, seraient enterrés dans une partie du cimetière où « l'on puisse retrouver leurs sépultures, et que l'on prendrait toutes les « indications possibles pour faire constater leur identité. Chaque mili- « taire de l'armée prussienne porte au cou une plaque portant des lettres « qui le peuvent faire reconnaître ; il convient, ainsi que cela s'est fait « jusqu'à présent, de transcrire les lettres et les chiffres de cette plaque, « mais de la laisser au cou du mort en le mettant en terre. Son Exc. « M. le Maréchal commandant en chef recommande, d'autre part, de

que, à la suite de l'évasion de plusieurs d'entre eux, et en vertu d'une mesure générale, ils fussent tous traités à l'hôpital militaire. Des relations affectueuses, nées de mutuels services, s'établissaient entre tous ces compagnons de misère. Les moins malades se rendaient utiles. Quand on parcourait l'espace réservé au milieu des deux rangées de lits, symétriquement échelonnés, on était heureux de voir régner l'ordre, de rencontrer une sorte de bien-être et de contentement sur des visages qui, en dépit de la souffrance, avaient conservé leur douceur ou leur énergie. Ces figures attachantes, ces grands yeux fixes, animés par la fièvre d'une expression étrange, restaient, pour toujours, gravés dans le souvenir.

Matin et soir les omnibus apportaient de la ville leurs convois de médecins, d'aides et de dames : à l'arrivée, chacun gagnait son poste; l'infirmier de service rendait compte de ce qui était survenu, depuis la veille, dans chaque salle; les pansements et les opérations se faisaient, et les médecins, à leur tour, transmettaient au médecin en chef leurs observations. Puis

« faire rendre aux officiers prussiens décédés les mêmes honneurs mili-
« taires qu'aux officiers français. » (Registre des ordres transmis à l'ambulance du Polygone par le sous-intendant militaire — 3 octobre.)

« Le sous-intendant militaire est informé que les corps des militaires
« prussiens décédés n'ont pas, à l'arrivée au cimetière, la plaque dont ils
« sont porteurs; il rappelle à ce sujet les instructions contenues au rap-
« port du 3 octobre et invite MM. les Officiers comptables à donner des
« ordres pour que les plaques restent au cou de ces militaires qui doivent
« être placés dans des bières. » (Registre des ordres transmis à l'ambulance du Polygone par le sous-intendant militaire — 10 octobre.)

la cloche annonçait la distribution, et, par escouades, les infirmiers venaient chercher le bouillon, qu'on puisait dans de grandes chaudières, et les rations de viande préparées à l'avance et disposées dans des récipients numérotés pour chaque salle ; les surveillants vérifiaient les bulletins et la réception. Après le repas, l'enceinte se peuplait peu à peu de la foule des malades : c'était le moment de la vie au dehors, de la pipe, de la promenade, des visites d'une salle à une autre. Si le temps était beau, on installait facilement au soleil, presque de plain-pied, les lits ou les matelas des éclopés, et la musique militaire, demandée aux chefs de corps campés dans le voisinage, venait quelquefois les récréer. Mais la suprême distraction, pour les plus valides, c'était de se hisser sur la butte de tir du Polygone, située à l'extrémité de l'enceinte. De là ils découvraient le cours sinueux de la Moselle, la riche plaine qu'elle arrose, avec son horizon de côtes gracieuses, parsemées de villages et couronnées de vignes ou de bois déjà colorés par l'automne. Bien souvent ce pays, pénétré de calme et de fraîcheur, servait de cadre à des engagements meurtriers : de ces bois pleins de pièges s'échappaient les blanches fumées des batteries ennemies et la fusillade pétillait au loin dans les vignes. Avec quel intérêt la galerie suivait alors les détails de l'action : jugeant les coups, interrogeant d'un regard exercé les moindres mouvements dans les buissons et poussant les plus énergiques jurons à la vue des incendies qui consumaient les maisons et les villages entiers! Puis chacun, de son mieux, car la descente était difficile, reprenait le chemin de la salle, où l'attendaient la contre-visite du médecin et le repas du soir. Les journées se passaient ainsi, avec la répétition des mêmes soins et des mêmes loisirs. Le dimanche une messe était célébrée, en plein air, dans l'enceinte, et les soldats concouraient aux chants, à la décoration toute militaire de l'autel, dont les trophées d'armes ou de drapeaux et des inscriptions appropriées à la circonstance composaient tous les frais[1]. Des quêtes fructueuses s'y faisaient au profit des blessés et l'argent recueilli ainsi était employé à leur acheter quelques douceurs.

Cependant, après avoir joui trop peu de temps des bénéfices d'une situation particulière, le Polygone allait participer au sort commun des autres ambulances. Les vivres étaient devenus de plus en plus rares : les fournisseurs, invoquant les impossibilités d'approvisionnement causées par le blocus, résiliaient successivement leurs marchés. Il fallait recourir à l'administration militaire qui, peu à peu, resta seule chargée des subsistances. Les rations furent réduites de jour en jour. Le sel avait manqué dès le début, et l'eau salée, dont on allait remplir les tonneaux de l'ambulance à la source Belle-Croix, n'était point assez saturée pour

---

[1]. Un dimanche, après la nouvelle de la chute de l'Empereur, les inscriptions placées de chaque côté de l'autel étaient les suivantes : *Et nunc erudimini qui judicatis terram*, et *Deposuit potentes de sede et exaltavit humiles.*

donner quelque saveur à la viande de cheval qui constituait l'unique ordinaire. On avait bien fait quelques réserves sur les fournitures livrées par le commerce, et, le 12 octobre, le Polygone avait eu sa part dans une distribution de denrées alimentaires provenant de marchandises délaissées à la gare de Metz et requises pour les hôpitaux; tout cela ne pouvait être d'un long secours en raison du chiffre de la population qu'il fallait nourrir. On tâcha pourtant, comme on le put, de varier, de compléter un peu le triste et insuffisant régime des malades. L'argent de la souscription, celui qui provenait des quêtes du dimanche et de dons particuliers, ainsi que la recette d'un concert organisé dans le voisinage par les lanciers de la garde, étaient consacrés à des achats de vins, de tabac, de fruits. On s'efforça aussi, même au prix des plus grands sacrifices, d'avoir toujours une petite quantité de légumes frais, et quelques cadeaux inappréciables dans ce genre furent faits par des personnes généreuses qui fréquentaient les ambulances. Un chef de cuisine habile, et dont l'apprentissage s'était fait à bord d'un navire de l'État, savait utiliser les moindres débris, et jusque dans les jours du plus grand dénûment, malgré l'absence de tout condiment, il s'ingéniait à donner quelque saveur à ses préparations. Mais l'alimentation des malades, des amputés surtout, aurait exigé une nourriture plus substantielle. Des suppléments étaient accordés à ces derniers, sur la demande du médecin traitant, et bien souvent il y était pourvu par la charité de leurs visiteurs. Une installation un peu plus confortable leur avait aussi été réservée dans une salle construite expressément pour eux.

A cette occasion, et plusieurs fois déjà auparavant, la répartition des malades dans les salles avait été l'objet de remaniements ayant pour but la séparation absolue des blessés et des fiévreux. Un grand nombre de ces derniers, dès le milieu de septembre, fut évacué des ambulances de Metz sur le Polygone, qui présentait des conditions d'isolement et d'aération favorables à leur traitement. Le médecin en chef, à peine remis de longues et douloureuses souffrances occasionnées par ses fatigues, s'attacha constamment à concilier la séparation absolue de ces deux catégories de malades, avec le maintien d'un service intact pour chaque médecin traitant, désirant, autant qu'il le pouvait, conserver des liens réciproques que le temps, les soins et la reconnaissance avaient naturellement établis. Grâce à cette précaution, grâce aussi à la disposition des baraques et aux mesures de rigoureuse propreté qui étaient observées dans l'intérieur des salles et de l'enceinte, l'ambulance du Polygone fut entièrement préservée des périls qui sont la conséquence de toute concentration hospitalière. A aucun moment, même lorsque la population qui y était traitée atteignit son chiffre le plus élevé[1], on n'eut à constater dans les salles cette funeste odeur, persistante et caractéris-

---

1. 2,270 malades.

tique, marque d'un danger certain pour les malades aussi bien que pour ceux qui les assistent.

La lingerie était à peu près le seul endroit périlleux du Polygone; pour la garantir entièrement des gouttières, il avait bien fallu la clore plus hermétiquement que les autres constructions. Les linges rendus imparfaitement lessivés et incomplètement secs, malgré toutes les recommandations faites à cet égard, y entretenaient une atmosphère moite et insalubre, que les courants d'air, établis toutes les fois que le temps le permettait, étaient impuissants à renouveler. Plusieurs employés, des ouvrières, la sœur chargée de la surveillance y contractèrent successivement des maladies. Un jeune homme attaché à ce service succomba victime de son assiduité à ce poste dangereux[1].

Cependant, vers le 20 octobre, toutes les réserves étaient épuisées : chaque soir on était incertain de la distribution du lendemain. A bien des signes, on sentait venir la fin. On osait à peine pénétrer dans les salles où, malgré la patiente résignation des malades, on était accueilli par des réclamations trop légitimes, mais auxquelles on était dans l'impossibilité de faire droit; on sortait navré jusqu'au fond de l'âme à la vue de tant de misères. La tristesse était générale.

Le temps n'était plus de ces conversations animées

---

1. Les mêmes tristes résultats se produisirent d'ailleurs dans plusieurs autres ambulances de Metz, et l'on eut également à y déplorer la maladie ou la mort de personnes préposées à un service qui, étant moins en vue, semblait à l'abri de tout péril.

par lesquelles, pendant le trajet, si souvent répété, de la ville au Polygone, on trompait l'ennui du chemin. Quelles chaudes discussions, quelles nouvelles hasardeuses se croisaient alors parmi les habitués de l'omnibus! Maintenant, ce n'était plus qu'un morne silence; c'est à peine si l'on échangeait les douloureuses préoccupations qui remplissaient tous les cœurs. Les affligeants spectacles ne manquaient pas sur le parcours. Dans les rues, des attroupements à la porte des boulangers; des figures hâves sur lesquelles les privations et les inquiétudes avaient marqué leurs traces; des gamins qui revenaient de la maraude avec un maigre butin. Au sortir de la ville, à l'abattoir, des bandes de chevaux maigres pressés les uns contre les autres, et, çà et là, les cadavres de ceux d'entre eux qui, victimes de la faim, étaient déjà mutilés par la dent de ceux qui les entouraient. Plus loin, des corbillards; les uns sans aucune suite, les autres avec un mince cortège de parents, d'amis; des paysans surtout qui accompagnaient quelqu'un des leurs au cimetière voisin, car ces pauvres gens, arrachés violemment à leurs habitudes et condamnés souvent au dénûment le plus complet, offraient une facile proie aux progrès de la maladie. Bien souvent aussi, c'étaient de petits cercueils des enfants qui, nés dans ces difficiles moments, avaient passé bien vite de la vie à la mort. Plus loin encore, les carabiniers, dont les montures peuplaient l'abattoir, apprenaient gauchement l'exercice du fantassin. Tout ce monde s'agitait dans la boue amoncelée, au milieu d'un paysage sinistre, dont quelques arbres, échappés aux abatis, mais ébranchés jusqu'au sommet, rompaient seuls les lignes basses et monotones, sous le ciel gris, le froid et une pluie pénétrante; partout, enfin, l'horreur ou la désolation. De pareils souvenirs ne sauraient s'effacer de l'esprit.

Le 29 octobre, à quatre heures de l'après-midi, au moment même où l'omnibus qui ramenait les médecins rentrait dans Metz, la première colonne des troupes prussiennes débouchait sur la place d'Armes. Deux délégués d'une société internationale allemande avaient pu, dans l'après-midi de ce même jour, pénétrer au Polygone. Ils savaient la détresse de nos malades, et ils venaient généreusement leur offrir du vin, du sucre, du sel, du chocolat, des vêtements chauds, etc. Les jours suivants, des représentants de sociétés belges, anglaises, hollandaises et luxembourgeoises arrivaient à leur tour avec leurs nombreux et charitables convois. C'était, après les privations passées, un moment de largesse et d'abondance relatives.

L'administration prussienne, d'ailleurs, pourvoyait aux subsistances. Le 5 et le 9 novembre, des commissaires de cette administration vinrent visiter le Polygone, dont les jours étaient désormais comptés. Le froid commençait à y sévir cruellement, et, à moins de travaux considérables, on ne pouvait songer à y tenir plus longtemps. La population de malades était à ce moment d'environ 1,500. Le 11 novembre eut lieu une première évacuation de 43 blessés, organisée par une société belge de secours[1].

Les départs se succédèrent ensuite, à peu près de jour en jour. Parmi les malades, les uns étaient dirigés sur les ambulances de Metz, d'autres prenaient le chemin de la captivité, d'autres enfin allaient rejoindre des foyers peut-être dévastés.

Le médecin en chef avait dû réclamer le concours de médecins militaires par suite du départ des médecins civils étrangers, retournés dans leurs familles, et de quelques-uns des médecins de la ville, obligés, à cause du grand nombre de leurs malades, de se consacrer exclusivement à leur service. De leur côté, les membres de la Commission municipale, si pénible que pût être leur présence au Polygone dans les conditions où ils s'y trouvaient, persistèrent néanmoins à y retourner pour effectuer le licenciement successif du personnel, terminer le règlement des comptes et opérer la rentrée du matériel dont la ville devait rester en possession.

Il fallait, d'ailleurs, avec l'aide des sœurs de Saint-Vincent-de-Paul et de quelques personnes charitables, veiller jusqu'au bout à l'intérêt des malades et à une

---

1. Ces blessés, confiés à un médecin russe plein de dévouement, le docteur Heyfelder, furent accompagnés par lui jusqu'à Neuwied, où il était chargé de créer une ambulance de 100 malades, choisis indistinctement parmi les blessés français ou allemands. La princesse de Wied devait pourvoir libéralement à toutes les dépenses de cet hôpital installé dans les meilleures conditions.

distribution équitable des dernières ressources dont on pouvait encore disposer en leur faveur. Cependant, la population de l'hôpital baissait de jour en jour. Enfin, le 26 novembre au soir, un dernier convoi de douze malades, organisé par les soins de l'ambulance hollandaise, quittait le Polygone. Entre toutes les tristesses dont l'âme était envahie, ce n'était pas une des moindres de laisser pour toujours ces baraques en bois, témoins de tant de souffrances et de dévouement, qui, vides désormais et inutiles, restaient abandonnées dans la plaine [1].

1. Il est mort à l'hôpital militaire et dans les ambulances de Metz en 1870 plus de 6,500 hommes, dont 75 seulement du 1er janvier au 15 août et le reste en quatre mois et demi, du 15 août au 31 décembre.

Outre cela, dans la population civile de Metz, où la moyenne annuelle des décès est de 1,200 quand il n'y a pas d'épidémie, il y a eu, en 1870, 3,174 décès dont 1,516 du sexe masculin et 1,658 du sexe féminin, sans compter 64 déclarations d'enfants mort-nés. Pendant les sept premiers mois de l'année 1870 il n'y avait eu que 917 décès; d'août à décembre inclus, il y en a eu 2,257 (voir ci-après Append. LXVIII).

Les principales maladies régnantes pendant le blocus ont été :

La variole . . . . 365 décès civils, 176 décès militaires.
La dysenterie . . . . . 380 — 726 —
Et la fièvre typhoïde . . 323 — 1,364 —

Les enfants jusqu'à l'âge de cinq ans ont été fort éprouvés par le blocus; car sur les 968 décès de ces enfants pendant l'année 1870, il y en a eu 656 pour les cinq derniers mois.

Les paysans réfugiés, que l'on évalue à 20,000, ont aussi payé un lourd tribut à la mort; il a été inscrit sur les registres de l'état civil, du 15 août au 16 novembre, 354 décès dans cette population étrangère, où les femmes et les enfants dominaient. Ces 354 décès sont répartis également entre les deux sexes; on y trouve 177 hommes et 177 femmes.

APPENDICE

On trouvera dans cet appendice les documents qui se rapportent aux faits relatés dans le présent mémoire : 1° les principaux placards affichés dans Metz pour la publication des ordres et autres notifications des autorités civiles et militaires; 2° des extraits de procès-verbaux des séances du Conseil municipal et de celles du Conseil central d'hygiène; 3° des notes émanant de personnes compétentes et dignes de foi, sur certains faits et sur quelques objets spéciaux.

I.

23 JUILLET. — AVIS PUBLIÉ PAR LA COMMISSION MUNICIPALE. — SOUSCRIPTION POUR LES BLESSÉS.

Ville de Metz. — Le maire et le Conseil municipal à leurs concitoyens. — Par toute la France s'organise une grande souscription nationale en faveur des soldats de notre armée. — Le moment est imminent où la population si généreuse et si patriotique de Metz, indépendamment de ce qu'elle peut mettre à la disposition du Comité central de Paris, aura tout particulièrement à pourvoir, par elle-même et sans délai, aux besoins des blessés et des malades qui seront dirigés sur notre ville. — Le Comité central de Paris sera bien loin de nous à ce moment. — La prudence nous commande d'y penser d'avance et de créer, dès maintenant, les ressources qui nous seront alors nécessaires, en versant dans une caisse spéciale, à l'hôtel de ville, *tout ce dont nous pouvons disposer* et ce que, de partout, on voudra bien y joindre. Nous serons ainsi en mesure de secourir efficacement et sans retard les souffrances dont nous serons les premiers témoins. — La souscription est ouverte à l'hôtel de ville, où seront reçus les versements et les noms des donateurs. — L'Administration municipale fait aussi appel au dévouement des habitants pour tous les services personnels qu'ils pourraient rendre, et prie ceux qui sont disposés à le faire de venir s'inscrire à l'hôtel de ville, en indiquant ce qu'on peut attendre des aptitudes spéciales et du zèle de chacun. — Le maire, Félix Maréchal, et les membres de la commission déléguée par le Conseil : Géhin, Aug. Prost, de Bouteiller, Noblot, Émile Sturel et Worms.

II.

7 AOUT. — DÉCRETS IMPÉRIAUX. — MISE EN ÉTAT DE SIÈGE ET NOMINATION DU COMMANDANT SUPÉRIEUR DE LA PLACE.

Ville de Metz. — Napoléon, par la grâce de Dieu et la volonté nationale, empereur des Français, à tous présents et à venir salut, avons décrété et décrétons ce qui suit : — Article 1er. Les villes de Metz, Verdun, Montmédy, Longwy, Thionville, Bitche, Strasbourg et les places de l'Alsace, Phalsbourg, Marsal, Toul, Belfort, sont déclarées en état de siège. — Art. 2. Notre major général de l'armée est chargé de l'exécution du présent décret. — Fait à Metz, le 7 août 1870. — Napoléon. — Par l'empereur : le maréchal de France, major général de l'armée. Signé : Le Bœuf.

Quartier impérial, à Metz, le 7 août 1870. — Le général de division Coffinières de Nordeck, commandant en chef le génie de l'armée, est nommé commandant supérieur de la place de Metz. — Napoléon. — Par l'empereur : le maréchal de France, major général de l'armée, Le Bœuf.

Extraits du décret du 13 octobre 1863 portant règlement sur le service dans les places de guerre et les villes de garnison : — Art. 248. Pendant l'état de siège, le commandant supérieur fait occuper tous les terrains, ordonne toute démolition, prescrit toute mesure de défense jugée nécessaire pour assurer la conservation de la place. — Dans ce cas, toute occupation, toute privation de jouissance, toute démolition résultant d'un fait de guerre ou d'une mesure de défense n'ouvre droit à aucune indemnité. — Art. 249. Aussitôt que l'état de siège est déclaré, les pouvoirs dont l'autorité civile était revêtue pour le maintien de l'ordre et de la police passent tout entiers à l'autorité militaire. — L'autorité civile continue néanmoins d'exercer ceux de ces pouvoirs dont l'autorité militaire ne l'a pas dessaisie. — Le commandant supérieur délègue en conséquence aux magistrats telle partie de ces pouvoirs qu'il juge convenable. Il exerce son autorité jusqu'aux limites du rayon d'investissement... Tous les délits dont il ne juge pas à propos de laisser la connaissance aux tribunaux ordinaires seront jugés par les tribunaux militaires, quelle que soit la qualité des prévenus. — Metz, le 7 août 1870. — Le général de division commandant le génie de l'armée du Rhin, commandant supérieur de la place de Metz, Coffinières de Nordeck.

III.

7 AOUT. — ORDRE DU COMMANDANT SUPÉRIEUR. — ÉLECTIONS MUNICIPALES.

Ville de Metz. — Ajournement des élections municipales. — En raison des circonstances exceptionnelles dans lesquelles se trouve la ville de Metz, le général de division commandant supérieur à Metz ordonne que les élections municipales seront ajournées, que les bulletins déposés dans les urnes seront annulés, et que l'Administration et le Conseil municipal actuels sont maintenus en fonction jusqu'à nouvel ordre. — Le général de division commandant le génie de l'armée du Rhin, commandant supérieur de Metz, Coffinières.

IV.

7 AOUT. — ORDRE DU COMMANDANT SUPÉRIEUR. — GARDE NATIONALE.

Ville de Metz. — Garde nationale sédentaire. — Habitants de Metz, l'ennemi se présente en colonnes profondes, et notre héroïque cité doit se lever en masse pour repousser même une menace d'insulte : tous les citoyens doivent prendre les armes et n'avoir qu'un drapeau, celui de l'honneur national. — Les bureaux électoraux de chacune des sections de la ville, institués pour les élections municipales, procéderont immédiatement à la formation du contrôle de chaque bataillon de la garde nationale, lequel sera composé de quatre compagnies. Dans chacune de ces sections aura lieu aujourd'hui même, à quatre heures du soir et au bureau électoral, une réunion des citoyens appelés à faire partie de la garde nationale, soit comme volontaires, soit par application des dispositions du décret des 11-12 janvier 1852. Dans cette réunion, on arrêtera une liste de candidats officiers, jusqu'au grade de capitaine inclusivement, laquelle liste sera soumise à l'approbation du commandant supérieur de Metz. — Metz, le 7 août 1870. — Le général de division commandant le génie de l'armée du Rhin, commandant supérieur de Metz, Coffinières.

V.

7 AOUT. — ORDRE DU COMMANDANT SUPÉRIEUR. — ÉTRANGERS.

Ville de Metz. — Mesures concernant les étrangers. — Le général de division commandant le génie de l'armée, commandant supérieur de Metz, ordonne ce qui suit : — Art. 1er. Tout étranger originaire de la Prusse, des pays de la confédération du Nord, de la Bavière, du Wurtemberg, du grand-duché de Hesse et du grand-duché de Bade, et résidant en ce moment à Metz ou dans les environs, devra, dans le délai de deux jours, c'est-à-dire lundi ou mardi prochain, se présenter au commissaire central de police, pour demander un permis de séjour. — Art. 2. Tout étranger originaire de l'un des pays ci-dessus indiqués, qui n'aura pas, dans le délai fixé, obtempéré à la disposition qui précède, sera mis en état d'arrestation. — Art. 3. Tout étranger qui n'obtiendra pas un permis de séjour quittera le territoire français dans les vingt-quatre heures qui suivront la décision du commissaire central. — Metz, le 7 août 1870. — Le général de division commandant le génie de l'armée du Rhin, commandant supérieur de Metz, Coffinières de Nordeck.

VI.

8 AOUT. — ORDRE DU COMMANDANT SUPÉRIEUR. — GARDE NATIONALE.

Ville de Metz. — Garde nationale. — Organisation. — En vertu des pouvoirs qui lui sont conférés, le général de division, commandant supérieur de la place de Metz, a décidé que la garde nationale sédentaire de cette ville serait organisée en cinq bataillons, correspondant à chacune des sections de la ville. M. Laffite, colonel d'artillerie en retraite, est nommé commandant de ces cinq bataillons avec le grade de colonel. Il correspondra directement avec le commandant supérieur. — Le 1er bataillon sera commandé par M. Pardon; le 2e, par M. Falieu; le 3e, par M. de Saulcy; le 4e, par M. Antonioli; le 5e, par M. Wagnair. — Sont nommés aux grades ci-après : premier bataillon; capitaines : MM. Freschard, Maucourt, Pompey, Dinz, Bondon capitaine adjudant-major; lieutenants : MM. Agnès, Jacob (J.-B.), Adam, Sendret; sous-lieutenants : MM. Voignier, Beauquesne, Godfrin, Parant. — Deuxième bataillon; capitaines : MM. Jaunez, de Jobal, Dennery, Barthe; lieutenants : MM. Noirel, Loche, Weill, Alexandre; sous-lieutenants : MM. Israël (Moïse), Voirgard, Cone, Abraham (Louis).

— Troisième bataillon; capitaines : MM. Réau (Ernest), Hazard, Priou, Réau, ancien major; lieutenants : MM. Gobert, Petit, Watrin, Gusse; sous-lieutenants : MM. Desmé, Dubrot, Michel, Collin. — Quatrième bataillon; capitaines : MM. Berque adjudant-major, Lejeune, Meyer, Laumet, Malassez; lieutenants : MM. Gevrey, Zenaker, Mathis, de Lardemelle; sous-lieutenants : MM. Denis, Priolot, Blereau, Germain. — Cinquième bataillon; capitaines : MM. Merling, Saintin, Adam, Cassin adjudant-major; lieutenants : MM. Mangin, Vilgrain, Bremetz, Jaquot; sous-lieutenants : MM. Pacoret, Knoploch, Michel, Bettannier. — Les sous-officiers et caporaux seront nommés par le colonel commandant les cinq bataillons, sur les propositions qui lui seront adressées par les commandants de compagnies, après avoir été soumises aux chefs de bataillons, qui feront connaître leur opinion en regard du nom de chaque candidat[1]. — Metz, le 8 août 1870. — Le général de

---

[1]. Les capitaines, lieutenants et sous-lieutenants furent seuls nommés sur la présentation de leurs concitoyens. Le général commandant supérieur s'étant réservé le choix du colonel et des chefs de bataillon nomma directement les officiers supérieurs dont les noms figurent au tableau qu'on vient de lire. Deux d'entre eux seulement, M. Laffite, ancien colonel d'artillerie, et M. Pardon, ancien commandant du génie, conservèrent leur grade jusqu'à la fin. Le 2e bataillon, au refus de M. Falieu, major en retraite, fut successivement commandé par M. Maillefer, M. Berveiller, M. Rousseau de Sibille, ancien chef d'escadron d'état-major, et M. Ernest Réau, ancien officier de chasseurs à pied (16 oct.); le 3e bataillon, au refus de M. de Saulcy, fut commandé par M. Edmond Réau, ancien major d'infanterie; le 4e bataillon, au refus de M. Antonioli, par M. Charles Meyer, négociant; et le 5e bataillon, après la démission de M. Wagnair, par M. Saintin (25 octobre). Il y eut aussi, pendant la durée du blocus, quelques changements parmi les capitaines, lieutenants et sous-lieutenants nommés le 8 août. Le corps des officiers de la garde nationale fut complété par la nomination des officiers de l'état-major : M. Abel capitaine chef d'état-major, MM. de Chanteau et Simon-Maigret lieutenants, M. Didiot capitaine d'armes, et ultérieurement par celle des officiers de l'escadron d'artillerie, élus aussi et présentés par les gardes nationaux, et dont la liste est donnée plus loin (Append. XIV).

division commandant supérieur de la place de Metz, Coffinières de Nordeck.

VII.

8 AOUT. — AVIS DU CHEF DU GÉNIE. — MESURES PRESCRITES DANS LES ZONES DE DÉFENSE DE LA PLACE.

D'après les ordres du général de division commandant militaire de la place, et conformément aux lois et règlements qui régissent l'état de siège, tous les propriétaires des terrains compris dans la première et la seconde zone de la place et des forts devront, à partir du présent avis, s'occuper immédiatement de démolir les constructions qui leur appartiennent, enlever les matériaux et décombres, couper les arbres, haies et clôtures, enfin faire place nette et rétablir l'état primitif des lieux comme ils s'y sont engagés dans les soumissions qu'ils ont souscrites ou suivant ce que prescrit la loi. — Dans le cas où ce travail ne serait pas effectué dans un délai de trois jours, il serait exécuté d'office, à leurs frais, par l'autorité militaire. — Le lieutenant-colonel commandant du génie, Salanson.

VIII.

9 AOUT. — ARRÊTÉ DU COMMANDANT SUPÉRIEUR. — SUSPENSION DES POURSUITES COMMERCIALES.

Arrêté. — Le général de division commandant supérieur de la place de Metz, — Vu l'état de siège de la place de Metz et l'interruption des communications avec les autres villes du département; — Vu l'impossibilité dans laquelle se trouve un grand nombre de négociants d'obtenir la rentrée des fonds sur lesquels ils comptaient pour acquitter les traites et billets en circulation; — Sur la demande de la Chambre de commerce de la ville de Metz; — Arrête que tous les mandats, billets de commerce, traites et chèques ne seront passibles d'aucune poursuite ni protêts pendant l'espace de quinze jours à dater de ce jour, tous droits réservés[1]. — Metz, le 9 août 1870. — Le général de division commandant supérieur de la place de Metz. Signé : Coffinières.

IX.

10 AOUT. — AVIS DU PRÉFET. — RÉFUGIÉS DANS LA PLACE.

Avis. — Par ordre du général de division commandant supérieur de la ville de Metz, le préfet de la Moselle informe les habitants des communes du département qui voudraient venir à Metz, qu'aucune personne ne sera admise à entrer en cette ville si elle n'apporte avec elle des vivres pour *quarante jours* au moins. — Metz, le 10 août 1870. — Le préfet de la Moselle, Paul Odent. — MM. les Maires sont priés de faire immédiatement publier et afficher le présent avis.

X.

10 AOUT. — AVIS DU MAIRE. — RÉFUGIÉS DANS LA PLACE.

Ville de Metz. — Habitants étrangers à la ville. — Pour l'exécution des ordres de M. le général de division commandant supérieur de la place, le maire fait connaître que les personnes résidant dans toute autre commune et qui se réfugient dans la ville de Metz ne pourront y entrer pour y séjourner qu'autant qu'elles justifieront qu'elles apportent des vivres pour quarante jours au moins. — MM. les commissaires et agents de police, ainsi que les employés de l'administration de l'octroi sont chargés d'assurer, en ce qui les concerne, l'exé-

---

1. Ces dispositions furent ultérieurement renouvelées à diverses reprises pendant toute la durée du blocus, et les délais prorogés successivement jusqu'au 30 novembre 1870, par des arrêtés des 9 et 28 septembre, 12 et 27 octobre.

cution rigoureuse de cette mesure. — Metz, le 10 août 1870. — Le maire, Félix Maréchal.

XI.

12 AOUT. — ORDRE DU COMMANDANT SUPÉRIEUR. — CAMPAGNARDS.

Décision relative aux habitants des campagnes. — La ville de Metz étant encombrée d'habitants dont l'alimentation pourrait présenter des difficultés, le général de division commandant supérieur décide : — que les personnes émigrant des campagnes et des villages environnants ne seront plus reçues dans la ville. Elles devront rentrer dans leur domicile ou continuer leur route dans l'intérieur du pays. — Les autorités civiles et militaires sont chargées, chacun en ce qui les concerne, d'assurer l'exécution de la présente décision. — Metz, le 12 août 1870. — Le général de division commandant supérieur de la place de Metz, Coffinières.

XII.

17 AOUT. — AVIS DU COMMANDANT SUPÉRIEUR. — BLESSÉS.

Appel au dévouement des habitants de Metz. — La bataille de Gravelotte a été glorieuse pour nos armes : l'ennemi a été vigoureusement repoussé. — Mais le nombre des blessés est très considérable; nos casernes sont remplies; il devient presque impossible de donner à ces braves soldats tous les soins qu'ils méritent. — Dans cette circonstance, le commandant supérieur de Metz vient, avec une entière confiance, faire appel au patriotisme des habitants. Il n'est pas dans la ville un seul citoyen qui ne regarde comme un devoir sacré de recevoir dans son domicile un certain nombre de blessés. — Les convois arrivent par la porte de France; présentez-vous au Fort-Moselle, et recueillez chez vous les héros blessés de la bataille de Gravelotte! — Metz, le 17 août 1870. — Le général de division commandant supérieur, Coffinières.

XIII.

22 AOUT. — AVIS DU COLONEL DE LA GARDE NATIONALE. — ARTILLERIE DE LA GARDE NATIONALE.

Garde nationale sédentaire. — Artillerie. — Le colonel commandant supérieur des gardes nationales de Metz informe les habitants que l'artillerie de la garde nationale sédentaire de Metz va être immédiatement réorganisée. — Deux cents gardes nationaux, anciens artilleurs, se sont déjà fait inscrire. On peut se présenter de même à l'hôtel de ville, au bureau de l'état-major de la garde nationale. Demain, à quatre heures, la liste d'inscription sera close et l'artillerie de la garde nationale sédentaire de Metz entrera de suite en fonctions sur les remparts. — Metz, 22 août 1870. — Le colonel, Laffite.

XIV.

29 AOUT. — ARRÊTÉ DU COMMANDANT SUPÉRIEUR. — ARTILLERIE DE LA GARDE NATIONALE.

Ville de Metz. — Garde nationale sédentaire. — Artillerie. — Organisation. — En vertu des pouvoirs qui lui sont conférés, le général de division, commandant supérieur de la place de Metz, a décidé que l'artillerie de la garde nationale de cette ville serait organisée en cinq batteries, correspondant à chacune des sections de la ville, sous le commandement supérieur du colonel Laffite, commandant la garde nationale de Metz. — Sont nommés aux grades ci-après : M. Goussin, chef d'escadron de ces cinq batteries; M. Sabatier, capitaine adjudant-major. — Première batterie : Capitaine, M. Mursch; lieutenant en 1er, M. Buchillot; lieutenant en 2e, M. Francin. — Deuxième batterie : Capitaine, M. Millet; lieutenant en 1er, M. Colas-Auburtin; lieutenant en 2e, M. Pelissier. — Troisième batterie : Capitaine, M. Pistor; lieutenant en 1er, M. Gendarme; lieutenant en 2ᵉ, M. Brutillot. — Quatrième batterie : Capitaine, M. Dessus; lieutenant en 1ᵉʳ, M. Fauveau; lieutenant en 2ᵉ, M. Lorrain. — Cinquième batterie : Capitaine, M. Espagne; lieutenant en 1ᵉʳ, M. Assemainne; lieutenant en 2ᵉ, M. Saint-Jacques. — Les sous-officiers et brigadiers seront nommés par le colonel sur les propositions qui lui seront adressées par les commandants de batterie, après avoir été soumises au chef d'escadron, qui fera connaître son opinion en regard du nom de chaque candidat. — Metz, le 29 août 1870. — Le général de division commandant supérieur de la place de Metz, F. Coffinières de Nordeck.

XV.

10 SEPTEMBRE. — AVIS DU COMMANDANT SUPÉRIEUR. — GRAINS ET FOURRAGES.

Avis. — Par ordre de Son Exc. M. le maréchal Bazaine, commandant en chef de l'armée, les habitants de Metz sont prévenus : — Qu'ils sont autorisés à conserver, *pour leurs besoins justifiés*, les quantités de denrées fourragères nécessaires pour trente jours, et que tous ceux d'entre eux qui, *dans le délai de trois jours*, auront apporté aux magasins du Saulcy les quantités d'avoine, d'orge, de foin et de paille qui leur resteront disponibles après ce prélèvement, seront payés pour ces quantités à raison de 45 francs par quintal métrique d'orge ou d'avoine, 35 francs par quintal métrique de foin, 20 francs par quintal métrique de paille. — Ceux d'entre eux qui, en vue de l'avenir, préféreraient recevoir *en nature après la guerre* des quantités égales à celles qu'ils auront livrées, recevront un reçu portant engagement de restitution. — Enfin les habitants qui ne se seront pas exécutés dans le délai ci-dessus indiqué y seront contraints, passé ce délai, et il ne leur sera alors payé que les prix ayant cours avant les circonstances présentes, savoir : 30 francs par quintal pour l'orge et l'avoine, 12 francs par quintal pour le foin, 10 francs par quintal pour la paille. — *Dès à présent,* toute transaction sur les denrées soumises à la présente réquisition est interdite dans l'intérieur de Metz. En outre, la sortie de la ville des denrées fourragères est formellement interdite. — Le paiement des denrées sera fait soit au comptant soit par la délivrance d'un bon de restitution, suivant le désir du propriétaire, aux magasins du parc aux fourrages du Saulcy, de huit heures du matin à six heures du soir, dans les journées des 11, 12 et 13 septembre. — Metz, le 10 septembre 1870. — Le général de division commandant supérieur de la place de Metz, F. Coffinières.

XVI.

13 SEPTEMBRE. — PROCLAMATION DU COMMANDANT SUPÉRIEUR, DU PRÉFET ET DU MAIRE. — NOUVELLES DU DEHORS.

Proclamation. — Habitants de Metz, on a lu dans un journal allemand, *la Gazette de la Croix*, les nouvelles les plus tristes sur le sort d'une armée française écrasée par le nombre de ses adversaires, sous les murs de Sedan, après trois jours d'une lutte inégale. Ce journal annonce également l'établissement d'un nouveau gouvernement par les représentants du pays. Nous n'avons pas d'autres renseignements sur ces événements, mais nous ne pouvons non plus les démentir. — Dans des circonstances aussi graves, notre unique pensée doit être pour la France; notre devoir à tous, simples citoyens ou fonctionnaires, est de rester à notre poste, et de concourir ensemble à la défense de la ville de Metz. En ce moment solennel, la France, la patrie, ce nom qui résume tous nos sentiments, toutes nos affections, est à Metz, dans cette cité qui a tant de fois résisté aux efforts des ennemis du pays. — Votre patriotisme, ce dévouement dont vous donnez déjà tant de preuves par votre empressement à recueillir et à soigner les blessés de l'armée ne peuvent faire défaut. Vous saurez vous faire honorer et respecter de nos ennemis par votre résistance; vous avez d'ailleurs d'illustres souvenirs qui vous soutiendront dans cette lutte énergique. — L'armée qui est sous nos murs, et qui a déjà fait connaître sa valeur et son héroïsme dans les combats de Borny, de Gravelotte, de Servigny, ne nous quittera pas; elle résistera avec nous aux ennemis qui nous entourent, et cette résistance donnera au gouvernement le temps de créer les moyens de sauver la France, de sauver notre patrie. — Metz, le 13 septembre 1870. — F. Coffinières, général de division, commandant supérieur de la place de Metz; Paul Odent, préfet de la Moselle; Félix Maréchal, maire de Metz.

XVII.

15 SEPTEMBRE. — ARRÊTÉ DU COMMANDANT SUPÉRIEUR. — RÉQUISITION DES BLÉS ET FARINES; TAXES DU PAIN ET DE LA VIANDE.

Arrêté concernant les denrées alimentaires. — Le général de division commandant supérieur de la place de Metz, en vertu des pouvoirs qui lui sont conférés et après avoir pris l'avis du Conseil municipal, arrête ce qui suit, en ce qui concerne les denrées alimentaires de première nécessité : — Il sera fait immédiatement un recensement des blés et farines qui existent dans la ville. Ces denrées sont mises en réquisition pour l'alimentation de la population et par les soins de l'Administration municipale. — Les blés seront payés à raison de 36 francs les 100 kilos pour les qualités loyales et marchandes. Les farines seront payées de 48 à 50 francs les 100 kilos selon la qualité. — Les détenteurs de blé qui, en vue de l'avenir, préféreraient recevoir en nature, après la levée du blocus, des quantités égales à celles qu'ils auront livrées, recevront un reçu portant engagement de restitution et mentionnant la qualité de ces blés. Cette restitution se fera dans le mois qui suivra la levée du blocus. — Les meuniers de la ville sont tenus de moudre les blés selon les besoins de la consommation et de vendre les farines en provenant à un prix qui ne pourra pas excéder 48 francs les 100 kilos. Ce prix comprend les frais d'enlèvement chez le vendeur, de transport chez le boulanger et d'avance de fonds. Il n'y aura qu'une seule qualité de farine dite première et seconde. — Le pain en provenant sera payé 48 centimes le kilogramme. — La viande de cheval sera payée aux prix ci-après : Parties basses, 60 centimes le kilogramme; parties moyennes, 1 franc le kilogramme; viande de choix (le filet excepté), 1 franc 50 centimes le kilogramme. — Metz, le 15 septembre 1870. — Le général de division commandant supérieur de la place de Metz, F. Coffinières.

XVIII.

23 SEPTEMBRE. — AVIS DU COMMANDANT SUPÉRIEUR. — CHEVAUX LIVRÉS A LA CONSOMMATION PUBLIQUE PAR L'ARMÉE; TAXE DE LA VIANDE.

Avis concernant les denrées alimentaires. — Son Exc. M. le maréchal Bazaine, commandant en chef de l'armée, a bien voulu céder à la ville le nombre de chevaux nécessaire à l'alimentation publique. — Cette cession est faite dans de telles conditions que les tarifs fixés dans l'arrêté du 15 septembre seront abaissés comme il suit à partir du 25 courant : Viande de cheval : Parties basses, 10 centimes le kilogramme; parties moyennes, 50 centimes le kilogramme; viande de choix (le filet excepté), 1 franc le kilogramme. — Metz, le 23 septembre 1870. — Le général de division commandant supérieur de la place de Metz, Coffinières.

XIX.

24 SEPTEMBRE. — AVIS DU COMMANDANT SUPÉRIEUR. — SOURCE SALÉE DE BELLE-CROIX.

Avis. — Les habitants de Metz sont prévenus qu'ils peuvent aller chercher de l'eau salée à la source de Belle-Croix, à l'emplacement de l'usine Sendret, tous les jours, de cinq à six heures du matin ou de cinq à sept heures du soir. Les autres heures de la journée sont réservées aux différents corps de l'armée et de la garnison de Metz. — Metz, le 24 septembre 1870. — Le général de division commandant supérieur de la place de Metz, F. Coffinières.

XX.

24 SEPTEMBRE. — ARRÊTÉ DU COMMANDANT SUPÉRIEUR. — COMMERCE ILLICITE DU PAIN.

Arrêté concernant les denrées alimentaires. — Le général commandant supérieur de la place de Metz, pour empêcher le commerce illicite du pain qui se fait dans la ville, arrête : — Tout individu qui sera pris en flagrant délit de revente de pain sera conduit devant le commissaire central et déposé à la police. — Le pain sera saisi et porté au Bureau de bienfaisance pour être distribué aux familles pauvres. — Metz, le 24 septembre 1870. — Le général de division commandant supérieur de la place de Metz, F. Coffinières.

XXI.

7 OCTOBRE. — ARRÊTÉ DU COMMANDANT SUPÉRIEUR. — RÉQUISITION DES BLÉS ET FARINES.

Arrêté[1]. — Il est enjoint à tous les détenteurs de blé ou de farine de faire la déclaration des quantités qu'ils possèdent à la mairie de Metz, avant le mardi 11 octobre courant. — A partir du lendemain 12, les blés et les farines qui n'auront pas été déclarés ne seront plus payés, savoir : les blés que 30 francs les 100 kilogrammes, les farines que 40 francs les 100 kilogrammes, au lieu de 36 francs et de 48 francs, prix fixés par

---

1. Par un arrêté en date du 12 octobre, le préfet de la Moselle applique aux communes suburbaines l'arrêté de réquisition du général Coffinières.

l'arrêté du 15 septembre dernier. La différence sera versée à la caisse du Bureau de bienfaisance et employée pour les besoins de cette institution. Les retardataires perdront en outre la faculté de recevoir, en nature, après le blocus, les quantités de blé égales à celles qu'ils auront livrées. — A partir du même jour, 12 octobre, des visites seront faites à domicile, pour rechercher les blés et farines qui n'auraient pas été déclarés. Celles de ces denrées qui seront trouvées seront enlevées par les soins des agents de l'autorité publique. — Metz, le 7 octobre 1870. — Le général de division commandant supérieur de la place de Metz, F. Coffinières.

XXII.

10 OCTOBRE. — AVIS DU MAIRE. — SUBSISTANCES.

Avis. — Conformément à l'avis qu'il a reçu de M. le général commandant supérieur de la place, le maire fait connaître que M. le maréchal commandant en chef a décidé qu'il ne pourrait plus sortir de la place aucune quantité de blé, de farine ou de denrées fourragères. Il n'est fait exception que pour les voitures de l'administration ou autres qui vont s'approvisionner dans les magasins de la place et qui seront munies d'un laisser-passer signé par le maire ou par M. Antoine, sous-intendant militaire, chargé du service des subsistances[1]. — Metz, le 10 octobre 1870. — Le maire, Félix Maréchal.

XXIII.

11 OCTOBRE. — AVIS DU MARÉCHAL COMMANDANT EN CHEF. — NOUVELLES DU DEHORS.

Communiqué. — Le maréchal commandant en chef de l'ar-

---

1. Ces mesures sont renouvelées le 18 octobre, en même temps les portes sont ouvertes à sept heures du matin et fermées à quatre heures du soir.

mée du Rhin, n'ayant reçu aucune nouvelle affirmant les heureux faits de guerre qui se seraient passés à Paris, se borne à en souhaiter la réalisation et assure les habitants de Metz que rien ne leur est caché; qu'ils aient donc confiance dans sa loyauté. — Du reste, jusqu'à ce jour, le maréchal a toujours communiqué à l'autorité militaire de Metz les journaux français ou allemands tombés entre nos mains. — Il profite de l'occasion pour assurer que, depuis le blocus, il n'a jamais reçu la moindre communication du gouvernement, malgré toutes les tentatives faites pour établir des relations. — Quoi qu'il advienne, une seule pensée doit, en ce moment, absorber tous les esprits, c'est la défense du pays; un seul cri doit sortir de toutes les poitrines : Vive la France! — Ban-Saint-Martin, le 11 octobre 1870.

XXIV.

14 OCTOBRE. — LETTRE DU COMMANDANT SUPÉRIEUR. — RÉPONSE A L'ADRESSE VOTÉE PAR LE CONSEIL MUNICIPAL[1].

Lettre de M. le général commandant supérieur au maire, à l'occasion de l'adresse du Conseil municipal. — Monsieur le Maire, le Conseil municipal de Metz m'a fait l'honneur de m'adresser une lettre, dans laquelle il exprime les sentiments les plus nobles et les plus patriotiques. — Je m'empresse de vous remercier de cette manifestation, qui est loin de me surprendre, car je n'ai jamais douté de l'ardent concours que la population de Metz donnera aux troupes chargées de la défense de notre forteresse. Vous pouvez compter également sur l'énergie avec laquelle nous accomplirons notre devoir. Tout ce qu'il sera humainement possible de faire nous le ferons sans aucune hésitation. Mais je vous prie de dire à vos administrés que, pour atteindre ce résultat, désiré par tous, il faut surtout le calme qui caractérise les gens fermement résolus et

---

1. Cette adresse se trouve au procès-verbal de la séance du 13 octobre où elle a été votée (Append. XXXIX).

qu'il importe de rester unis en évitant, avec soin, tout ce qui pourrait ressembler à l'indiscipline, à la sédition et aux vaines déclamations. Il importe surtout d'exclure la politique de nos préoccupations, parce que la politique est un dissolvant qui ne peut que troubler l'harmonie qui doit régner parmi nous. Un gouvernement de fait existe en France. Il a pris le titre de *Gouvernement de la défense nationale;* nous devons reconnaître ce gouvernement et attendre les décisions qui seront prises par l'Assemblée constituante élue par le pays. En attendant sa décision, nous devons nous rallier au cri que vous poussez vous-même : *Vive la France!* — Vous me dites que la population a été péniblement surprise d'apprendre que les ressources en subsistances étaient très limitées. Il était cependant facile de se rendre compte que, lorsqu'une population civile et militaire de plus de 230,000 âmes a tiré, pendant deux mois, tous ses vivres d'une place comme Metz, il ne doit plus rester que de faibles ressources. — Du reste, je n'ai jamais fait mystère de cette situation des subsistances. La réduction de la ration de l'armée, les recensements faits en ville, les mesures prises pour assurer le service de la boulangerie et les conversations que j'ai eues, soit avec M. le Maire, soit avec divers habitants de la ville, démontrent suffisamment l'épuisement progressif de nos vivres. — Il serait d'ailleurs inutile de récriminer sur le passé et de rejeter la responsabilité sur les uns ou sur les autres. — Envisageons courageusement la situation telle qu'elle est, et, comme vous le dites avec beaucoup de raison, subissons-en les conséquences avec énergie et avec la ferme résolution d'en tirer le meilleur parti possible. — Metz, 14 octobre 1870. — Le général commandant supérieur de la place de Metz, F. Coffinières.

XXV.

14 octobre. — arrêté du commandant supérieur. — fixation de la ration de pain.

Ville de Metz. — Arrêté concernant la confection et la vente du pain. — Le général de division commandant supérieur de la place, prenant en considération les difficultés de la situation et la nécessité de ménager les ressources en grains dont dispose la ville de Metz, à l'effet de prolonger la défense de cette place importante dans l'intérêt du pays, arrête : — A partir du samedi 15 octobre courant, il ne sera fabriqué qu'une seule sorte de pain, dit pain de boulange ; il sera confectionné avec une farine composée de toutes les parties du blé (farine et son). — Ce pain sera vendu à raison de 45 centimes le kilogramme. — Chaque boulanger recevra journellement la quantité de farine qui lui sera allouée proportionnellement à la population qu'il sera appelé à servir. — La ration journalière pour chaque habitant ou résidant temporaire est fixée, savoir : — A 400 grammes pour les adultes; à 200 grammes pour les enfants de quatre à douze ans; à 100 grammes pour les enfants de un à quatre ans. — Ces rations seront délivrées chez les boulangers, sur la présentation d'une carte portant le timbre de la mairie et indiquant, avec le nom du boulanger, le nom du rationnaire ainsi que la quantité de rations qui lui est attribuée. — Il est interdit à tous boulangers, autres que celui désigné sur la carte, de remettre du pain au porteur; il leur est également interdit d'en délivrer une quantité supérieure à celle indiquée. — La carte, après livraison du pain, sera rendue à la personne qui l'aura présentée. — Le pain sera confectionné avec soin et dans des conditions satisfaisantes de cuisson. — Les contraventions aux dispositions précédemment arrêtées seront rigoureusement constatées et poursuivies. — Metz, le 14 octobre 1870. — Le général de division commandant supérieur de la place de Metz, F. Coffinières.

En raison du temps que nécessite la remise des cartes à

domicile, l'exécution des mesures spécifiées ci-dessus est ajournée au dimanche 16 octobre courant.

XXVI.

18 OCTOBRE. — ARRÊTÉ DU COMMANDANT SUPÉRIEUR. — ABAISSEMENT DE LA RATION DE PAIN.

Arrêté concernant les denrées alimentaires. — Le général de division commandant supérieur à Metz, — Vu la décroissance rapide de nos ressources en grains et farines; — Vu l'accroissement de la population résultant de l'entrée en ville des populations rurales refoulées par l'ennemi; — Vu l'urgence de prendre les mesures les plus énergiques pour prolonger la défense; — Attendu qu'il est équitable de donner la même ration aux habitants qu'aux troupes de la garnison de Metz; arrête : — A partir de mercredi 19 octobre courant, la ration de pain attribuée à chaque habitant sera fixée de la manière suivante : — la ration entière 300 grammes, la demi-ration 200 grammes, le quart de ration 100 grammes. — Les quantités de farines attribuées aux communes suburbaines leur seront délivrées en prenant pour base le poids de la ration tel qu'il est déterminé ci-dessus. — Metz, le 18 octobre 1870. — Le général de division commandant supérieur de la place de Metz, F. Coffinières.

XXVII.

23 OCTOBRE. — ARRÊTÉ DU COMMANDANT SUPÉRIEUR. — RÉQUISITION DES CHEVAUX POUR L'ALIMENTATION PUBLIQUE.

Ville de Metz. — Subsistances. — Le général de division commandant supérieur de la place, considérant que l'armée ne peut plus fournir à la ville les chevaux nécessaires à l'alimentation des habitants; qu'il est dès lors indispensable et urgent d'y pourvoir; arrête : — Art. 1er. Les chevaux existant, tant dans l'intérieur de la ville que dans les communes suburbaines comprises dans le blocus, sont mis en réquisition pour être affectés à l'alimentation des habitants. — Art. 2. Une commission mixte, composée de deux conseillers municipaux, d'un vétérinaire, d'un sous-intendant militaire et de deux officiers, sera chargée de désigner les chevaux qui seront successivement abattus et d'en fixer l'estimation. Les vendeurs recevront, au moment de la livraison, un récépissé qui établira leurs droits. — Metz, le 23 octobre 1870. — Le général de division commandant supérieur de la place de Metz, F. Coffinières.

XXVIII.

24 OCTOBRE. — ARRÊTÉ DU COMMANDANT SUPÉRIEUR. — RÉQUISITION DES CHEVAUX POUR L'ALIMENTATION PUBLIQUE; TAXE DE LA VIANDE.

Place de Metz. — Arrêté concernant la vente des chevaux mis en réquisition. — Le général commandant supérieur décide que les dispositions réglementaires suivantes seront prises pour l'exécution de son arrêté du 23 octobre courant : — Art. 1er. Les chevaux nécessaires à l'alimentation des habitants et de la garnison de la place seront achetés, au nom du ministre de la guerre, par la commission mixte instituée par la décision précitée. — Art. 2. Le prix déterminé par la commission sera celui réel de l'animal au moment de la vente. — Art. 3. Un officier comptable, attaché à la commission, acquittera directement le montant des achats à l'aide d'avances qu'il recevra à cet effet de M. le trésorier-payeur général. — Art. 4. Les chevaux destinés à l'armée seront cédés à l'administration des vivres de la place. Ceux destinés à la ville seront remis à l'administration des domaines qui les vendra, séance tenante, aux enchères. — Art. 5. Les bouchers de la ville et ceux des communes suburbaines seront seuls admis à concourir aux achats. Ces derniers ne pourront acheter qu'un nombre de chevaux en rapport avec les besoins des communes; ce nombre sera arrêté par la commission. — Art. 6. Quels que soient les prix d'achats, les bouchers ne pourront vendre la viande au-dessus de la taxe fixée par mon arrêté du 23 septembre dernier, savoir : Parties basses, 0 fr. 10 c. le kilogramme; parties moyennes, 0 fr. 50 c. le kilogramme; viande de choix (le filet excepté), 1 franc. — Art. 7. La commission se réunira chaque jour sur la place de la Comédie, à deux heures de l'après-midi. — Elle procédera aux achats en commençant par les animaux qui lui seront amenés du consentement de leurs propriétaires. Elle procédera par voie de réquisition quand cette catégorie sera épuisée. — Les chevaux achetés auront l'oreille fendue. — Metz, le 24 octobre 1870. — Le général de division commandant supérieur de la place de Metz, F. Coffinières.

XXIX.

24 octobre. — Arrêté du commandant supérieur. — Éclairage au gaz.

Place de Metz. — Éclairage public. — Le général de division commandant supérieur de la place, considérant qu'il importe d'assurer le service de l'éclairage public dans l'intérêt de l'ordre et de la liberté de la circulation; qu'il y a lieu d'affecter spécialement à cet important service le gaz, que la rareté de la houille ne permet d'obtenir que dans des proportions restreintes; arrête : — Art. 1er. A partir de demain, 25 octobre courant, le gaz ne sera employé à l'éclairage des maisons particulières et des établissements privés que jusqu'à sept heures du soir. — Art. 2. M. le Maire de Metz est chargé d'assurer l'exécution du présent arrêté. — Metz, le 24 octobre 1870. — Le général de division commandant supérieur de la place de Metz, F. Coffinières.

XXX.

26 OCTOBRE. — ARRÊTÉ DU MAIRE DE METZ. — ÉCLAIRAGE AU GAZ.

Ville de Metz. — Éclairage par le gaz. — Le maire de la ville de Metz, officier de la Légion d'honneur, — Vu l'arrêté de M. le Général de division, commandant supérieur de la place, qui interdit, à partir de sept heures du soir, l'emploi du gaz pour l'éclairage des maisons particulières et des établissements privés; — Considérant qu'aux termes de l'article 2 dudit arrêté, le maire de Metz est chargé d'en assurer l'exécution; arrête : — Article 1er. Tous les propriétaires, négociants, cafetiers, limonadiers, débitants, dont les maisons, boutiques et établissements quelconques sont éclairés par le gaz et, en un mot, tous les consommateurs de gaz, sans distinction, seront tenus, sous leur responsabilité personnelle, de prendre les dispositions nécessaires pour faire cesser ce mode d'éclairage à partir de sept heures du soir. — Art. 2. Les contraventions seront constatées par des procès-verbaux et les contrevenants poursuivis conformément à la loi. — Metz, le 26 octobre 1870. — Le maire, Félix Maréchal.

XXXI.

27 OCTOBRE. — PROCLAMATION DU COMMANDANT SUPÉRIEUR. — REDDITION DE LA PLACE.

Proclamation. — Habitants de Metz, il est de mon devoir de vous faire connaître loyalement notre situation, bien persuadé que vos âmes viriles et courageuses seront à la hauteur de ces graves circonstances. — Autour de nous est une armée qui n'a jamais été vaincue et qui s'est montrée aussi ferme devant le feu de l'ennemi que devant les plus rudes épreuves. Cette armée, interposée entre la ville et l'assiégeant, nous a donné le temps de mettre nos forts en état de défense et de monter sur nos remparts plus de six cents pièces de canon;

enfin elle a tenu en échec plus de 200,000 hommes. — Dans la place, nous avons une population pleine d'énergie et de patriotisme, bien décidée à se défendre jusqu'à la dernière extrémité. — Si nous avions du pain, cette situation serait parfaitement rassurante; malheureusement il n'en est point ainsi. — J'ai déjà fait connaître au Conseil municipal que, malgré la réduction des rations, malgré les perquisitions faites par les autorités civiles et militaires, nous n'avions de vivres assurés que jusqu'au 28 octobre. — De plus, notre brave armée, déjà si éprouvée par le feu de l'ennemi, puisque 42,000 hommes en ont subi les atteintes, souffre horriblement de l'inclémence exceptionnelle de la saison et des privations de toute sorte. Le Conseil de guerre a constaté ces faits, et M. le Maréchal commandant en chef a donné l'ordre formel, comme il en a le droit, de verser une partie de nos ressources à l'armée. — Cependant, grâce à nos économies, nous pouvons résister encore jusqu'au 30 courant, et notre situation ne se trouve pas sensiblement modifiée. — Jamais, dans les fastes militaires, une place de guerre n'a résisté jusqu'à un épuisement aussi complet de ses ressources et n'a été aussi encombrée de blessés et de malades. — Nous sommes donc condamnés à succomber, mais ce sera avec honneur, et nous ne serons vaincus que par la faim. — L'ennemi, qui nous investit péniblement depuis plus de soixante-dix jours, sait qu'il est près d'atteindre le but de ses efforts; il demande la place et l'armée et n'admet pas la séparation de ces deux intérêts. Quatre ou cinq jours de résistance désespérée n'auraient d'autre résultat que d'aggraver la situation des habitants. Tous peuvent d'ailleurs être bien convaincus que leurs intérêts privés seront défendus avec la plus vive sollicitude. — Sachons supporter stoïquement cette grande infortune et conservons le ferme espoir que Metz, cette grande et patriotique cité, restera à la France. — Metz, le 27 octobre 1870. — Le général commandant supérieur, F. Coffinières.

XXXII.

23 JUILLET. — SÉANCE DU CONSEIL MUNICIPAL. — EXTRAIT DU PROCÈS-VERBAL.

M. le Maire expose qu'il y a peu de jours, M. l'Intendant général de l'armée a proposé à l'administration civile des hospices de Metz de prendre sous sa direction l'hôpital militaire et les services hospitaliers qu'il pourrait être nécessaire d'organiser pour assurer le traitement des blessés évacués sur Metz. La Commission administrative des hospices a déclaré que, malgré son vif désir de venir en aide à l'administration militaire, il lui était impossible de se charger d'une entreprise au-dessus de ses forces. Tout ce qu'elle pourrait faire serait de rendre disponible le rez-de-chaussée de l'hôpital Bon-Secours et de ménager ainsi 75 à 80 lits aux blessés militaires.

M. l'Intendant général, très vivement contrarié de cette réponse, s'est adressé à l'Administration municipale; il demande à la ville de se charger de ce service.

Avant de provoquer à ce sujet une délibération du Conseil municipal, M. le Maire a jugé utile de consulter le Conseil central d'hygiène. Ce Conseil, auquel d'autres personnes compétentes avaient été adjointes, notamment MM. Isnard et Méry, anciens médecins en chef d'armées, s'est réuni le 22, sous la présidence de M. le Préfet. M. Géhin, secrétaire du Conseil d'hygiène, est prié de donner lecture du procès-verbal de la délibération de ce Conseil et des conclusions arrêtées par lui[1]..., etc.

Après la lecture de ce procès-verbal, M. le Maire ajoute que ce matin même, 23 juillet, M. le sous-intendant Perot a formulé avec précision la demande adressée à la ville. « Il s'agirait pour elle de se charger de l'organisation et de la gestion des hôpitaux temporaires nécessaires aux malades et

---

1. Un extrait de ce procès-verbal est donné plus loin (Append. LII).

blessés de l'armée et de la gestion de l'hôpital militaire de Metz, dont le personnel actuel serait retiré. La ville choisirait les médecins, les sœurs (si elle désirait en avoir), le personnel, l'administration, les infirmiers; elle fournirait les locaux, les médicaments, les aliments; elle entrerait en jouissance de tout le matériel de l'hôpital militaire, et l'administration militaire lui procurerait, en totalité ou en partie, le matériel nécessaire à ces hôpitaux temporaires. Le but principal de cette mesure est de rendre disponible le personnel attaché à l'hôpital militaire de Metz, afin de le porter sur des points où l'appelle l'intérêt de l'armée. » M. le sous-intendant a terminé cette communication en exprimant le désir d'être entendu par le Conseil municipal, si ses explications sont jugées utiles.

Le Conseil, de son côté, émet le vœu d'entrer en communication directe avec M. le sous-intendant militaire et d'écouter ses observations.

M. le sous-intendant Perot est introduit.

Il renouvelle la proposition contenue dans la lettre ci-dessus analysée et ajoute que d'autres villes sont déjà entrées dans cette voie. Ainsi, la ville de Nancy offre de se charger de 1,500 lits, et celle de Saint-Avold se chargerait de 500 et même au besoin de 650 lits.

M. le Maire fait observer que Nancy a une École préparatoire de médecine et peut disposer d'un personnel qui n'existe pas à Metz pour le service des malades.

M. le sous-intendant répond que, d'après une décision récemment affichée, les jeunes gens appelés à la garde nationale mobile qui ont des connaissances spéciales, et ceux qui voudront s'engager comme infirmiers, pourront être attachés au service des hôpitaux; ce sera là une première ressource et, d'ailleurs, si un appel était fait par un comité, il ne doute pas que le dévouement des médecins n'y répondît des divers points de la France.

M. Blondin dit que le concours financier de la ville est acquis à l'administration militaire, que le dévouement des citoyens ne lui fera pas défaut, qu'elle trouvera chez tous des auxiliaires empressés; mais il ne croit pas possible d'accepter la substitution de service proposée à la ville. Avant d'accepter un devoir, il faut savoir si l'on pourra le remplir, et quand l'accomplissement de ce devoir engage la vie d'un grand nombre d'hommes, ce n'est pas seulement une imprudence, c'est une vraie faute d'en assumer la responsabilité sans avoir la certitude de pouvoir le faire. Or, on propose à la ville de s'obliger, d'une façon indéfinie, sans qu'elle ait les ressources nécessaires, en dégageant l'intendance militaire d'un service pour l'exécution duquel elle a le matériel, le personnel, la compétence et l'autorité.

M. Gougeon exprime la même opinion et ajoute qu'elle a été partagée par les membres du Conseil central d'hygiène. Tous ont pensé que l'administration militaire devait conserver la direction du service administratif et médical.

M. de Bouteiller insiste sur la nécessité absolue de ne pas consentir à la transformation de ce service. Il a été constaté que les médecins civils, malgré leur dévouement, ne pourraient se détacher de leurs autres devoirs professionnels que pendant deux ou trois heures par jour pour les soins à donner aux blessés. Ce personnel suffirait à peine à la visite de 1,200 malades, en supposant qu'il n'y eût à faire aucune opération. Or, M. l'Intendant suppose un service organisé à Metz pour 4 à 5,000 malades et blessés. La ville ne saurait s'exposer à en laisser un certain nombre sans soins suffisants.

M. Worms dit, qu'en effet, c'est l'intérêt des malades qui domine toute considération; or, cet intérêt exige que l'intendance militaire reste à la tête du service avec son autorité, son droit de réquisition, ses ressources, sa connaissance des points d'où peut être appelé le personnel indispensable.

M. Geisler n'admet pas plus que les autres préopinants la possibilité pour l'intendance militaire de s'effacer et de laisser à la ville un fardeau au-dessus de ses forces; tout ce qu'on pourrait faire, ce serait d'examiner les ressources de la ville et de voir si, limitant sa responsabilité, elle pourrait se charger d'un certain nombre de lits.

M. le sous-intendant dit que, dans cet ordre d'idées, la ville de Metz, à laquelle l'administration militaire propose d'abandonner le matériel de l'hôpital, ne ferait sans doute pas moins que Nancy, puisque, par suite de cet abandon, elle aurait une position meilleure.

M. Worms fait observer que la question se déplace. Le sous-intendant a déclaré que le but de l'administration militaire, en remettant à la ville le service des malades, était de rendre disponible le personnel militaire, c'est-à-dire de laisser l'administration civile à ses propres efforts; c'est là ce qu'il est impossible d'accepter.

M. le Maire dit qu'il honore profondément le dévouement et le zèle, mais qu'il est des devoirs pour lesquels il faut, outre ces qualités, une capacité spéciale. Metz est, par sa position, un centre destiné à recevoir en nombre important les malades de l'armée; il faut à une pareille situation des ressources correspondantes; or, les médecins civils sont au nombre de trente, dont dix sont chargés de services publics. Parmi les vingt autres, quelques-uns sont plus ou moins fatigués par l'âge, et les autres ont à remplir des devoirs professionnels. L'administration militaire peut compter qu'elle trouvera en eux d'utiles et dévoués auxiliaires; mais, réduits aux seuls efforts de ce personnel restreint, l'administration civile serait plongée dans le plus cruel embarras. Il serait déplorable que l'on désorganisât l'hôpital militaire, qui est un centre tout créé, et que l'on affaiblît un service auquel il faut une direction et un général en chef.

M. Prost dit qu'il admet, de la part de la ville, de la part de chacun de ses habitants, le concours le plus large, mais nullement la substitution de responsabilité qui est proposée. Ceux à qui cette responsabilité incombe justement, à raison de leurs connaissances et de leur autorité, doivent la conserver.

M. le Maire résume la discussion et, en exprimant le regret que la ville se trouve dans l'impossibilité d'accéder aux propositions de l'administration militaire, il renouvelle l'assurance du concours que le Conseil municipal est disposé à lui prêter. Par exemple, la ville pourrait, conformément à l'avis émis par le Conseil central d'hygiène, faire construire, sauf compte ultérieur avec l'État, en dehors des murs de la place, un baraquement pour 2,000 lits.

M. le sous-intendant dit qu'il n'est pas autorisé à discuter ce point particulier.

Aucune explication nouvelle ne paraissant plus nécessaire, M. le sous-intendant se retire.

Après son départ, diverses observations sont échangées au sein du Conseil. Tous les membres semblent d'accord sur l'impossibilité, pour la ville, de prendre à sa charge et sous sa responsabilité la direction de l'hôpital militaire et la création des hôpitaux temporaires, et sur l'opportunité d'une offre consistant à faire immédiatement construire à l'extérieur un baraquement pour 2,000 lits.

MM. Geisler et Gougeon demandent qu'en outre on examine si la ville ne devrait pas offrir de se charger d'un certain nombre de malades.

Il est répondu qu'une commission pourrait être nommée pour rechercher d'urgence les divers moyens par lesquels la ville montrerait son désir de venir en aide à l'administration militaire.

Puis, le Conseil vote à l'unanimité les quatre propositions suivantes :

I. — La ville ne peut consentir à prendre la direction de l'hôpital militaire, à entreprendre la création et la gestion des hôpitaux temporaires, en un mot à se substituer, d'une manière absolue, à l'administration militaire, pour l'organisation du service administratif et médical de ces hôpitaux.

II. — Ne pouvant accepter cette substitution à raison de la responsabilité qui pèserait sur elle, sans avoir les ressources nécessaires pour y faire face, et dans l'intérêt même des malades, la ville offre d'ailleurs à l'administration militaire tout son concours.

III. — A cet effet, et préalablement à toute autre mesure,

d'après l'avis exprimé par le chef du service médical militaire au sein du Conseil central d'hygiène, le Conseil municipal propose, au nom de la ville, de faire immédiatement construire, à l'extérieur, un baraquement pour 2,000 lits, si ce système a l'approbation de l'autorité militaire, et sous la réserve du compte ultérieur à établir avec l'État pour cette avance, dont l'évaluation approximative s'élève au chiffre de 160,000 francs. Pour la réalisation éventuelle de ce projet, le Conseil ouvre un crédit de 160,000 francs à inscrire au budget supplémentaire de l'exercice 1870.

IV. — Le Conseil municipal déclare qu'il y a lieu de nommer une commission qui devra, de concert avec l'Administration municipale, rechercher d'urgence les divers moyens de donner à l'administration militaire le concours le plus efficace.

Sont nommés membres de cette commission : MM. Géhin, Prost, de Bouteiller, Noblot, Émile Sturel et Worms..., etc.

M. le Maire fait connaître qu'un certain nombre de dames ont spontanément offert leur concours en faveur des blessés. Elles se proposent de se réunir en assemblée générale et de former des comités pour préparer la charpie, le linge et réunir les divers objets qui pourront être nécessaires ou utiles. Une salle de l'hôtel de ville est mise à leur disposition.

M. Prost demande s'il ne serait pas convenable de faire connaître et d'insérer au procès-verbal les noms des dames qui ont pris l'initiative de cet acte honorable.

M. le Maire répond que l'Administration a accepté avec empressement et gratitude le concours qui lui a été offert. Il ajoute que le Conseil voudra sans doute s'associer à l'expression de ses sentiments.

Le Conseil adopte cette proposition à l'unanimité..., etc.

M. Prost propose d'ouvrir à l'hôtel de ville une souscription destinée à fournir un fonds de secours pour les blessés et les malades de l'armée qui pourront être rassemblés à Metz.

Adoptant ces vues à l'unanimité, le Conseil municipal renvoie à la Commission qui vient d'être nommée l'adoption des mesures nécessaires pour les réaliser.

XXXIII.

17 AOUT. — SÉANCE DU CONSEIL MUNICIPAL. — EXTRAIT DU PROCÈS-VERBAL.

M. le Maire dit, en ouvrant la séance, qu'il a réuni le Conseil et les membres de la Commission de répartition des logements militaires à l'effet de leur faire connaître la situation qui a nécessité l'affiche placée ce matin sur les murs de la ville par ordre du commandant supérieur de la place, affiche dont il donne lecture au Conseil[1].

M. le Maire ne doute pas que la population ne réponde à cet appel; mais, suivant lui, et dans l'intérêt même du service médical des blessés, nos efforts doivent tendre, en ce moment, à éviter la dissémination des malades chez les particuliers; c'est là une mesure à laquelle il ne faut arriver que quand tous les moyens de concentration seront épuisés. Il propose, en conséquence, au Conseil de répartir ses membres en cinq commissions à l'effet de rechercher dans les cinq sections de la ville tous les locaux où l'on pourrait organiser des ambulances temporaires par la réunion d'un certain nombre de blessés. Quand les locaux seront trouvés, on avisera à se procurer des lits, et, ensuite, à toute l'organisation qui deviendra nécessaire.

Après quelques observations échangées, cette proposition est accueillie par le Conseil; les membres de chaque section se constituent en commission à l'effet d'opérer immédiatement cette recherche, et la séance est suspendue pour être reprise à quatre heures après midi.

A quatre heures après midi, le Conseil rentre en séance. MM. Rémond, Geisler, Bastien, Prost, Bezanson, Simon-Favier et Moisson rendent compte, chacun pour ce qui concerne la section dont il fait partie, du résultat des recherches faites

1. Cette affiche est reproduite ci-dessus (Append. XII).

pendant la journée, et, après avoir entendu ces différents rapports, le Conseil décide que les cinq commissions resteront en permanence, à l'effet d'organiser et de surveiller les ambulances destinées à pourvoir aux besoins du moment.

L'organisation de la garde nationale nécessite des dépenses non prévues au budget. L'Administration demande, pour y faire face, ainsi qu'à toutes autres dépenses imposées par les circonstances dans lesquelles nous nous trouvons, un crédit supplémentaire de 20,000 francs.

Ce crédit est accordé par le Conseil.

XXXIV.

25 AOUT. — SÉANCE DU CONSEIL MUNICIPAL. — EXTRAIT DU PROCÈS-VERBAL.

M. le Maire fait connaître que la réunion extraordinaire de ce jour a pour objet de donner connaissance au Conseil d'une triple proposition relative à l'organisation du service des ambulances.

D'abord, à la suite de la dernière réunion et sous la direction des commissions permanentes qui ont été organisées, il s'est formé un grand nombre d'ambulances privées et d'ambulances ayant un caractère mixte à la fois militaire et privé. Il serait bon que ces divers établissements fussent dorénavant surveillés par les commissions comme ils l'ont été jusqu'ici, et qu'en outre il s'organisât, à l'hôtel de ville même et dans les bureaux, une sorte de concentration de tous les renseignements relatifs à leur état, leur nature, leur mouvement, leurs besoins. On aurait ainsi le moyen d'assurer la bonne exécution du service et de diriger sur les points convenables les nouveaux blessés ou les malades qui se présenteraient. Si le Conseil accueillait cette proposition, M. le Maire fait connaître que M. le président Moisson s'est mis à la disposition de l'Administration, pour dépouiller et mettre en ordre les rapports quotidiens qui pourraient être envoyés par les membres des commissions permanentes.

En second lieu, M. le Maire s'est enquis de la situation de la caisse de secours aux blessés, composée des dons en argent offerts par nos concitoyens; c'est dans cette caisse qu'une partie des sommes dépensées pour le linge a été prise jusqu'ici, suivant les besoins du Comité central de lingerie, composé de dames dont le dévouement et les sacrifices sont au-dessus de tous les éloges. Pour aider au bon fonctionnement de cette caisse, l'Administration a pensé qu'il serait utile de constituer une Commission permanente, consultative en quelque sorte, et appelée à donner son avis sur la nature et l'étendue des besoins qui devront être desservis avec ses fonds.

Enfin, l'Administration a pensé que, dans les circonstances actuelles, il serait utile de constituer une commission chargée de s'occuper des substances alimentaires.

La discussion s'ouvre sur ces trois propositions.

Relativement au premier point, les observations suivantes sont produites :

M. Bastien fait observer qu'il n'existe pas de service organisé qui permette de faire évacuer immédiatement ceux des blessés qui seraient en état de sortir des ambulances; il y a là une lacune qu'il serait utile de combler, par exemple, au moyen d'un bureau spécial établi à l'hôtel de ville.

M. le Maire répond qu'il est à sa connaissance que ce travail d'évacuation a été commencé, mais qu'il a été interrompu par l'indisposition de M. le Médecin en chef.

M. Simon-Favier fait connaître que de nouvelles recherches, dans la quatrième section, ont amené l'indication de certains locaux très opportuns pour l'installation des ambulances, notamment l'ancienne fonderie, place Saint-Thiébault, et le magasin d'artillerie, rue des Prisons-Militaires.

Suivant M. de Bouteiller, il faudrait s'occuper non seulement des locaux, mais encore des couchages, et, à cet égard, on pourrait peut-être requérir l'ouverture des maisons dont les propriétaires ont quitté la ville.

M. le général Didion voudrait qu'on s'occupât des militaires blessés qui sont chez les particuliers; il y en a un certain nombre qui s'y perpétuent sans nécessité.

M. Worms voudrait qu'un certain pouvoir de réquisition fût donné aux membres des commissions permanentes.

M. le Maire répond que toutes les réquisitions doivent être faites par l'autorité militaire, et que celle-ci, jusqu'à présent, n'a jamais rejeté les demandes qui lui sont parvenues.

M. Schneider voudrait savoir d'une façon plus précise quel sera le rôle des commissions.

On verra, dit M. le Maire, comment les choses marchent dans leurs détails et dans leur ensemble, et les observations transmises par les commissions et centralisées à l'hôtel de ville pourront avoir pour effet des améliorations comme celle qui s'est produite dans l'organisation du service de la caserne du génie.

Enfin, M. le Maire, répondant à une demande de M. Blondin, fait connaître que tous les militaires en état de quitter les ambulances doivent être adressés à la place, qui en formera un bataillon, dit des isolés, destiné à la défense des forts.

Après ces observations et explications, la première proposition, mise aux voix, est adoptée par le Conseil.

Le Conseil décide également que les deux commissions dont a parlé M. le Maire seront nommées et entreront immédiatement en fonctions.

La première, composée de MM. Schneider, Worms, Moisson et Boulangé, aura pour mission de surveiller le fonctionnement de la caisse de secours aux blessés et d'examiner toutes les questions se rattachant à l'emploi de ses fonds.

La deuxième, composée de MM. Bouchotte, Salmon et Bultingaire, avec autorisation de s'adjoindre telles personnes qu'elle jugera convenable d'appeler dans son sein, s'occupera de la question des substances alimentaires.

XXXV.

30 AOUT. — SÉANCE DU CONSEIL MUNICIPAL. — EXTRAIT DU PROCÈS-VERBAL.

M. le Maire fait connaître au Conseil que, dans la journée du 29 août, un intendant militaire, agissant par ordre de M. le Général en chef, s'est présenté à la mairie avec l'ordre d'opérer le recensement de toutes les bêtes à cornes et vaches laitières qui sont logées en ville. — Ces animaux, que l'autorité militaire estimait être au nombre de 12 à 1,500, étaient destinés à l'alimentation de l'armée et devaient être livrés, à la première réquisition, par leurs propriétaires. M. le Maire ajoute qu'il s'est rendu chez M. le Général commandant supérieur pour lui communiquer les observations que lui suggérait cette mesure et les inconvénients graves qu'elle lui paraissait devoir entraîner; pour lui représenter, qu'au point de vue surtout de l'alimentation des malades et des enfants, il y a, dans l'existence en ville d'un certain nombre de vaches laitières, une ressource extrêmement précieuse et dont il serait très regrettable que cette partie de la population fût privée. — M. le Maire donne lecture au Conseil de la réponse, en date du 29 août, qui lui a été faite par M. le Général commandant supérieur, et de laquelle il résulte que cette mesure a été prise en exécution des ordres formels de M. le Maréchal commandant en chef, et que le recensement doit être opéré sans retard.

Ensuite de ces faits, continue M. le Maire, et pendant les journées d'hier et d'aujourd'hui, l'Administration a fait procéder au recensement ordonné, et, au lieu de 12 à 1,500 bêtes à cornes annoncées par M. l'Intendant, on en a rencontré 244. — En présence de ce résultat, M. le Général a fait savoir que 100 de ces animaux allaient être désignés pour être livrés par leurs propriétaires.

Après cette communication de M. le Maire, plusieurs

membres du Conseil prennent successivement la parole et disent combien cette mesure leur paraît regrettable pour la population de Metz.

M. Bouchotte dit que les négociants de la ville, chargés de l'alimentation de la population civile, ont fait, pour l'armée, depuis un mois, tous les efforts possibles; il pourrait, dit-il, citer une maison de Metz qui a dû fournir jusqu'à 15,000 kilogrammes par jour à l'intendance.

M. Bastien pense que nous devons insister, de la façon la plus énergique, pour obtenir la modification de la mesure dont il s'agit; il y a certainement des malades auxquels il faut, sous peine de les laisser mourir, conserver les ressources qu'on va détruire pour alimenter l'armée.

Suivant M. Blondin, cette mesure n'est pas seulement malheureuse au point de vue du service des ambulances, elle l'est encore en ce qu'elle aurait, en quelque sorte, pour résultat de tuer la poule aux œufs d'or. Le lait est, pour nous, une nécessité. On peut dire, sans exagération, que le moral de la population, non seulement des femmes, mais des hommes, serait atteint par la suppression de cet aliment si fort entré dans les habitudes. Il faut donc que le Conseil fasse une démarche ou un effort pour conserver ces vaches laitières, qui ne peuvent servir, d'ailleurs, qu'à alimenter, pendant un jour ou deux, une très petite partie de l'armée, ce qui ne constituerait pas pour elle une ressource sérieuse.

M. de Bouteiller dit que ces vaches sont beaucoup pour la ville et ne sont véritablement rien pour l'armée.

M. le président Moisson, en s'associant aux réflexions qui viennent de se produire, propose la nomination d'une commission qui se rendrait immédiatement près de M. le Maréchal.

M. Worms appuie cette proposition.

M. Bouchotte dit que la nourriture par la viande de cheval doit être épuisée avant qu'on touche aux vaches laitières, et que le mouvement, dans ce sens, s'est déjà manifesté.

M. le général Didion a vu faire, aujourd'hui même, une distribution de viande de cheval au camp de cavalerie.

M. Worms demande qu'on revienne à la proposition d'une commission qui demanderait une audience immédiate au maréchal.

MM. Marly et Geisler appuient cette idée, en faisant observer que le temps manquerait pour faire une rédaction de procès-verbal ou de lettre à adresser à M. le Maréchal, et qu'il est préférable de présenter des observations de vive voix.

Le Conseil adopte cette idée et décide qu'immédiatement M. le Maire et MM. Boulangé, de Bouteiller, général Didion, Moisson et Blondin se rendront au quartier général et demanderont une audience à M. le maréchal Bazaine.

M. Geisler demande la parole pour faire connaître au Conseil la situation désastreuse de l'ambulance du Saulcy. On a mis là, dit-il, tous les malades dont la présence serait dangereuse dans les autres ambulances; on y évacue les dysentériques, les fiévreux, les varioleux, les typhiques, etc. Or, toutes les émanations de cette agglomération malsaine sont, par le vent sud-ouest qui règne le plus souvent dans cette saison, jetées sur la ville. De plus, les matières fécales sont déversées dans la Moselle, en amont de l'endroit où la ville a installé le service de ses pompes. On a bien mis des factionnaires pour empêcher les malades de verser directement les matières dans la rivière; mais j'ai vu, de mes yeux, dit M. Geisler, que l'exécution de cette défense est impossible. Il serait bien à désirer qu'on pût trouver un lieu d'installation en aval de la ville.

M. le Maire dit que les observations de M. Geisler, déjà consignées dans un rapport de M. le président Moisson, seront soumises au Conseil d'hygiène publique qui se réunit demain[1]..., etc.

---

1. Voir plus loin le procès-verbal de cette séance du Conseil d'hygiène (Append. LIII).

XXXVI.

13 SEPTEMBRE. — SÉANCE DU CONSEIL MUNICIPAL. — EXTRAIT DU PROCÈS-VERBAL.

M. Bouchotte rend compte au Conseil du résultat des recherches de la Commission qui a été chargée de s'occuper des subsistances.

Son attention s'est portée d'abord sur la question du sel. A cet égard, M. Bouchotte fait connaître l'avis de l'ingénieur des mines sur l'importance d'une source d'eau salée qui se trouve dans la propriété de M. Sendret, à Saint-Julien-lès-Metz; d'après ce rapport, il y aurait là une ressource sérieuse. Il est vrai que l'autorité militaire s'en est emparée[1]; mais, suivant M. Bouchotte, il y a lieu d'espérer que la ville sera admise à y prendre part.

On s'est occupé, en second lieu, de la viande de cheval. Le prix en est, à l'heure où nous sommes, beaucoup trop élevé; il y a là une hausse anomale, tenant en partie à ce que l'armée a fait jusqu'ici concurrence aux bouchers de la ville. Cet état de choses ne continuera pas.

En ce qui touche le pain, la Commission a été d'avis qu'il fallait faire entrer dans la consommation les céréales qui se trouvent sur les greniers des commerçants et des particuliers, et cela par le moyen d'une réquisition. Elle s'est arrêtée, après examen, aux prix de 36 francs les 100 kilogrammes pour le blé, de 48 francs les 100 kilogrammes de farine, et enfin de 46 centimes le kilogramme de pain.

M. le Maire, complétant les renseignements qui viennent d'être donnés par M. Bouchotte, dit, en ce qui concerne la source d'eau salée de Saint-Julien ou de Belle-Croix, que, jusqu'ici, rien ne permet de penser que la population civile sera admise à y prendre part; que, seulement, l'ambulance

---

1. Cette source prend son origine dans les galeries de mine du fort Belle-Croix.

du Polygone doit y puiser pour ses besoins. — Quant à la viande de cheval, son prix élevé tient en effet surtout à ce que, jusqu'ici, l'armée a fait concurrence aux bouchers de la ville. Sur notre réclamation, l'intendance a promis que, non seulement il n'en serait plus ainsi, mais qu'en outre, un certain nombre de chevaux de l'armée seraient, chaque jour, conduits à l'abattoir. Suivant l'inspecteur des boucheries, la taxe ne serait guère praticable, à cause du grand nombre de qualités de viande, six ou sept environ, ce qui rendrait la fraude trop facile. — Enfin, au sujet du pain, qui fait l'objet principal de la délibération de ce jour, l'Administration a préparé un projet, dont il sera donné lecture, et qui tend à obtenir du commandant supérieur de la place une autorisation de requérir les blés qui sont, en ce moment, dans la ville.

Sur ces différentes communications du rapporteur de la Commission des subsistances et de l'Administration, les observations suivantes ont été produites :

M. Géhin s'est occupé de déterminer le prix de revient du sel qu'on pourrait obtenir en traitant le carbonate de soude par l'acide chlorhydrique; suivant lui, le prix de revient ne dépasserait pas 1 franc le kilogramme; la quantité de carbonate de soude qu'on pourrait trouver en ville est considérable, mais il n'en est pas de même de l'acide chlorhydrique, et, suivant M. Géhin, le maximum de ce qu'on pourrait fabriquer de sel serait d'environ 2,000 kilogrammes; il annonce qu'il est à la disposition de l'Administration pour diriger cette fabrication en utilisant, dans ce but, un des bassins des lavoirs de la ville.

M. Salmon craint que, si l'on emploie de cette façon le sel de soude, on vienne à en manquer pour les lessives.

M. Géhin répond que la question du sel dans les aliments est plus importante que celle du lavage; que le sel est d'une nécessité aussi absolue que la viande et le pain.

M. le général Didion fait d'ailleurs remarquer que, d'après les renseignements fournis par M. Géhin, quand même on utiliserait tout l'acide chlorhydrique disponible, il resterait assez de carbonate de soude pour le lavage.

Après ces observations, le Conseil décide que la proposition de M. Géhin est accueillie. Il est prié, en conséquence, de s'entendre avec M. l'Architecte de la ville, pour disposer une des chaudières des lavoirs; une autorisation de requérir l'acide chlorhydrique sera demandée en outre au commandant supérieur de la place.

M. le premier adjoint Gougeon donne alors lecture au Conseil du projet de réquisition des blés ci-dessus indiqué.

M. Marly est d'avis qu'il vaudrait mieux ne pas commencer par une réquisition, mais par une simple invitation faite aux détenteurs de blé; il pense que cette invitation serait suffisante pour déterminer un grand nombre de personnes à vendre, et qu'ainsi aucune obligation ne serait prise par la ville en dehors de ses besoins.

M. Moisson dit que cette opinion, déjà émise par M. Marly au sein de la Commission, n'a pas prévalu, parce qu'on a pensé que ce moyen, un peu lent, serait, d'ailleurs, sans résultat.

M. Schneider ajoute que ce n'est pas seulement la Commission des subsistances, mais encore celle de la caisse de secours qui s'est rangée à l'avis d'une réquisition.

La proposition de M. Marly n'est pas accueillie par le Conseil.

M. Bastien ne voudrait pas que la ville prît l'engagement d'acquérir tous les blés qui sont en ville; si le blocus était levé, dit-il, l'exécution de cette mesure pourrait entraîner, pour la ville, à raison des engagements qu'elle aurait pris, des inconvénients graves. — Ne pourrait-on pas établir une sorte de maximum de ce que chacun peut garder ou obliger les détenteurs à livrer une quantité proportionnée à ce qu'ils possèdent?

L'objection faite par M. Bastien, dit M. Bouchotte, s'est produite à la Commission, et il a été reconnu que la réquisition devait être radicale et absolue; qu'une distinction n'était ni juste ni praticable; et que, d'ailleurs, quand même le blocus serait levé, il n'y aurait pas une baisse du blé qui compromît les intérêts de la ville.

M. Schneider dit que cette objection ne doit pas arrêter le Conseil; qu'en admettant une revente à perte, il n'y aurait là, en tout cas, qu'un sacrifice de quelques mille francs, c'est-à-dire insignifiant.

M. Blondin ne voit pas l'utilité du droit d'option pour la restitution en nature qui est accordé, par le projet, aux détenteurs de blé. Il pourrait y avoir là un embarras sérieux pour la ville, qui se trouverait peut-être hors d'état de rendre du blé dans le délai fixé.

M. de Bouteiller exprime l'avis contraire; la semence sera une nécessité urgente pour les cultivateurs; c'est là un des objets de leurs plus vives préoccupations; il y a tout intérêt à leur promettre de les aider à cet égard.

M. Worms fait remarquer que cette clause se trouve dans la réquisition de l'autorité militaire relative aux fourrages, et qu'il ne convient pas de faire moins que l'autorité militaire.

M. Rémond croit également que cette clause est nécessaire pour faciliter l'exécution de la réquisition et éviter les dissimulations tendant à conserver aux cultivateurs les grains nécessaires à l'ensemencement.

M. Salmon dit que la réquisition ne doit pas seulement atteindre les blés, mais encore les farines qui sont chez les particuliers.

Enfin, diverses observations sont présentées dans le but d'assurer à la population civile le bénéfice exclusif des réquisitions qui vont être faites et des approvisionnements qui lui sont destinés. A la suite de ces observations, M. le Maire est prié de faire une démarche près de l'autorité militaire, à l'effet d'obtenir une mesure qui assure et maintienne ce résultat.

La rédaction suivante est ensuite mise aux voix et adoptée par le Conseil :

« Le Conseil autorise le maire à demander à M. le Général de division, commandant supérieur de la place de Metz, d'interdire la sortie de la ville des blés et des farines; de requérir, pour l'alimentation de la population civile, les blés et les farines existant à Metz sur les greniers des particuliers et des commerçants, à l'exception de ceux qui se trouvent déjà chez les boulangers, pour la livraison en être faite au fur et à mesure des besoins.

« Les blés seront payés à raison de 36 francs par 100 kilogrammes pour ceux de qualité loyale et marchande.

« Les farines seront payées 48 ou 50 francs par 100 kilogrammes selon la qualité.

« Les blés d'une qualité inférieure ou non suffisamment vannés pourront, à la demande des meuniers, être soumis à une expertise et ils subiront, en ce cas, un rabais fixé par les experts.

« Les détenteurs de blé qui, en vue de l'avenir, préféreraient recevoir en nature, après la levée du blocus, des quantités égales à celles qu'ils auront livrées, recevront un reçu portant engagement de restitution et mentionnant la qualité de ces blés. Cette restitution se fera dans le mois qui suivra la levée du blocus. Un recensement général sera fait immédiatement de tous les blés et farines existant en ville.

« Les meuniers de la ville seront tenus de moudre les blés selon les besoins de la consommation et de vendre les farines en provenant, à un prix qui ne pourra pas excéder 48 francs par 100 kilogrammes, ce prix comprenant les frais d'enlèvement chez le vendeur, de transport chez le boulanger et d'avance de fonds. Il n'y aura qu'une seule qualité de farine, dite première et deuxième.

« Le Conseil autorise également le maire à demander à M. le général Coffinières de fixer, en vertu des pouvoirs qu'il tient de la loi, le prix du pain à 46 centimes le kilogramme.

« Il autorise enfin le maire, pour le cas où, le blocus étant levé, il resterait des blés ou des farines non employés, à les payer aux prix ci-dessus fixés et à les revendre, entendant que la différence entre le prix d'achat et le prix de vente sera supportée par la caisse municipale.

« Pour l'exécution de ces différentes mesures, le Conseil ouvre au maire un crédit de 100,000 francs, en recettes et en dépenses. »

M. Worms appelle de nouveau l'attention de l'Administration sur la question de la viande. Il demande si la promesse faite par l'intendance, d'envoyer, chaque jour, à l'abattoir un certain nombre de chevaux, a été tenue ou retirée et quel usage sera fait de ces chevaux; s'ils seront livrés à un syndicat qui les débiterait à un prix convenu; en un mot, s'il y a quelque chose de définitif à cet égard.

M. le Maire répond qu'aucun renseignement n'est parvenu à l'Administration en dehors de ceux qui ont été connus de la Commission; qu'une lettre, envoyée à l'autorité militaire, pour obtenir des éclaircissements précis, est restée jusqu'ici sans réponse.

M. Worms insiste pour que l'Administration ne perde pas cette question de vue et pour qu'elle fasse tous ses efforts dans le but d'obtenir un abaissement du prix de la viande.

M. le Maire exprime la pensée que la viande soit l'objet d'une taxation, malgré les inconvénients qu'il a déjà signalés; on pourrait la demander au commandant supérieur de la place.

Le Conseil accueille cette proposition, et il est entendu qu'une taxe de la viande sera demandée en même temps que la réquisition des blés et farines.

Enfin M. Bouchotte fait connaître qu'il y a, à la gare de Metz, un dépôt de marchandises que la Compagnie de l'Est n'a pu rendre à leur destination; la Compagnie est obligée d'en faire la vente aux enchères publiques, à moins qu'il ne se produise une réquisition. — Cette réquisition a été demandée, et la réponse n'est pas encore parvenue.

XXXVII.

21 SEPTEMBRE. — SÉANCE DU CONSEIL MUNICIPAL. — EXTRAIT DU PROCÈS-VERBAL.

M. Boulangé donne lecture au Conseil d'un projet d'adresse, rédigé par lui, d'accord avec MM. Moisson, Worms et Schneider, en réponse à la proclamation du 13 septembre, faite à la population de Metz, par M. le Commandant supérieur, M. le Préfet et M. le Maire de Metz[1].

Sur l'observation de MM. Prost, Noblot et de Bouteiller, il est ajouté au projet, dont M. Boulangé a donné lecture, la phrase suivante, proposée par M. Rémond :

« Pour seconder les efforts de ceux qui ont en mains les « intérêts de *la défense nationale,* » et, après quelques autres observations, la rédaction suivante est adoptée :

« Messieurs, l'appel que vous faisiez par la proclamation du 13 de ce mois, dans de graves circonstances, au patriotisme des habitants, a trouvé parmi eux un écho unanime. Investis de leur mandat, il nous appartient de nous constituer les interprètes des sentiments qui les animent. Toutes nos mains se sont tendues spontanément vers ces glorieux blessés tombés autour de nous sur les champs de bataille; nous vous remercions, Messieurs, d'avoir rappelé à la population cet élan dont nous sommes fiers pour elle, c'était une manifestation de sa reconnaissante admiration pour l'armée et de son dévouement à la patrie.

« L'état de blocus nous impose de lourds sacrifices : les habitants de Metz les subissent avec cette fermeté calme et cette patience résolue, qui sont les signes du vrai courage; préparés à ces grands devoirs, par les vieux souvenirs de l'histoire messine et par ce sentiment qui domine tout, l'amour de la France et l'honneur de la patrie.

« L'armée qui campe sous nos murs nous a donné l'exemple d'une héroïque bravoure. Notre énergie, si la lutte s'engage, s'efforcera d'imiter son courage. Comme nous comptons sur elle et sur son vaillant chef, l'armée peut compter sur nous pour seconder les efforts de ceux qui ont en mains les intérêts de *la défense nationale.* »

MM. Gougeon, adjoint, Boulangé, Moisson, Worms, Schneider et Rémond sont délégués pour remettre cette adresse à sa destination.

---

1. Cette proclamation est donnée ci-dessus (Append. XVI).

M. le Maire donne lecture d'une lettre de M. le Commandant supérieur, en date du 16 de ce mois, par laquelle il est annoncé que l'administration militaire met à la disposition de la ville une quantité de quinze chevaux par jour. Ensuite de cette lettre, une convention a été préparée. L'Administration demande son approbation au Conseil. Cette approbation est accordée.

M. le Maire donne communication au Conseil d'une lettre de M. le Commandant supérieur de la place, en date du 21 septembre, proposant l'ouverture d'une souscription pour secourir les misères causées par l'état de siège, et demandant son inscription pour une somme de 1,000 francs[1]..., etc.

M. le premier adjoint Gougeon fait au Conseil la communication suivante :

« M. Martiny, intendant du grand quartier général de l'ar-
« mée, a fait connaître hier, à M. le général Coffinières, son
« intention de mettre en réquisition tout ou partie des moulins
« de la ville pour satisfaire aux besoins de l'armée.

« Avant d'autoriser cette réquisition, M. le Commandant
« supérieur de la place a bien voulu faire appeler M. Proth,
« secrétaire de la ville, et un membre de l'Administration muni-
« cipale pour avoir son avis sur cette importante question.

« Présent à cette conférence, j'ai fait observer d'abord que
« tous les moulins de Metz, non compris le moulin de la Basse-
« Seille, qui appartient à l'intendance, ne produisaient au
« plus que 315 quintaux de farine; que cette quantité n'était
« pas même suffisante pour la nourriture des habitants, et que
« tous les moulins de la ville devaient être, par conséquent,
« réservés pour les besoins de la population civile. J'ai ajouté
« que les syndics de la boulangerie évaluaient en moyenne à
« cinq quintaux de farine la consommation de chaque boulan-
« ger, et que, comme il y avait à Metz quatre-vingt-quatre
« boulangers, cela élevait à 420 quintaux la quantité de farine

---

1. Cette souscription, à laquelle l'armée a pris une très large part, a produit plus de 103,000 francs (Append. LXVIII).

« nécessaire aux habitants de la ville et à ceux de la banlieue,
« qui ont, pour la plupart, l'habitude de venir acheter à Metz
« le pain dont ils ont besoin.

« M. l'intendant Martiny a contesté l'exactitude de ces
« chiffres qu'il trouvait exagérés. Je lui ai fait observer qu'à
« la population ordinaire de la ville, qui était d'à peu près
« 48,000 habitants, il fallait ajouter environ 20,000 personnes
« qui s'étaient réfugiées à Metz depuis la guerre, de plus les
« habitants des communes suburbaines et enfin les nom-
« breux blessés qui se trouvent dans les ambulances privées et
« chez les particuliers ; qu'ainsi il convenait d'évaluer la popu-
« lation à desservir à au moins 70,000 personnes, déduction
« faite des enfants en bas âge ; qu'il fallait remarquer d'ailleurs
« que le pain, en quantité suffisante, était d'autant plus néces-
« saire à la population qu'elle était privée de pommes de terre,
« qui sont à des prix excessifs et presque introuvables. J'ai
« engagé M. l'Intendant à faire moudre ses blés par les mou-
« lins qui se trouvent dans la vallée de Moulins-lès-Metz et
« dans un territoire occupé par nos troupes.

« M. Proth et moi nous avons fait valoir encore d'autres con-
« sidérations pour obtenir de M. le Général commandant de la
« place qu'il refusât à M. l'Intendant l'autorisation qu'il solli-
« citait ; mais, guidé par le désir de concilier les besoins impé-
« rieux de l'armée et ceux des habitants, M. le Général a auto-
« risé la réquisition des moulins de la Préfecture et de celui
« de la Haute-Seille et décidé que M. Bouchotte livrerait à
« l'intendance, qui fournirait le blé, 40 sacs de farine par jour.

« Les moulins de M. Bouchotte ne produisant que 240 quin-
« taux au plus, il ne restera pour la population civile que
« 200 quintaux de farine, représentant 26,600 kilogrammes de
« pain, soit 53,200 rations de 500 grammes, quantité évidem-
« ment insuffisante et qui impose des privations à un certain
« nombre de ménages.

« Nous prions donc le Conseil de se joindre à nous en émet-
« tant le vœu que des mesures soient prises pour tirer parti
« des moulins existant à l'extérieur et permettre à ceux de la

« ville de fonctionner d'une manière plus large pour les
« habitants[1]. »

M. Bouchotte annonce qu'il a visité ce matin les usines qui entourent le village de Moulins-lès-Metz; qu'il y a là possibilité de moudre 80 à 85 sacs par jour, et qu'il s'est empressé de communiquer ce résultat à l'intendance. Il ajoute que le plus grand embarras, en ce qui concerne les farines, vient du trafic et du commerce interlope qui se pratiquent sur le pain aux portes et dans les camps. Certains individus achètent dans plusieurs boulangeries et vont revendre à des prix très élevés.

M. de Bouteiller demande s'il ne serait pas possible de porter remède à cet abus en remettant à chaque client des bou-

---

1. En conséquence de ces observations, le génie militaire fut chargé d'installer de nouveaux moulins. Nous trouvons, sur cette question, dans le journal du chef de ce service, M. le lieutenant-colonel Salanson, quelques détails qu'il peut être intéressant de relater. — Le 23 septembre on constate l'état des trente et une paires de meules existant à Metz, savoir : dix-sept aux moulins Bouchotte (quinze par moteur hydraulique et deux par machine à vapeur), quatre au moulin Michel, quatre à la Basse-Seille, deux à la Haute-Seille, quatre à Moulins-lès-Metz. Il n'y a pas de contradiction entre ces indications et celles données sur le même sujet à la page 51, où il n'est pas tenu compte des quatre paires de meules de Moulins-lès-Metz. — Le 25 septembre ordre est donné de monter neuf paires de meules nouvelles, savoir : trois au Therme, deux à l'usine des Pucelles et quatre à Saint-Julien-lès-Metz, avec une locomobile appartenant à l'entrepreneur du fort. — Le 26 septembre il est décidé qu'on montera, à la Basse-Seille, deux paires de meules nouvelles et qu'on utilisera, à Woippy, un moulin à vapeur, qui peut être livré à l'administration militaire. On installera de plus, au Therme, un moulin portatif anglais apporté de Vallières et quatre moulins à bras fournis par l'arsenal du génie, dont chacun produit de quatre à cinq quintaux et qui seront mus pas des courroies de transmission; des cylindres concasseurs y seront, en outre, organisés pour préparer les grains à la mouture, ce qui accélère le travail de celle-ci. — En moins de quinze jours, du 23 septembre au 6 octobre, le génie militaire parvint ainsi à organiser treize paires de meules nouvelles, quatre moulins à bras et un certain nombre de concasseurs.

langers une carte, sur la présentation de laquelle il pourrait recevoir son pain, et sans laquelle il serait défendu aux boulangers d'en livrer.

M. Rémond pense que cette idée, émise en ville depuis plusieurs jours, mérite d'être étudiée, et il en demande le renvoi à la Commission des subsistances. Ce renvoi est ordonné par le Conseil.

Le Conseil, répondant ensuite à la communication de M. le premier adjoint Gougeon, déclare émettre un vœu conforme à cet avis.

XXXVIII.

24 SEPTEMBRE. — SÉANCE DU CONSEIL MUNICIPAL. — EXTRAIT DU PROCÈS-VERBAL.

M. Salmon, rapporteur de la Commission des subsistances, rend compte au Conseil de l'examen qui a été fait des mesures proposées pour régulariser le service de la boulangerie. La Commission, dit-il, ne fait aucune proposition; le système des cartes, sur chacune desquelles on inscrirait le nombre de rations revenant à chaque habitant, n'a pas semblé pratique à cause des difficultés matérielles qu'il rencontrerait pour son organisation. Il en a été de même de la proposition d'engager les habitants à se faire inscrire chez les boulangers.

M. Simon-Favier ne croit pas que le système des cartes soit impossible à organiser; il y a douze ou treize ans, dit-il, on a établi un système analogue pour les différences remboursées par la ville, sur le prix du pain, aux habitants nécessiteux; le Conseil, alors, s'est partagé par sections, et, en quelques jours, encore qu'il ait fallu aller chez tous les citoyens, le travail a été fini. On pourrait suivre la même voie, et ce serait le seul moyen d'éviter le gaspillage.

M. Worms, sans s'opposer au système des cartes, si le Conseil le croit praticable, propose une autre mesure. Il me semble, dit-il, que la question est celle-ci : Ne dépenser par jour qu'une quantité donnée de farine qu'on peut déterminer par les besoins approximatifs de la population. Ne pourrait-on pas répartir cette quantité entre les boulangers, au prorata de leur importance respective, en les chargeant de faire eux-mêmes la distribution; puis, pour éviter les abus que nous connaissons, prohiber la sortie du pain? Quant au pain qui doit sortir pour les besoins des campagnes suburbaines, il y aurait pour sa sortie un permis spécial, et le service de surveillance pour l'exécution de cette mesure serait confié aux employés de l'octroi.

M. Bouchotte trouve le système proposé par M. Worms très simple et très praticable, mais il n'éviterait nullement l'abus qui consiste, de la part de certaines personnes, à se procurer du pain dans plusieurs boulangeries; cet abus ne peut être sérieusement réprimé que par le système des cartes.

M. Blondin appuie l'idée présentée par M. Worms, à condition que le syndicat des boulangers soit rétabli et qu'il soit appelé à fixer la quantité de farine nécessaire à chaque boulanger.

M. Gougeon dit qu'encore que le syndicat n'existe plus depuis la liberté de la boulangerie, l'Administration a convoqué les anciens syndics et leur a demandé divers renseignements. Les boulangers se plaignent de ne pouvoir suffire aux besoins de leur clientèle avec la farine dont ils disposent; ils ne peuvent avoir qu'environ 200 sacs au lieu de 420 qui leur seraient nécessaires.

M. Bouchotte persiste à penser qu'un grand nombre de personnes allant prendre du pain dans plusieurs boulangeries, le seul système présentant des garanties sérieuses serait celui des cartes.

M. Rémond se demande s'il ne serait pas possible d'obtenir des boulangers l'indication formelle de toutes les personnes auxquelles ils fournissent; les boulangers connaissent leurs clients; à l'aide de ce renseignement, la police pourrait découvrir quelles sont les personnes qui vont ainsi se fournir dans plusieurs boulangeries, et on arriverait ainsi à réprimer cet abus, qui est un des plus graves au moment où nous sommes.

Suivant M. Geisler, la grande question serait de savoir ce qu'il faut de pain pour la population civile; quand cette quantité serait déterminée, on réunirait les boulangers et on leur partagerait la farine disponible. Le jour où les boulangers n'auront plus rien que pour leur clientèle, ils ne fourniront plus qu'à elle; ils y seront amenés par leur intérêt; ils préféreront conserver leurs clients à fournir des personnes qui ne sont ici que momentanément.

M. Marly dit que l'Administration ne repousse pas le système des cartes et ne voit même pas d'impossibilité absolue à son exécution, mais que cette exécution rencontrera de très sérieuses difficultés et demandera beaucoup de temps. Il n'y a pas, en effet, à comparer ce qu'il faudra faire avec ce qui a été fait lors de la délivrance des bons de différence dont a parlé M. Simon-Favier; on n'avait alors à s'occuper que d'un nombre très restreint de familles, tandis qu'aujourd'hui l'opération devrait s'étendre à la population tout entière, c'est-à-dire à plus de quinze mille familles, en comprenant les étrangers. Or, nous savons, dit-il, ce qu'il faut de temps et de travail pour la distribution des cartes d'électeur; ici, ce sera bien plus considérable : il faudra recevoir des déclarations détaillées de chaque citoyen sur les personnes qui composent sa famille et consacrer à chacun un certain temps; il faudrait pour cela de nombreux bureaux; ce serait donc fort difficile. D'un autre côté, quand la population aura été répartie chez tous les boulangers, le dernier mot ne sera pas dit. Il y a déjà des boulangers qui se plaignent et qui parlent de ne pas continuer leur industrie; si ce fait se produit, que deviendront les clients des boulangeries fermées? Je préférerais, dit M. Marly, le système indiqué par M. Geisler.

M. Worms : Dans tous les systèmes, il faut arriver à prohiber la sortie du pain; on ne peut, par conséquent, rejeter, pour cette raison, le système que j'ai proposé; et, quant aux habitants des communes suburbaines, ils auraient des cartes autorisant la sortie. On ferait, en définitive, pour un très petit nombre de personnes, ce qu'on a proposé pour la population tout entière.

M. le Maire fait observer qu'une mesure tendant à prohiber la sortie du pain ne rencontrerait peut-être pas l'approbation de l'autorité militaire. J'ai dû, dit-il, m'opposer à la sortie des petites quantités de farine demandées par plusieurs cultivateurs et par les maires de deux ou trois communes suburbaines; il y aurait eu de l'inconvénient à laisser opérer cette sortie, qui aurait amené de l'inquiétude; mais, pour appuyer mon refus, j'ai dû répondre que les mésoyers et les cultivateurs du dehors pouvaient acheter, en ville, du pain dont la sortie ne présentait pas les mêmes inconvénients. Il serait peut-être difficile, dès lors, d'arrêter le pain aux portes.

M. Geisler ne voudrait aucune espèce de carte ni à l'intérieur ni à l'extérieur. Si les boulangers, dit-il, ont intérêt à vendre aux soldats, ils le feront; mais s'ils n'ont plus de pain que pour leurs clients, leur intérêt les amènera à ne plus fournir qu'à eux. Le système des cartes présenterait, d'ailleurs, des embarras énormes.

M. Blondin pense aussi que l'établissement des cartes demanderait trop de temps; chacun des boulangers connaît les pratiques qu'il dessert, et les besoins de chacun d'eux peuvent être contrôlés par un syndicat : il croit que le syndicat est une nécessité; qu'il faut le rétablir, l'organiser, et, qu'avec sa surveillance, on obtiendra de bons résultats.

M. Gougeon propose d'adjoindre aux cinq personnes que les boulangers nommeraient pour syndics cinq membres du Conseil.

M. Geisler : Je maintiens ma proposition; surveillez en même temps les boulangers, faites-les contrôler par un syndicat et vous arriverez ainsi à un système pratique. Je demande que, dès demain, les boulangers soient convoqués pour nommer cinq personnes, qui se réuniront à cinq membres du Conseil et composeront un syndicat, auquel on confiera, en quelque sorte, la police de la boulangerie.

Cette proposition est accueillie par le Conseil, qui désigne MM. Geisler, Bultingaire, Worms, Blondin et Salmon pour s'unir aux cinq personnes que les boulangers réunis auront nommées syndics.

M. Worms demande à l'Administration de faire dès à présent noter, par les employés de l'octroi, les quantités de pain qui sortent de la ville; un rapport sur cette question aurait une grande utilité.

XXXIX.

13 octobre. — séance du conseil municipal. — extrait du procès-verbal.

A l'ouverture de la séance, M. le Maire fait connaître au Conseil que, dans les circonstances graves que nous traversons, en présence des appréhensions, des impatiences qui se sont manifestées, des diverses démarches et observations qui se sont déjà produites, l'Administration a pensé qu'il était peut-être opportun que le Conseil exprimât, une fois de plus, les sentiments qui l'animent et les fît connaître à M. le Général commandant supérieur de la place. Pour le cas où le Conseil partagerait cet avis, l'Administration a préparé un projet d'adresse dont il va être donné lecture.

M. de Bouteiller demande qu'avant toute discussion, M. le Maire veuille bien faire connaître à tous les membres du Conseil les communications si graves qui sont venues aujourd'hui et hier de M. le général Coffinières.

M. Schneider appuie cette demande.

M. le Maire expose que, dans la journée d'hier[1], MM. les officiers de la garde nationale se sont adressés à lui pour le

---

1. C'est *avant-hier* qu'il faut lire. — La visite des officiers de la garde nationale présentés par le maire chez le général Coffinières a eu lieu le 11 octobre. On trouvera plus loin un compte rendu de cette visite (Append. LVI).

prier de les accompagner chez M. le général Coffinières; ils voulaient lui présenter différentes observations; notamment, ils désiraient avoir la garde des portes et le service d'une batterie. Je les ai, en effet, accompagnés, dit M. le Maire, et des explications très nettes ont été données sur tous ces points, aussi bien que sur celui relatif au poste de l'hôtel de ville. Il m'a paru que le résultat de cet entretien était une satisfaction générale.

Aujourd'hui, dit M. le Maire, nous avons reçu une lettre de M. le général Coffinières, dont M. Marly voudra bien donner lecture, et qui est ainsi conçue :

« Metz, le 13 octobre 1870.

« Monsieur le Maire, j'ai l'honneur de vous informer que les magasins militaires des vivres sont complètement vidés aujourd'hui même.

« Il est inadmissible que l'armée du Rhin qui, jusqu'à ce jour, nous a protégés contre le bombardement, reste sans pain. Les lois sacrées de l'humanité suffiraient d'ailleurs pour obliger la ville de Metz à venir en aide à l'armée, à la garnison de la place et aux nombreux malades qu'elle renferme.

« D'autre part, il a été constaté que la ville de Metz possède, en ce moment, 3,500 quintaux de blés ou farines.

« Or, la population civile consomme, en ce moment, environ 260 quintaux de farine, soit environ 300 sacs de blé; les rationnaires militaires consomment environ 160,000 rations de pain de trois cents grammes chacune, soit environ 480 sacs de blé. La consommation totale est donc de 780 sacs de blé.

« Si nous ajoutons, aux 3,500 sacs que vous possédez, environ 1,500 sacs que doivent produire les perquisitions qui s'opèrent en ce moment, nous arrivons à un total de ressources de 5,000 sacs environ, et, en divisant ce total par 780, qui est la consommation journalière, nous arrivons à trouver du pain pour six jours environ.

« Dans les circonstances critiques où nous nous trouvons, toutes nos ressources doivent être mises en commun, et je ne saurais penser qu'il fût nécessaire de recourir à la force pour établir cette égalité entre tous.

« En conséquence, je vous prie et je vous requiers, au besoin, de prendre les mesures nécessaires pour que la quantité de 480 quintaux de blé soit mise journellement à la disposition de l'administration de l'armée.

« La première livraison, c'est-à-dire celle qui doit s'opérer immédiatement, sera enlevée par les voitures militaires, dès que vous m'aurez fait connaître les locaux dans lesquels se trouvent les denrées.

« Veuillez agréer, Monsieur le Maire, l'expression de ma haute considération.

F. Coffinières. »

Après cette lecture, M. le Maire ajoute que, dans la matinée d'hier, M. le général Coffinières a fait différentes communications verbales, à l'hôtel de ville, mais que, ayant été appelé par d'autres services pendant cette conférence, il n'a pas pu les entendre toutes, et il prie M. de Bouteiller, présent à l'entretien tout entier, de vouloir bien le résumer au Conseil.

M. de Bouteiller annonce au Conseil que le langage de M. le général Coffinières a un tel caractère de gravité, qu'il croit pouvoir reproduire textuellement les paroles échangées : « Dans six jours, a dit M. le Général, nous n'aurons plus de vivres. » Et, comme les personnes présentes exprimaient leur étonnement d'un pareil résultat si subitement annoncé et s'inquiétaient du sort de l'armée qui nous entoure, M. le Général a dit : « Il est possible que l'armée s'en aille, d'ici à peu de jours, soit en combattant, soit ensuite d'un arrangement. Il y a une grave considération en ce qui concerne la ville : son sort sera-t-il solidaire ou indépendant de celui de l'armée ? Je suis d'avis, a ajouté M. le Général, qu'ils doivent être séparés, et je m'efforcerai de faire prévaloir cette opinion. Mais alors, a continué M. le Général, il ne faut pas nous dissimuler que nous passerons par de terribles épreuves ; après le départ de l'armée, nous aurons le sort de Strasbourg et de Toul, d'autant plus terrible qu'un bombardement, dans une ville dénuée de toutes ressources, sera quelque chose d'effroyable. »

MM. Boulangé, Noblot, Worms et Bultingaire confirment le récit de M. de Bouteiller.

M. le Maire complète ces renseignements en disant qu'aujourd'hui, à une heure, il est allé à une séance du Comité des subsistances, dans laquelle il a été annoncé par l'intendant que les magasins militaires étaient vides; qu'il n'y avait plus qu'un peu de lard pour les hôpitaux et les ambulances et 234 quintaux de biscuit. Une délégation de deux membres a été constituée pour opérer une perquisition dans ces magasins.

M. Prost demande la parole et dit : « Il semble résulter, des communications qui viennent d'être faites, qu'on veut faire naître en nos esprits une terreur calculée et qu'on cherche à obtenir ainsi, grâce à nous, un prétexte que nous ne devons fournir à aucun prix. »

Après ces paroles, M. Marly donne lecture du projet d'adresse préparé par l'Administration.

M. de Bouteiller voudrait exprimer d'une façon plus chaude que ne le fait ce projet notre volonté ferme et notre résolution tenace de faire tous nos efforts pour rester Français et manifester plus énergiquement notre parti pris de résistance.

M. Prost critique le sentiment de confiance exprimé par le projet dans les mesures prises pour la conservation de la place.

M. le Maire propose que trois membres se retirent pour modifier le projet de l'Administration.

M. Worms se demande s'il ne serait pas utile de s'adresser au maréchal Bazaine. Il pose la question sans la résoudre, mais il croit qu'il convient de la poser. Il rappelle que, lors de l'adresse portée par nous à M. le général Coffinières, il y a trois semaines environ, M. le Général s'est étonné que nous ne nous soyons pas adressés au maréchal, en disant qu'il n'était que son subordonné.

M. Moisson demande si on ne pourrait pas s'adresser tout à la fois à M. le général Coffinières et au maréchal Bazaine.

M. Bouchotte pense qu'il ne faut s'adresser qu'au général Coffinières, vu que, déjà, on s'est adressé au maréchal, et que ses réponses directes ne nous sont jamais parvenues; que, d'ailleurs, M. le général Coffinières a toujours et complètement connu la quantité de grains entrée en ville.

M. Puyperoux demande l'ajournement de l'adresse.

M. Blondin repousse cet ajournement; la population, dit-il, est réunie près de l'hôtel de ville, elle attend notre décision; il est bon qu'elle la connaisse aujourd'hui même. Je crois donc que quelques-uns d'entre nous doivent se retirer immédiatement pour préparer cette rédaction, et j'ajoute qu'il serait bon d'introduire, dans cette adresse, les regrets de l'incertitude où la population a été laissée jusqu'ici et de la tardive production des communications qui ont été faites ce matin.

Le Conseil, après ces observations, décide qu'il y a lieu de s'adresser, par voie d'adresse, à M. le général Coffinières, et MM. Boulangé, de Bouteiller, Prost et Worms sont priés de s'occuper immédiatement de la rédaction d'un projet.

La séance, ayant alors été suspendue pendant une demi-heure environ, est ensuite reprise, et M. Prost donne lecture du projet suivant :

« Monsieur le Général,

« La démarche faite auprès de vous par les officiers de la garde nationale a été inspirée par leur sérieuse résolution de s'associer énergiquement à la défense de la ville.

« La garnison, à qui appartient cette défense, peut compter sur l'ardent concours d'une population incapable de faiblesse, quoi qu'il arrive.

« Les communs efforts de l'une et de l'autre garderont, jusqu'aux dernières extrémités, à la France, sa principale forteresse, et aux Messins, une nationalité à laquelle ils tiennent comme à leur bien le plus cher.

EN 1870. 193

« Le Conseil municipal se fait l'interprète de la Cité tout entière. Il ne peut se défendre d'exprimer son douloureux étonnement de la tardive connaissance qui lui est donnée, par votre lettre de ce jour seulement, des ressources en subsistances sur lesquelles le commandant supérieur peut compter pour assurer la défense de la place.

« La population en subira néanmoins les conséquences avec courage. Elle ne veut, sous aucune forme, assumer la responsabilité d'une situation qu'il ne lui a pas été donné de connaître ni de prévenir.

« Nous vous prions, Monsieur le Général, de faire connaître à M. le maréchal Bazaine cette expression de nos sentiments. Ils se résument dans le cri de : Vive la France!

« Le Maire et tous les membres du Conseil présents à la séance[1]. »

Ce projet est complètement adopté, et le Conseil décide en outre que la communication en sera faite immédiatement à la population; M. le Maire est prié de vouloir bien se rendre lui-même aux portes de l'hôtel de ville pour en donner lecture.

A l'instant, M. le Maire, déférant à cette demande, se rend, accompagné des membres de l'Administration et du Conseil, sous le péristyle de l'hôtel de ville, où il donne lecture à la population réunie du projet qui vient d'être voté.

Après cette lecture, que la population accueille avec une très vive sympathie, les membres du Conseil se rendent de nouveau dans la salle des séances pour apposer leurs signatures sur l'expédition de l'adresse destinée à M. le général Coffinières.

La séance est levée à dix heures et demie.

---

1. MM. Félix Maréchal maire, Boulangé adjoint, Noblot adjoint, Géhin, de Bouteiller, Blondin, Bezanson, Gougeon adjoint, Bultingaire, Moisson, Simon-Favier, Marly adjoint, Em. Sturel, Geisler, Aug. Prost, Justin Worms, Collignon, Rémond, Puyperoux, général Didion, Salmon, Ém. Bouchotte, G. Schneider.

XL.

17 OCTOBRE. — SÉANCE DU CONSEIL MUNICIPAL. — EXTRAIT DU PROCÈS-VERBAL.

M. le Maire expose au Conseil que M. le général Coffinières a proposé ce matin de réduire à 300 grammes la ration de pain de chaque habitant; qu'il a parlé également d'une séparation à faire entre l'approvisionnement de l'armée et celui de la garnison et de la population civile. Au moment de ces communications, dit M. le Maire, M. Geisler, notre collègue, étant venu à l'hôtel de ville présenter certaines observations fort graves sur la question des subsistances, je l'ai engagé à m'accompagner, à une heure, à la réunion du Comité de surveillance des subsistances. M. Geisler est venu, il a été entendu; un procès-verbal spécial, contenant ses observations, a été dressé pour être envoyé à M. le maréchal Bazaine. Je prie M. Geisler de vouloir bien les faire connaître lui-même au Conseil.

Ce matin, dit M. Geisler, M. le général Coffinières paraissait désireux de séparer les approvisionnements de la ville de ceux de l'armée. Il exprimait, en même temps, la pensée que les perquisitions à domicile produiraient encore environ 2,000 sacs. J'ai cherché à lui montrer son erreur, et, en même temps, je lui ai fait observer que certains intendants devaient avoir des réserves; que j'avais la certitude que l'intendant du 3e corps, M. Friant, avait fait offrir 45 francs du blé que nous payons 36 francs; qu'il avait ainsi très facilement constitué une réserve, et qu'il serait important de la connaître. — M. le Général a répondu qu'on ne pouvait pas faire de visites dans les intendances des corps. Comment l'oserait-on, dit-il, comment seriez-vous reçu? — J'ai insisté, et c'est là l'objet des observations que j'ai produites au Comité. Dans cette réunion, il a été dit que l'intendant du 3e corps proposait de renoncer à ses rations; il devait même verser à la place 260 quintaux. C'était la reconnaissance de l'exactitude du renseignement que j'apportais et en présence duquel il me paraît que nous ne devons pas accepter la séparation des approvisionnements avant de connaître l'importance de ceux de l'armée.

M. de Bouteiller : Hier, j'ai acquis personnellement la certitude que l'armée avait des réserves ; qu'il y en avait dans le 3e et dans le 6e corps ; j'ai communiqué mes observations à M. le Maire en le priant de les transmettre à M. le général Coffinières ; puis, j'ai été entendu par le Comité de surveillance des subsistances, et c'est ensuite de cela et d'une demande du bilan des approvisionnements de l'armée qu'on nous propose la séparation. Je crois, dit M. de Bouteiller, que cette séparation est une chose heureuse, une amélioration notable, et qu'il faut se hâter de l'accepter.

M. Rémond dit que la lettre de M. le général Coffinières, qui a amené la livraison de 480 sacs par jour, reposant sur un renseignement inexact, il faut d'abord obtenir la restitution de ce qui a été livré.

M. Schneider s'exprime dans le même sens. Il s'étonne d'une erreur semblable à celle que M. le général Coffinières a commise dans sa lettre du 13 octobre.

M. le Maire propose de prendre une délibération, dont copie sera adressée à M. le général Coffinières.

M. Geisler ne se contenterait pas de la restitution ; il voudrait qu'on fît un bilan de ce que l'armée possède et un partage de ce qu'elle a, si ses approvisionnements sont plus importants que ceux de la ville.

M. de Bouteiller se range à cet avis. Il faut faire la réclamation et la faire énergiquement, d'autant plus, dit-il, qu'il est bon de constater qu'aux termes d'une ordonnance de 1863, que j'ai déposée sur le bureau du Conseil, le devoir du commandant supérieur était de constituer le comité de surveillance des subsistances, dès la formation du blocus, et de faire un inventaire des approvisionnements. Ce comité de surveillance, on n'y a songé que le 13 octobre, le jour où les magasins étaient vides.

M. Worms fait remarquer que la municipalité s'est inquiétée plus tôt de cette grave question, puisque, depuis longtemps, elle en a délégué le soin à une Commission des subsistances.

M. Bastien dit qu'à Mayence, en 1866, on a, dès le début de la guerre, obligé tous les habitants à s'approvisionner pour trois mois et fait des réquisitions à dix lieues à la ronde pour cet approvisionnement.

Après cet échange d'observations, le Conseil :

Considérant que, sur la représentation d'une lettre de M. le Général commandant supérieur, en date du 13 octobre dernier, — annonçant « que les magasins militaires sont complètement vidés aujourd'hui même, » et demandant, en conséquence, à la ville de Metz « de venir en aide à l'armée par la fourniture quotidienne de 160,000 rations, soit environ 480 sacs de blé, » — le Conseil a, conformément à cette réquisition, mis à la disposition de l'autorité militaire la quantité indiquée par M. le Général ;

Considérant qu'il paraît résulter aujourd'hui, de renseignements nouveaux, que certains corps d'armée ont encore des approvisionnements importants ;

Considérant, dès lors, qu'il y a lieu, pour le Conseil, d'appeler sur ce fait l'attention de M. le Général commandant supérieur ;

Décide qu'il sera demandé à M. le Général de vouloir bien ordonner :

Que la sortie de la ville des grains et des farines soit absolument interdite, sous la réserve néanmoins des quantités nécessaires aux communes suburbaines, et que l'intégralité des approvisionnements soit réservée exclusivement aux besoins de la place et de la population, et de vouloir bien, en même temps, demander à M. le Maréchal commandant en chef qu'il soit établi un inventaire des ressources en subsistances des divers corps d'armée et de la place, pour arriver, s'il y a lieu, à la restitution des approvisionnements qui ont été fournis par la ville et même, au besoin, au partage de ceux de l'armée, conformément au principe que l'autorité militaire a posé elle-même dans sa lettre du 13 octobre.

M. Worms demande quel est l'état des ressources actuelles.

M. Bouchotte répond qu'il donnera demain des renseignements exacts.

Sur la proposition de M. de Bouteiller, le Conseil décide qu'il se réunira tous les jours à l'hôtel de ville à quatre heures après midi.

XLI.

18 OCTOBRE. — SÉANCE DU CONSEIL MUNICIPAL. — EXTRAIT DU PROCÈS-VERBAL.

M. le premier adjoint Gougeon donne lecture d'une lettre de M. Émilien Bouchotte, ainsi conçue :

« Monsieur le Maire,

« La production du pain va bientôt faire défaut, et les habitants de Metz en seront réduits à se nourrir presqu'exclusivement de viande et de bouillon de cheval.

« Il me semble que, pour mettre ce système d'alimentation à la portée de la population, il y aurait lieu de songer à créer des établissements de bouillon dans le genre de ceux qui fonctionnent à Paris depuis plusieurs années. La création de ces établissements pourrait s'opérer rapidement, à la condition de se servir des nombreuses brasseries qui existent dans la ville; on y trouverait les ustensiles nécessaires pour la cuisson en grand de la viande ainsi que des locaux appropriés à une distribution facile des aliments.

« Les cartes de consommation, qui sont déjà entre les mains des habitants, serviraient à la distribution, de même que cela a lieu dans ce moment pour le pain. On pourrait, en outre, remettre une carte supplémentaire aux familles qui auraient droit à la gratuité des rations.

« J'ai l'honneur de vous demander de soumettre cette idée à l'étude de la commission d'alimentation.

« Je vous prie, Monsieur le Maire, d'agréer l'assurance de ma considération la plus distinguée.

« Ém. Bouchotte. »

M. Bouchotte développe la proposition contenue dans sa lettre; il a pensé, dit-il, qu'on trouverait dans les brasseries un matériel et un personnel tout prêts à fonctionner pour la distribution du bouillon : chaudières, salles de débit, etc., et qu'il y avait là une ressource qu'il ne fallait pas négliger.

M. de Bouteiller fait observer qu'un bouillon ainsi préparé sera dans de bien mauvaises conditions eu égard aux matières dont on disposera. Il ne s'oppose pas cependant à l'essai proposé. — Le Conseil renvoie l'examen de cette question à la Commission des subsistances, composée de MM. Bouchotte, Salmon et Bultingaire, et à laquelle sont adjoints MM. de Bouteiller et Géhin.

M. Bouchotte, répondant à la question posée par M. Worms à la séance d'hier, fait connaître que nous avons en magasin 800 quintaux de farine, de plus 400 quintaux de blé en mouture, en tout 1,200 quintaux, et que, si l'on ajoute environ 100 quintaux qu'on pourra trouver encore, on arrive à une consommation qui pourra se continuer jusqu'à dimanche.

M. Gougeon annonce que les boulangers se plaignent de ce que la farine n'est pas uniforme; la quantité de son n'est pas également répartie, et le pain obtenu a des qualités différentes.

M. Bouchotte répond que la différence de densité du son et de la farine a pour résultat nécessaire de détruire le mélange par le seul transport des sacs, et qu'il est nécessaire que le boulanger lui-même refasse ce mélange dans le pétrin; que ceux d'entre eux qui prennent cette précaution obtiennent des pains parfaitement uniformes.

M. Marly demande si les boulangers ne pourraient pas obtenir une deuxième mouture, ainsi qu'ils en ont exprimé le désir par leurs syndics.

M. Bouchotte répond que, si l'on opérait ainsi, les paires de meules qui seraient affectées à ce service diminueraient d'autant celles qui fournissent à l'alimentation quotidienne et qui deviendraient insuffisantes.

M. Bouchotte annonce, en outre, que les moyens de transport lui font défaut pour les blés qui doivent être pris chez les particuliers.

M. Worms propose d'aider à ce transport, au moyen des voitures mises à la disposition des commissions de réquisition.

M. Gougeon pense qu'il peut en être ainsi; car, dit-il, il a eu l'occasion d'entretenir de ce sujet M. l'intendant Antoine, et ce dernier lui aurait dit qu'il ne voyait aucun inconvénient à ce que les denrées fussent transportées directement chez M. Bouchotte au lieu de l'être dans les magasins de l'État.

M. Geisler fait observer, à propos des calculs de M. Bouchotte, que ce dernier n'a pas compté la garnison de la place, et qu'en tenant compte de cet élément important, nos ressources ne s'étendront pas jusqu'à dimanche; mais, ajoute-t-il, il faut tenir compte aussi de la réduction à 300 grammes qui est annoncée pour demain par M. le général Coffinières. M. Geisler ajoute qu'il y a une considération très grave sur laquelle il faut appeler l'attention du commandant supérieur de la place : c'est celle des approvisionnements que l'armée pourra laisser derrière elle, en cas de départ, soit dans ses magasins, soit dans les fermes de son rayon d'action. Il propose de demander qu'il soit pris immédiatement des mesures pour que ces approvisionnements soient assurés à la ville et leur transport effectué dans ses murs aussitôt après le départ de l'armée.

M. Worms fait remarquer que ce sont là des questions qui échappent absolument à la compétence du Conseil.

M. Schneider pense, au contraire, que le Conseil pourrait émettre un vœu à cet égard.

M. Worms propose que M. le Maire, qui fait partie du Comité de surveillance des subsistances, fasse part de cette idée à ce Comité.

Cette proposition, appuyée par M. de Bouteiller, et à laquelle se rallient MM. Geisler et Schneider, est accueillie par le Conseil.

XLII.

20 OCTOBRE. — SÉANCE DU CONSEIL MUNICIPAL. — EXTRAIT DU PROCÈS-VERBAL.

M. de Bouteiller rend compte des démarches de la Commission chargée d'organiser les distributions de bouillon et de viande cuite. Elle avait déjà très sérieusement travaillé à réaliser cette idée, et un de ses membres avait même proposé de mettre à profit les fours des boulangers; mais, cet après-midi, la Commission a été prévenue qu'à partir de dimanche l'armée ne pourrait plus livrer de chevaux, et ainsi l'opération projetée est devenue impossible.

M. Salmon demande s'il ne conviendrait pas de faire une démarche auprès de M. le général Coffinières pour l'inviter à procurer des aliments à la population.

M. Schneider serait disposé à appuyer cette proposition. Il est certain, dit-il, que le devoir de veiller à l'alimentation publique est une sorte d'obligation de police qui, à l'heure où nous sommes, incombe à l'autorité militaire.

M. l'adjoint Boulangé expose qu'en effet l'Administration a été avertie ce matin par M. le Préposé en chef de l'octroi, qui avait vu les intendants, qu'à partir de dimanche l'armée ne fournirait plus de chevaux; qu'elle s'est empressée, dès lors, de présenter au Comité de surveillance des approvisionnements, qui se réunit à une heure au quartier général, le vœu que les chevaux des particuliers, qu'un recensement récent évalue à 1,400 environ, soient l'objet d'une réquisition immédiate; que ce vœu a été formulé au procès-verbal de la séance, et que M. le Commandant supérieur en a été touché.

M. Bastien pense qu'une démarche près de M. le général Coffinières serait absolument sans portée et sans résultat. Il aurait dû prévenir les habitants qu'ils aient à s'approvisionner, mais il ne l'a pas fait, et aujourd'hui il est évidemment dans l'impuissance de nous procurer des ressources.

M. le Maire estime que le Conseil pourrait, avec utilité, s'associer, par une délibération spéciale, au vœu exprimé devant le Comité de surveillance des approvisionnements.

M. de Bouteiller propose d'aviser à échanger les chevaux de la ville contre ceux de l'armée ou de faciliter ces échanges qui serviraient à la fois les besoins de transport dans l'armée et ceux de l'alimentation dans la ville.

M. Boulangé fait observer que cette idée a été émise au sein du Comité des approvisionnements; qu'il a été question d'un échange poids pour poids.

M. Geisler n'admet pas cette base d'arrangement; on nous donnerait, dit-il, des os pour de la viande. Il y a là une question d'appréciation fort difficile et qui demanderait à être examinée par une commission spéciale. Nous avons en ville des chevaux de prix, nous avons aussi des chevaux de camion et une grande variété dans les différentes catégories qui auraient besoin d'être appréciées sommairement avant tout échange.

Après ces observations et après en avoir délibéré, le Conseil :

Considérant que l'Administration a été prévenue aujourd'hui même que l'armée ne serait bientôt plus en situation de fournir des chevaux à l'alimentation de la ville;

Considérant qu'il y a encore en ville une quantité considérable de chevaux appartenant à des particuliers;

Qu'il y a même, dans les communes suburbaines, des chevaux de culture ayant moins de valeur et pouvant mieux convenir à l'alimentation;

Qu'il est urgent de prendre les mesures nécessaires pour que ces ressources soient assurées à l'alimentation de la place;

Considérant enfin qu'une démarche a été faite aujourd'hui,

par M. le Maire, auprès du Comité de surveillance des approvisionnements, à l'effet d'obtenir la réquisition de ces chevaux;

S'associant à la demande formulée par M. le Maire, émet le vœu que M. le Général commandant supérieur veuille bien prendre un arrêté requérant les chevaux des particuliers pour être mis, soit directement, soit par échange d'équivalents, à la disposition des besoins de l'alimentation de la ville.

XLIII.

21 OCTOBRE. — SÉANCE DU CONSEIL MUNICIPAL. — EXTRAIT DU PROCÈS-VERBAL.

M. de Bouteiller demande que les procès-verbaux des séances du Conseil soient publiés sans retard, aussitôt que cette publication sera possible.

A cette occasion, M. Worms annonce au Conseil que son intention est de demander qu'une publication soit faite, renfermant, en un volume compact, tous les procès-verbaux des séances du Conseil depuis le commencement de la guerre, ainsi que ceux des séances des commissions et les documents qui se rattachent à leurs travaux. M. Worms ne fait pas aujourd'hui cette proposition, qu'il ne croit pas encore opportune, mais il annonce l'intention de la formuler quand le temps sera venu[1].

M. Schneider, dans le même ordre d'idées, exprime le désir de voir publier quotidiennement une sorte de compte rendu analytique des séances du Conseil; il est bon que la population soit tenue, jour par jour, au courant de ce qui se passe dans son sein.

Diverses observations sont échangées sur ce double sujet. M. le Maire les résume en proposant de prendre en considé-

---

1. De cette proposition, modifiée, est sortie celle qui a été prise en considération dans la séance du 3 novembre et en vertu de laquelle est faite la présente publication.

ration, pour être plus tard l'objet d'un travail spécial d'une commission, l'idée émise par M. Worms. Quant à la proposition de M. Schneider, M. le Maire pense que le secrétaire du Conseil pourrait, chaque jour, rédiger un sommaire des questions qui ont été traitées et le communiquer aux cinq journaux de la ville.

C'est en ce sens que le Conseil se prononce sur la proposition.

M. l'adjoint Gougeon annonce que le travail de perquisition des blés et farines est à peu près terminé; qu'on a préparé, pour chaque section, le tableau des déclarations faites à la mairie; que des agents iront ensuite dans les maisons où les blés ne sont pas enlevés et vérifieront aussi les enlèvements déjà effectués.

Pour obéir au désir de M. Bouchotte, les farines seront désormais dirigées sur l'hospice Saint-Nicolas; mais M. Gougeon se demande comment, dans ce local, s'effectuera le payement.

M. Bouchotte dit qu'il n'était pas rationnel que le meunier fût le distributeur de la farine; que cette distribution doit être une œuvre exclusivement municipale, et que, pour le payement, rien n'est plus facile que de s'entendre avec l'économe des hospices en lui mettant en mains une provision.

M. Bouchotte communique en même temps au Conseil les chiffres suivants sur la situation des approvisionnements : en magasin 1,200 sacs de farine, en mouture 230 sacs, en blé 400 sacs, formant un total de 1,830 quintaux, lesquels, à raison de 250 quintaux par jour, consommation correspondant à des rations de 300 grammes, nous conduiraient jusqu'au 29; mais la garnison de la place n'ayant d'approvisionnements que jusqu'au 27, c'est au 28 que s'arrêtera la limite de nos ressources mises en commun.

XLIV.

22 OCTOBRE. — SÉANCE DU CONSEIL MUNICIPAL. — EXTRAIT DU PROCÈS-VERBAL.

Au moment où s'ouvre la séance, on annonce au Conseil M. le général Coffinières, qui se présente, accompagné de plusieurs officiers faisant partie du Comité de surveillance des approvisionnements.

M. le Général, ayant accepté la présidence de l'assemblée, prend place au bureau, ainsi que MM. les officiers qui l'accompagnent.

M. le Général expose, en quelques mots, l'objet de sa visite : il a voulu, dit-il, faire connaître exactement au Conseil la situation de la ville au point de vue des approvisionnements; le pain pourra être distribué à la garnison jusqu'au 27 inclusivement, à la population civile jusqu'au 29; et comme la population civile devra partager avec la garnison, quand l'approvisionnement de celle-ci sera épuisé, on arrivera ainsi à une distribution dernière, à la population et à la garnison réunies, le 28 de ce mois.

Quant aux chevaux dont nous nous sommes nourris depuis un certain temps, l'approvisionnement va faire défaut par suite de l'impossibilité où se trouve l'armée de continuer les livraisons qu'elle nous a faites jusqu'ici. Il faudra aviser à d'autres moyens, essayer d'en acheter d'abord; et pour cela M. le Général annonce incidemment que, les fonds étant également devenus très rares, il doit chercher, par une combinaison financière dont il s'occupera demain, à se procurer l'argent nécessaire. On essaiera donc, continue M. le Général, d'acheter des chevaux, mais on rencontrera alors de grandes difficultés à cause du prix élevé de ceux qui restent encore en ville, prix qui mettra la viande à une valeur inaccessible pour le citoyen peu aisé. A la dernière extrémité, la garnison mangera les chevaux de la petite escorte qui reste en ville et ceux des officiers de l'École d'application, mais la population civile devra recourir aux chevaux des particuliers..., etc.

Après diverses observations, M. le Général revient une seconde fois à l'idée qui l'a amené dans le sein du Conseil, et à son désir d'exposer nettement, aux mandataires des citoyens, la position précise où nous sommes. Il y a eu, dit-il, des bruits de toute nature, et je serais même heureux que le Conseil voulût bien me dire ce qu'il pense d'un de ces bruits qui m'a été plusieurs fois exprimé, à savoir : qu'il y aurait en ville des approvisionnements cachés pour plus de trois mois.

Les membres du Conseil protestent contre une pareille assertion, et il est répondu à M. le général Coffinières que les perquisitions faites ont établi, jusqu'à l'évidence, que ce bruit est sans le moindre fondement; qu'il reste seulement dans les maisons aisées un peu de farine et quelques provisions de ménage insignifiantes.

M. le Général est complètement de cet avis. Les auteurs de pareils bruits, dit-il, ne se rendent pas compte de ce qu'est l'alimentation des 50,000 hommes de la place et des forts et des 70,000 personnes de la population civile, en tout 120,000 bouches.

A cette occasion, M. de Bouteiller dit à M. le Général que les bruits dont il a parlé ont leur contre-partie; qu'on dit aussi que l'autorité militaire cache des approvisionnements; qu'il y en a, notamment, dans la cave de la caserne du génie.

M. le Général répond que le Comité de surveillance des approvisionnements, dont plusieurs membres l'accompagnent à la présente séance et dont M. le Maire fait partie, a dressé un bilan très exact et très complet des approvisionnements militaires; que c'est d'après ces renseignements qu'il a parlé; mais, qu'au surplus, si quelque citoyen voulait se faire, par lui-même, une conviction, les magasins lui seraient immédiatement ouverts.

M. Prost demande à M. le Général si nous pouvons espérer, suivant lui, une armée de secours.

M. le Général répond que le commandant d'une place assiégée ne doit pas se préoccuper de cette éventualité et qu'il doit, en dehors de tout espoir de ce genre, résister tant que cela est possible; mais que, si on lui demande son opinion personnelle, il ne croit pas que l'état du pays et le grand nombre de ses envahisseurs puissent permettre d'espérer une armée de secours [1].

---

1. Cette déclaration qui, après celle du prochain épuisement des vivres, aurait pu ébranler quelques courages, parut à celui qui l'avait provoquée rendre opportune la lettre suivante publiée par le *Courrier de la Moselle* dans son numéro du 25 octobre : « Metz, le 24 octobre 1870. — Monsieur
« le rédacteur, permettez-moi de vous communiquer quelques réflexions
« que me suggère la situation où nous sommes, pour les porter, ce que
« je crois utile, par votre intermédiaire, à la connaissance de nos conci-
« toyens. M. le général Coffinières, commandant supérieur de la place, a
« jugé qu'il était à propos d'annoncer à la population tout entière où
« nous en étions de nos ressources en subsistances. C'est dans cette
« intention, il l'a déclaré, qu'il est venu apporter cette notification au
« sein du Conseil municipal, où rien ne se dit qui ne doive être connu
« de tous. Il a donc parlé publiquement et il a bien fait; parce que, à
« l'heure des résolutions viriles et des sacrifices, il est bon que chacun
« puisse, en connaissance de cause, prendre lui-même son parti. Quand
« on en est là, que doit-on faire dans une ville assiégée? On doit, M. le
« Général nous l'a dit, tenir jusqu'à la dernière extrémité. Nous le vou-
« drons certainement, et je ne crois pas qu'on puisse dire de cette réso-
« lution que c'est une témérité inutile. C'est l'accomplissement d'un
« devoir; c'est aussi une chose éminemment utile. Nous ignorons, en
« effet, ce qui se passe maintenant dans le reste du pays. L'ennemi laisse
« bien arriver jusqu'à nous quelques vagues paroles, mais il ne laisse
« passer aucun document. On peut, je le veux bien, traiter d'illusion
« l'attente, à Metz, d'une *armée de secours*, mais ce qui n'est pas une
« illusion, c'est la confiance qu'on ouvrira un jour ou l'autre des négo-
« ciations pour la paix. Ce jour-là, il sera d'un immense intérêt pour la
« France qu'une place de l'importance de Metz n'ait pas été arrachée de
« ses mains. La saine et froide raison, et non pas seulement un généreux

M. le Général, après avoir demandé si certains membres désiraient être renseignés par lui sur d'autres questions, prend congé du Conseil. Il exprime encore, en se retirant, la pensée que la population doit savoir où nous en sommes. Après le 28, dit-il, nous n'aurons plus rien à manger; nous aurons à voir ce qu'il conviendra de faire. Encore que nous n'ayons pas subi un siège régulier, grâce à la présence de l'armée sous nos murs, notre situation, au point de vue des approvisionnements, est celle que la résistance à un siège nous aurait faite. Notre population, la garnison, les édifices, les maisons ont été protégés; l'armée seule a perdu des hommes; mais elle a vécu de nos ressources et nous sommes épuisés comme nous le serions à la fin d'un siège.

Après le départ de M. le Général, M. le Maire reprend la présidence, et M. Rémond donne lecture du procès-verbal de la séance d'hier dont la rédaction est adoptée.

M. le Maire ayant fait connaître le désir qu'a exprimé M. le Général, en prenant congé de lui, d'avoir communication du procès-verbal de la séance de ce jour, M. Rémond propose de donner lecture au Conseil d'un compte rendu sommaire qu'il vient de rédiger et qui devra être transmis aux journaux, conformément à la décision prise récemment à ce sujet par le Conseil.

Cette lecture est en effet donnée, et, après l'échange de plusieurs observations, M. Rémond est prié de communiquer ce projet à M. le général Coffinières et d'appeler en même temps son attention sur le point de savoir s'il est prudent de donner, dans ce compte rendu qui va être livré à une publicité immédiate, une indication trop précise du jour où nos ressources seront entièrement consommées; s'il n'y a pas, dans l'indication si nette de cette date, des inconvénients, au point de vue

---

« entraînement, c'est là surtout ce que je voulais dire, nous commande
« donc de la lui garder à tout prix. C'est notre devoir de le faire; cha-
« cun se le dira et agira en conséquence. — Veuillez agréer, etc., Aug.
« Prost, membre du Conseil municipal. »

de la population de la ville et de l'armée assiégeante, qui pourra connaître ce compte rendu.

Après ces observations, la séance est levée.

XLV.

23 OCTOBRE. — SÉANCE DU CONSEIL MUNICIPAL. — EXTRAIT DU PROCÈS-VERBAL.

A la demande de M. Worms, M. Rémond rend compte au Conseil de la démarche qu'il a faite auprès de M. le général Coffinières, suivant le désir exprimé, à cet égard, dans la séance d'hier. Il a fait connaître à M. le Commandant supérieur le projet de compte rendu sommaire qui devait être livré à une publicité immédiate et lui a transmis les observations qui ont été insérées au dernier procès-verbal. M. le général Coffinières a répondu à ces observations, qu'il tenait à ce que la population fût avertie, d'une façon précise, de la situation alimentaire de la ville. Il a néanmoins consenti à ce que la date du 28 octobre, indiquée par lui comme étant celle de l'épuisement complet de nos ressources, fût remplacée, dans le compte rendu, par une indication un peu plus vague, mais suffisante, cependant, pour avertir de la très prochaine échéance du reliquat des approvisionnements.

M. l'adjoint Boulangé expose au Conseil que, depuis hier, il a été constitué, par les soins de M. le Général commandant supérieur, une Commission mixte chargée de s'occuper de l'achat des chevaux dont la réquisition est faite; cette Commission se compose de MM. de Bouteiller et Geisler, conseillers municipaux; Samson, vétérinaire; Antoine, sous-intendant militaire; Eckendorff, capitaine du génie, et Charlochay, capitaine d'artillerie. Elle a pour mission de s'occuper du choix et de l'estimation des chevaux qui entreront dans l'alimentation.

La première question à examiner était celle de savoir par qui ces chevaux seraient payés. Il a été entendu, avec le commandant supérieur, qu'on livrerait aux bouchers les chevaux achetés contre une somme d'argent comptant, représentant la valeur en viande de ces chevaux, et que la différence entre cette valeur et la valeur réelle serait payée par l'État; il a été admis que c'était là une dépense qui rentrait dans les éléments de la défense nationale et qui ne pouvait pas être à la charge de la ville. M. le Général a accepté cette décision.

Comment cette différence sera-t-elle payée? Sera-ce au moyen de bons ou au moyen d'argent comptant? C'est une question qui sera résolue demain, après l'avis d'une Commission spéciale chargée de l'examiner.

Enfin, il a été décidé que la Commission entrerait en fonctions demain à neuf heures du matin.

M. de Bouteiller ajoute que la Commission est décidée à pratiquer, autant que cela sera possible, le système des ventes amiables et à ne recourir à la réquisition qu'autant que cela sera absolument nécessaire. M. le vétérinaire Samson, qui connaît presque tous les détenteurs de chevaux, s'occupe, dès maintenant, d'en provoquer la mise en vente. Il est bien entendu que si les bouchers peuvent faire leur service eux-mêmes et sans le secours de la Commission, celle-ci n'interviendra pas. M. de Bouteiller ajoute que le succès de cette opération est, d'ailleurs, lié à celui de la combinaison financière en projet et qu'il croit savoir que cette dernière a réussi..., etc.

Les renseignements donnés au Conseil sont encore complétés par MM. de Bouteiller et Geisler, rendant compte d'une vente amiable qui s'est faite aujourd'hui, et des résultats de laquelle on peut induire que les bouchers pourront, dans une certaine mesure, satisfaire aux besoins de la ville en faisant eux-mêmes leurs acquisitions; si les prix actuels sont maintenus, la différence entre la valeur réelle des chevaux et leur valeur en viande ne paraît pas devoir dépasser pour chacun en moyenne un chiffre de 150 à 200 francs.

M. Prost expose que des communications diverses ont été

faites aux différents corps de l'armée du maréchal Bazaine; qu'elles ont porté, tout à la fois, sur l'état actuel de la France et sur des négociations engagées; qu'elles se sont ensuite répandues dans la population et que leurs versions ne paraissent pas tout à fait concorder; qu'en tout cas il serait très intéressant pour nous d'obtenir des renseignements de la même nature. M. Prost propose, en conséquence, au Conseil d'exprimer le vœu qu'une démarche soit faite auprès de M. le général Coffinières pour avoir, par son intermédiaire sur la situation actuelle du pays et sur les négociations pendantes, des informations analogues à celles qui ont été données à l'armée.

Cette proposition, appuyée par plusieurs membres, est accueillie par le Conseil.

XLVI.

24 OCTOBRE. — SÉANCE DU CONSEIL MUNICIPAL. — EXTRAIT DU PROCÈS-VERBAL.

M. Geisler rend compte au Conseil des opérations de la Commission nommée pour la réquisition des chevaux; les affiches portant à la connaissance du public les résolutions prises n'ont pu encore être apposées sur les murs de la ville, et il n'a pas été fait d'acquisitions. Demain, la Commission se réunira à deux heures et avisera à compléter les insuffisances laissées par les acquisitions amiables. Nous avons constaté chez plusieurs bouchers, ajoute M. Geisler, la pensée qu'ils pouvaient vendre en dehors du tarif; il est nécessaire de faire cesser cette erreur.

Il y a déjà plusieurs jours, dit M. de Bouteiller, que certains bouchers font bon marché de la taxe; ils avaient l'intention de ne plus en tenir compte s'ils faisaient leurs acquisitions eux-mêmes; nous les avons avertis qu'ils étaient, dans tous les cas, obligés de s'y conformer; et, à cette occasion, plusieurs bouchers nous ont dit que la taxe n'était pas assez détaillée; l'un d'eux doit apporter des observations en ce sens à l'Administration.

M. Geisler voudrait que le tarif fût affiché dans les boutiques des bouchers, en même temps qu'ils seraient tous avertis de nouveau que, sous aucun prétexte, ils ne pouvaient se dispenser d'y obéir..., etc.

M. Moisson demande s'il ne serait pas possible de réserver le gaz, dont on peut encore disposer, pour l'éclairage des rues de la ville, en supprimant ou au moins en diminuant, dans une proportion notable, la consommation des maisons particulières.

M. l'adjoint Boulangé répond que, le directeur du gaz ayant demandé la réquisition d'une certaine quantité de houille qui se trouve en dépôt au palais de justice, M. le premier Président a fait observer que cette réquisition pouvait, sans contredit, avoir lieu dans l'intérêt public; mais qu'elle ne lui paraissait pas fondée, en tant qu'il s'agirait de fournir à l'éclairage des particuliers, des cafés et des cercles; que, cette observation ayant été transmise à M. le général Coffinières, celui-ci a pris, immédiatement, un arrêté décidant qu'à partir de demain, 25 octobre, le gaz cessera d'être fourni aux maisons particulières, cercles et cafés, dès sept heures du soir[1].

XLVII.

25 OCTOBRE. — SÉANCE DU CONSEIL MUNICIPAL. — EXTRAIT DU PROCÈS-VERBAL.

M. le Maire donne communication d'une dépêche de M. le général Coffinières, en réponse au vœu exprimé par le Conseil, dans sa séance du 23 courant; cette dépêche est ainsi conçue :

---

1. Voir ci-dessus (Append. XXIX et XXX).

« Metz, le 25 octobre 1870.

« Monsieur le Maire, le Conseil municipal de Metz, dans sa séance du 23 courant, a exprimé le vœu qu'une démarche fût faite auprès de moi pour avoir, sur la situation actuelle du pays et sur les négociations pendantes, des informations analogues à celles qui ont été données à l'armée.

« Malgré mon désir de satisfaire le Conseil municipal, il m'est impossible de répondre à ces questions, et vous comprendrez sans peine la réserve qui m'est imposée.

« Ce n'est pas à moi que le Conseil doit adresser sa demande, mais bien à M. le Maréchal commandant en chef de l'armée.

« Veuillez agréer, Monsieur le Maire, l'assurance de ma haute considération.

« Le général commandant supérieur à Metz.

« COFFINIÈRES. »

Après cette lecture, M. Prost propose de porter le vœu du Conseil directement à M. le maréchal Bazaine, d'autant plus, dit-il, que par sa communication du 11 octobre aux habitants de Metz, M. le Maréchal s'est montré disposé à ne rien leur cacher, et que, d'ailleurs, il doit avoir des renseignements, puisqu'il a parlé à l'armée.

Le Conseil tout entier s'associe à cette pensée..., etc.

M. Géhin fait remarquer qu'il sera nécessaire de donner connaissance au maréchal de la démarche déjà faite auprès du général Coffinières et de la réponse reçue de ce dernier.

C'est à cette résolution que le Conseil s'arrête.

XLVIII.

26 OCTOBRE. — SÉANCE DU CONSEIL MUNICIPAL. — EXTRAIT DU PROCÈS-VERBAL.

La séance est présidée par M. le Général commandant supérieur de la place.

M. le Préfet de la Moselle, présent à la séance, est invité, par M. le Maire, à prendre place au bureau.

M. le Maire fait connaître qu'en réponse à la demande de renseignements adressée à M. le maréchal Bazaine, suivant le vœu formulé par le Conseil, dans sa délibération d'hier, il vient de recevoir une dépêche dont il donne lecture. Cette dépêche est ainsi conçue :

« Ban-Saint-Martin, le 26 octobre 1870.

« Monsieur le Maire, je m'empresse de répondre à votre lettre du 26 octobre, et de vous dire que M. le général Coffinières, commandant supérieur de la place de Metz, ayant assisté à tous les conseils de guerre qui ont été tenus au grand quartier général, était en mesure d'exposer au Conseil municipal la situation actuelle du pays et la marche des négociations pendantes, dans lesquelles nous avons toujours cherché à mettre la ville de Metz en dehors, afin de lui laisser sa liberté d'action.

« A l'issue de la séance de ce matin, il a été unanimement convenu, par suite des exigences de l'ennemi et de la pénurie actuelle des vivres, que cette place et l'armée devaient subir le même sort.

« En conséquence, M. le général Coffinières a été invité à donner au Conseil municipal les explications nécessaires pour que la ville soit au courant des négociations qui ont toujours eu pour but d'améliorer la grave situation dans laquelle se trouve le pays, but que, malheureusement, nous n'avons pu atteindre.

« Recevez, Monsieur le Maire, l'expression des sentiments de haute considération de votre dévoué serviteur.

« Le maréchal de France commandant en chef l'armée sous Metz[1].

« BAZAINE. »

---

1. C'était la première fois qu'on voyait le maréchal Bazaine substituer au titre d'*armée du Rhin* celui d'*armée sous Metz*.

Après cette communication, M. le général Coffinières prend la parole.

« Ce matin, dit-il, les chefs des différents corps de l'armée du maréchal ont été réunis ; ils ont exposé la déplorable situation dans laquelle se trouvent nos pauvres soldats. Il y a là un spectacle déchirant : des hommes supportant depuis plusieurs jours les privations les plus pénibles, sans vivres, presque sans abri, au milieu des terrains fangeux où ils sont obligés de camper. Le maréchal a déclaré que cette situation ne pouvait pas durer et qu'il fallait que la ville partageât ses ressources avec l'armée. Je m'y suis opposé. On m'a représenté que nous n'avions de vivres que jusqu'au 28, peut-être jusqu'au 30, grâce aux économies que nous avions faites ; qu'en prolongeant de trois ou quatre jours après l'armée notre résistance, nous ne pouvions arriver à aucun résultat, que nous avions plutôt chance de voir imposer à la ville des conditions plus mauvaises ; que cette prolongation de quatre jours serait acquise, d'une part, au prix de souffrances pour la population pauvre de la ville, d'autre part, au prix de l'extinction, par la famine, de tous les Français qui composent l'armée ; l'ennemi ayant formellement déclaré qu'il n'accepterait aucun traité qui ne comprît pas à la fois la ville et l'armée. Je me sentis ébranlé, dit M. le général Coffinières, mais je déclarai néanmoins que je ne céderais que sur l'ordre formel du maréchal. J'ai reçu cet ordre, et il est, en conséquence, irrévocablement décidé que l'armée et la place partageront le même sort. L'armée, d'ailleurs, nous a rendu de grands services. Au commencement de la campagne, les forts n'étaient pas prêts, l'artillerie n'était pas placée sur les remparts ; c'est grâce à elle que nous avons pu organiser la défense et éviter le bombardement. C'est, en un mot, à cette armée que nous devons la quiétude dont nous avons joui jusqu'à ce jour. — Quant aux conditions, dit M. le Général, elles ne sont pas encore arrêtées ; elles sont, en ce moment, l'objet de négociations. »

M. Moisson demande si la ville devra être occupée, ou s'il

ne serait pas possible d'obtenir que l'ennemi ne prît possession que des forts.

M. le Général répond que notre situation est telle que nous ne pouvons que demander et non imposer; qu'une note détaillée a été rédigée par lui pour indiquer les demandes qui seront transmises par les parlementaires.

M. Prost rappelle à M. le Général que la demande d'informations adressée au maréchal Bazaine ne porte pas seulement sur les négociations pendantes, mais aussi sur l'état de la France; que des communications à ce sujet ont été faites à l'armée. Il prie M. le Général de vouloir bien les faire connaître au Conseil.

M. le Général répond qu'il avait toujours considéré que le secret lui était imposé au sujet des renseignements fournis devant le Conseil de guerre, mais que le maréchal lui permettant de parler, par la lettre qu'il a adressée au maire, voici ce qu'on a su par le général Boyer : les Prussiens auraient enveloppé complètement Paris dans le but de l'affamer; ils auraient eu des succès énormes : Soissons, Schlestadt seraient entre leurs mains. A la tête de 1,200,000 hommes en France, le roi serait décidé à envahir même le Midi pour obtenir les conditions qu'il veut avoir. On a ajouté que le gouvernement de la défense nationale se serait scindé; que des troubles auraient eu lieu dans certaines villes; que Rouen, envahi par des bandes, aurait demandé une garnison allemande. Dans une telle situation et acculés par la famine, avec quatre jours de vivres, que pouvions-nous faire? Je ne connais pas, dit M. le Général, de place qui ait été si près de l'épuisement complet de ses ressources. A Dantzig, continue-t-il, quand le général Rapp se vit réduit à quarante jours de vivres, il fit, le 24 novembre, un traité pour le 1er janvier, et, quatre jours avant l'échéance, le 26 décembre, il rendit la place.

M. Marly prie M. le Général de compléter sa communication en faisant connaître ce qu'il sait des négociations entamées, il y a plusieurs jours déjà, par le maréchal.

M. le Général répond que le général Boyer a été envoyé près

de M. de Bismarck pour essayer de traiter; qu'il lui a été répondu que le roi de Prusse ne savait avec qui traiter; qu'il n'y avait plus, en France, de gouvernement; que M. Jules Favre n'avait fait que des propositions inacceptables; et qu'ainsi le général Boyer n'a pu aboutir à rien. Quant au général Changarnier, il lui a été dit que notre situation était parfaitement connue; que nous étions sans vivres et que nous ne pouvions que nous rendre prisonniers; qu'enfin, on ne ferait de traité qu'en y comprenant la ville et l'armée.

M. de Bouteiller demande qui doit être, dans les négociations aujourd'hui entamées, le défenseur des intérêts de la ville.

M. le Général répond que ce soin lui appartient, mais qu'il recevra volontiers les observations du Conseil.

Jusqu'à présent, dit M. le Maire, le Conseil avait pensé que la ville et l'armée étaient séparées; nous venons, à l'instant, d'apprendre le contraire. Nous ne connaissons pas les stipulations militaires du genre de celle qui va s'accomplir. M. le Général, tout en se préoccupant des intérêts de la place, a, sans doute, songé à ceux de la population civile; la note dont il a parlé et qui est envoyée par lui au quartier général contient, sans doute, des propositions de nature à rassurer et à protéger les habitants. Devons-nous, à côté de cette note, faire aussi des observations? C'est ce que le Conseil se réserve d'examiner.

M. le Général ayant exprimé la pensée que la publicité du procès-verbal de la séance du Conseil fournissait un moyen tout naturel de répandre, dans la population, la communication qu'il vient de faire, M. Rémond fait observer que cette voie serait insuffisante pour avertir les habitants de la ville. Il pense que le général Coffinières devrait s'adresser lui-même à la population et reproduire pour elle ce qu'il vient d'annoncer.

Le Conseil s'associe à ce sentiment, et le général déclare que, dès demain, une proclamation sera faite par lui aux habitants.

M. le Général se retire. Après son départ, M. le Préfet est prié d'accepter la présidence et la séance continue.

La question est posée de savoir si le Conseil fera remettre à M. le général Coffinières une note contenant des propositions à transmettre aux négociateurs pour protéger la population civile.

M. Blondin ne croit pas que le Conseil doive entrer dans cette voie; nous sommes, dit-il, dans une situation qui s'impose; nous subissons la capitulation, nous ne la discutons pas. Restons donc complètement à l'écart, et laissons à M. le Général, auquel la loi confie cette mission, le soin de protéger les intérêts civils..., etc.

M. Worms prévoit, de la part de la population, une émotion très profonde quand les tristes nouvelles que vient d'annoncer le général lui seront connues. Il craint qu'en voyant le Conseil s'occuper des conditions, on ne l'accuse de s'être résigné bien vite à la capitulation et d'en être, en quelque sorte, le complice.

Si nous faisons une note, dit M. de Bouteiller, cette note restera, et qui sait si un jour elle ne sera pas présentée comme un projet de capitulation émanant du Conseil.

MM. Prost et Rémond appuient les observations de MM. Worms et de Bouteiller..., etc.

M. le Maire dit qu'il croit également qu'une note, n'ayant même d'autre but que de réparer les omissions qu'a pu commettre M. le général Coffinières, serait présentée comme ayant un caractère officiel; qu'elle nous ferait sortir de la seule attitude qui nous convienne; qu'elle n'aurait, d'ailleurs, en fait, aucune portée; qu'enfin nous n'avons aucun mandat pour prendre part à des négociations de cette nature.

M. Prost propose d'informer par écrit M. le général Coffinières que le Conseil entend ne s'associer sous aucune forme à la capitulation, laquelle doit conserver son caractère tout militaire.

Le Conseil n'adopte pas cette proposition, par la seule raison qu'il ne veut nullement intervenir, pas même par une simple missive, dans le fait qui s'accomplit.

Après ces observations, le Conseil décide, à l'unanimité,

qu'il ne sera fait aucune note sur les propositions à transmettre par le général commandant supérieur de la place, et M. le Maire est prié de vouloir bien lui porter cette déclaration.

Enfin, le Conseil décide unanimement que le procès-verbal sommaire de la séance de ce jour, dont les termes sont arrêtés, ne sera communiqué aux journaux par le secrétaire qu'après la publication par affiche de la proclamation annoncée pour demain par M. le général Coffinières..., etc.

XLIX.

27 OCTOBRE. — SÉANCE DU CONSEIL MUNICIPAL. — EXTRAIT DU PROCÈS-VERBAL.

Des officiers délégués de la garde nationale font exprimer à M. le Maire le désir d'être entendus par le Conseil. Il est déféré avec empressement à cette demande, et MM. le chef d'état-major et les chefs de bataillons, délégués par le corps d'officiers de la garde nationale, sont introduits.

M. le chef d'état-major Abel dépose sur le bureau du Conseil une pétition revêtue de la signature d'un grand nombre de gardes nationaux et ainsi conçue :

« A Monsieur le Maire, à Messieurs les Membres du Conseil municipal.

« Des bruits de la capitulation de Metz circulent dans notre ville; la garde nationale se déclare péniblement affectée par ces bruits qu'elle aime à croire mal fondés. La garde nationale espère que cette capitulation n'a pas été signée, surtout sans conditions, comme on l'annonce, et elle offre toujours son concours à l'armée pour continuer une défense même désespérée.

« Si la capitulation a été signée, la garde nationale de Metz tient à déclarer qu'elle est restée étrangère même à des pourparlers. Elle se confie dans le patriotisme du Conseil municipal de Metz, pour obtenir et déterminer la réglementation de l'entrée des étrangers dans la Cité. Elle émet le vœu qu'il soit paré au plus tôt aux nécessités de l'hébergement momentané des Prussiens dans nos murs.

(Suivent les signatures.)

« Metz, ce 27 octobre 1870. »

M. Abel expose ensuite qu'en présence des bruits sinistres qui circulent dans la ville et sur lesquels aucune information précise n'est encore donnée, la garde nationale s'est émue et s'est réunie. Elle a formulé plusieurs propositions qu'elle a voulu faire connaître au Conseil municipal, en lui demandant de lui prêter son concours. D'abord, si la résistance est encore possible, la garde nationale reste absolument à la disposition de la défense de la place. S'il en est autrement, et si la défense est désormais impossible, la garde nationale voudrait au moins remettre ses armes avant l'entrée de l'ennemi dans nos murs.

Le Conseil est vivement ému par cette proposition, et tous ses membres expriment leur sympathie pour le sentiment élevé qui l'a dictée.

M. Abel, continuant son exposé, dit qu'une question très grave est l'objet des préoccupations de la population, celle de l'hébergement de l'armée ennemie. Il est à craindre que, si des locaux ne sont pas préparés pour la recevoir, les habitants de la ville ne soient contraints de l'héberger dans leurs demeures, et il pourrait résulter de cette mesure d'incalculables dangers. Or, les casernes et les bâtiments militaires sont occupés aujourd'hui par les blessés et les malades; la garde nationale a exprimé le vœu qu'il soit demandé une évacuation immédiate de ces blessés, afin de laisser les bâtiments qui les renferment à la disposition de l'armée ennemie.

M. le Maire, répondant à cette communication, dit que le Conseil est reconnaissant à la garde nationale de la démarche qui a été faite auprès de lui. La première proposition formulée par M. Abel, et qui a rencontré l'unanime approbation de nos collègues, montre la dignité des sentiments dont les gardes nationaux sont animés et le Conseil s'y associe. Quant aux questions graves qu'a soulevées, en second lieu, M. Abel, elles ont été déjà l'objet de notre attention, et, à cet égard, M. le Maire, pour mettre MM. les Délégués parfaitement au courant des renseignements soumis au Conseil et des idées émises dans son sein, prie le secrétaire de donner lecture du procès-verbal de la dernière séance.

M. Rémond donne cette lecture..., etc.

M. Rémond dit que la résolution, prise hier par le Conseil, de ne donner aucune note se rattachant à la capitulation, doit être maintenue; mais que rien ne s'oppose à ce qu'une communication verbale soit faite à M. le Commandant supérieur; que cette communication pourrait être portée par une délégation du Conseil et de la garde nationale, et comprendre, dans son objet, les deux points dont le Conseil vient d'être touché.

M. Prost appuie cette proposition..., etc.

M. Worms est frappé de la concordance des sentiments qui ont dicté la pétition de la garde nationale et la résolution prise hier par le Conseil. Personne de nous ne peut être taxé d'avoir trempé dans la capitulation. Nous savons tous, d'ailleurs, que nous n'avons pas de droits, ni même de semblants de droits, à faire valoir; nous ne pouvons que présenter des demandes. M. Worms appuie, d'ailleurs, la proposition de démarche collective faite par M. Rémond.

M. Boulangé dit qu'il y a, en effet, quelque chose à faire, non pas au point de vue de la capitulation elle-même, mais au point de vue de son exécution. Il n'est pas indifférent que la remise de la place ait lieu de telle ou telle façon, la nuit ou le jour, avec ou sans précautions. Il faut appeler sur ces points l'attention du général, non par une note écrite, mais par une démarche et une communication verbale.

M. le Maire propose au Conseil de décider que cette démarche sera faite, et, comme les moments sont précieux, qu'elle sera faite immédiatement.

Cette résolution est prise par le Conseil qui délègue, pour

accompagner MM. les Officiers présents à la séance, les membres de l'Administration, le secrétaire et MM. de Bouteiller, général Didion et Prost.

La séance est alors suspendue et reprise au retour de la visite faite à M. le général Coffinières.

M. le Maire rend compte de cette démarche. Le général, dit-il, a fait bon accueil à nos propositions; il s'est longuement entretenu avec nous des détails qu'elles comportent et des observations qu'elles soulèvent. Sur le premier point, il s'est entendu avec M. le chef d'état-major de la garde nationale pour réaliser dès demain la remise des armes dans les arsenaux de la place, et il a annoncé qu'au moment de l'exécution de la capitulation, lorsque son intervention deviendra nécessaire pour la livraison de la place, il veillera avec dévouement à nos intérêts et saura s'inspirer des observations qui lui ont été présentées par nous.

L.

28 OCTOBRE. — SÉANCE DU CONSEIL MUNICIPAL. — EXTRAIT DU PROCÈS-VERBAL.

Pendant cette séance, une certaine agitation s'étant produite autour de l'hôtel de ville, le Conseil juge à propos d'inviter M. le Maire à descendre auprès des groupes qui se sont formés sur la place. M. le Maire, accompagné des conseillers municipaux, se rend en effet auprès des citoyens réunis, pour leur recommander le calme que nécessitent les circonstances douloureuses que nous traversons.

Le Conseil décide, en outre, sur la proposition de M. Geisler, appuyée par M. Blondin, qu'une proclamation sera adressée aux habitants par le Maire et le Conseil municipal.

MM. Prost, Rémond, de Bouteiller, Moisson et Worms sont priés de la rédiger.

Ces Messieurs, s'étant retirés, proposent à leur retour au Conseil la proclamation suivante, dont les termes sont adoptés :

« Le Maire et les membres du Conseil municipal à leurs concitoyens.

« Chers Concitoyens, le véritable courage consiste à supporter un malheur sans les agitations, qui ne peuvent que l'aggraver.

« Celui dont nous sommes tous frappés aujourd'hui nous atteint sans qu'aucun de nous puisse se reprocher d'avoir un seul jour failli à son devoir.

« Ne donnons pas le désolant spectacle de troubles intérieurs, et ne fournissons aucun prétexte à des violences ou à des malheurs nouveaux et plus complets encore.

« La pensée que cette épreuve ne sera que passagère et que nous, Messins, n'avons assumé dans les faits accomplis aucune part de responsabilité devant le pays et devant l'histoire doit être, en ce moment, notre consolation.

« Nous confions la sécurité commune à la sagesse de la population.

« F. Maréchal, *maire;* Boulangé, Bastien, Noblot, Géhin, de Bouteiller, Blondin, Bezanson, Gougeon, Bultingaire, Moisson, Simon-Favier, Marly, Sturel, Geisler, Prost, Worms, Collignon, Rémond, Puyperoux, général Didion, Salmon, Bouchotte, Schneider. »

Le Conseil décide que cette proclamation sera immédiatement imprimée et affichée sur les murs de la ville.

LI.

29 OCTOBRE. — SÉANCE DU CONSEIL MUNICIPAL. — EXTRAIT DU PROCÈS-VERBAL.

A l'occasion des subsistances, M. Worms rappelle au Conseil les services qui ont été rendus par M. Bouchotte. Nous savons tous, dit-il, que notre collègue, en raison de ces services, a été honoré d'une distinction qu'il a cru devoir refuser. Il n'en reste pas moins acquis qu'il en avait été jugé digne; le

Conseil trouvera peut-être opportun de s'associer à cette appréciation.

M. Prost dit que la pensée de M. Bouchotte, en refusant la distinction qui lui était offerte, a été de ne pas tenir une décoration de la main qui a signé la capitulation de Metz. Il demande que cette pensée soit relatée au procès-verbal et que M. Bouchotte en soit félicité.

La double proposition est accueillie à l'unanimité. Le Conseil constate les services qui méritaient à M. Bouchotte la distinction qu'on lui a offerte, et le félicite, en s'y associant, des sentiments qui ont dicté son refus. Un extrait du procès-verbal sera transmis à M. Bouchotte.

LII.

22 JUILLET. — SÉANCE DU CONSEIL CENTRAL D'HYGIÈNE DU DÉPARTEMENT DE LA MOSELLE. — EXTRAIT DU PROCÈS-VERBAL.

Présents : MM. le Préfet de la Moselle, président; Maréchal, maire de Metz, vice-président; Monnard, Scoutetten, Defer, Degott, Berveiller, Dieu, Grellois, Parizot, Duporq et Samson, membres du Conseil; de Bouteiller, député de la Moselle; Ehrmann, médecin en chef de l'hôpital militaire; Perot, sous-intendant militaire; Isnard et Méry, médecins en chef d'armées; Géhin, secrétaire du Conseil.

M. le Préfet annonce que le but de la réunion est d'examiner les propositions faites par l'intendance militaire pour l'organisation d'ambulances et d'infirmeries où seraient reçus les malades de l'armée du Rhin.

M. le Maire fait l'exposé des négociations qui ont eu lieu entre l'intendance et la Commission administrative des hôpitaux civils de Metz. Il termine en disant : « J'ai eu l'honneur
« de conférer de ce sujet avec M. l'Intendant général de l'ar-
« mée et de chercher à lui démontrer l'impossibilité, pour
« les administrations civiles, de prendre à forfait une semblable
« entreprise. Il n'en reste pas moins acquis que toutes feront

« de leur mieux et que, dans les limites du possible, leur con-
« cours est accordé avec le plus patriotique empressement.
« J'ai rappelé enfin à M. l'Intendant général qu'en 1814 il y a eu,
« à Metz, neuf mille décès militaires et quinze cents décès civils
« occasionnés, en partie, par l'encombrement des malades. Il
« faut donc profiter des expériences si chèrement acquises à
« Metz, en Crimée, en Italie, et chercher à utiliser ce qui a si
« admirablement profité en Amérique lors de la guerre de
« sécession..., etc. »

M. le Maire donne ensuite quelques détails sur ce qui pourra
être fait, à Metz, pour l'installation des ambulances.

M. Grellois dit qu'il y a de très graves inconvénients à
accepter l'offre faite par l'Administration des hospices de Metz
de disposer, pour les blessés, 75 à 80 lits dans le rez-de-chaussée de l'hôpital Bon-Secours. Cette proposition doit être
repoussée, d'abord à cause du peu de ressources que le local
peut présenter, ensuite par la considération de l'encombrement qui devra en résulter pour l'hospice Saint-Nicolas et,
enfin, en raison du voisinage des malades de Bon-Secours.
Aux bâtiments dont a parlé aussi M. le Maire, pour l'organisation des ambulances, on pourrait ajouter, peut-être, l'École
d'application, qui permettrait d'installer environ 140 lits pour
des officiers. La seule solution pratique et efficace consiste dans
la construction de baraques isolées pouvant contenir de 40 à
50 lits et placées soit au Ban-Saint-Martin, soit en Chambière.
Il ne faut pas songer à des tentes[1], à moins, toutefois, qu'on
ne fasse usage des tentes doubles, mais celles-ci sont trop
encombrantes et surtout d'une installation trop dispendieuse.

Comme médecin en chef de l'hôpital militaire, M. Ehrmann
a eu l'occasion d'étudier la question sous toutes ses faces, de
visiter les locaux et les terrains, et il en est arrivé aux appréciations suivantes : L'hôpital militaire peut recevoir 850 malades, dont 4 à 500 nouveaux; le bâtiment des tabacs pourrait

---

1. Plus tard cependant, en raison des nécessités de la situation,
M. Grellois dut faire installer les tentes de l'Esplanade et du Saulcy.

en loger 450, le séminaire de Montigny 120, Saint-Clément 120, la caserne du génie 450, mais tout cela réuni ne forme que 2,000 lits, et il en faut de 4 à 5,000. M. Ehrmann repousse le lycée à cause des conséquences ultérieures; le séminaire comme manquant d'air et de lumière; le marché couvert comme trop au centre de la ville et plusieurs autres établissements proposés, pour le même motif, ou pour insuffisance ou mauvaise installation. Il faut donc avoir recours à une installation provisoire et sans hésiter il faut en arriver à faire ce que l'expérience a mis hors de conteste, ce qui a si bien réussi dans la guerre d'Amérique, et déjà même dans la guerre d'Italie; c'est la construction de baraques pouvant contenir de 40 à 50 lits, disposées parallèlement ou autour d'un centre commun où se trouvent les bureaux, les cuisines, la pharmacie, etc., tandis qu'aux extrémités se trouvent les services gênants pour la salubrité. Des baraques construites suivant un modèle que M. Ehrmann fait passer sous les yeux du Conseil (brochure publiée en 1870 par le Dr Stromayer, de Berlin) offriraient toutes les conditions d'aération, de destruction facile en cas d'invasion du typhus, d'accroissement successif à mesure des besoins, etc., etc. L'emplacement le plus convenable serait la plaine du Ban-Saint-Martin, où 6,000 hommes viennent de camper très à l'aise pendant quelques jours. Voilà pour l'installation matérielle à laquelle il convient de songer immédiatement. Quant au service, il faut absolument qu'il reste concentré dans des mains fermes et actives. Il faut, de toute nécessité, une unité de vue pour l'organisation générale. Si le concours moral des sœurs de charité, celui des femmes en général peuvent être pris en très grande considération, il ne faut pas trop y compter pour un service chargé et continu.

M. Perot ne voudrait pas voir la question se déplacer; ce qu'il était d'abord chargé de demander, c'est si la ville de Metz pouvait, comme vient de le faire la ville de Nancy pour 1,500 lits, se charger du service absolu d'un nombre déterminé de malades, dans le cas où elle ne voudrait pas le faire pour les 4 ou 5,000 qui sont prévus, de manière à laisser l'intendance militaire entièrement libre de porter toutes ses ressources dans la direction de l'armée. On a parlé de la caserne du génie, mais il ne sait pas si l'administration militaire y consentirait; car, en cas de siège, cette caserne étant voûtée serait le seul refuge où des hommes fatigués par le service pourraient trouver un repos nécessaire. — Dans le cas où le système de baraquement proposé serait adopté, il faudrait d'abord savoir si le Ban-Saint-Martin peut être mis à la disposition du service d'ambulance, et si, à son défaut, les terrains de Chambière, sur lesquels se trouvait la pyrotechnie, pourraient être utilisés de cette façon, ainsi que les bâtiments abandonnés qui s'y trouvent et qui pourraient rapidement être appropriés. Mais, dit encore M. Perot, ce ne sont pas là les dispositions qui nous conviendraient le mieux; ce que nous cherchons, c'est notre plus grande liberté d'action, laquelle n'existe plus si nous devons conserver à Metz un personnel médical et administratif suffisant pour la bonne direction des services. Il ne faut pas non plus se préoccuper de ce qui arriverait si Metz était assiégé, car alors on évacuerait les malades du dehors et il n'y resterait plus que ceux de la place, lesquels trouveraient facilement à se loger dans les bâtiments visités par M. Ehrmann et dont il vient d'apprécier la valeur. Il est bon de dire, enfin, qu'il est arrêté qu'au fur et à mesure que les malades pourront voyager ils seront dirigés, par chemin de fer, dans l'intérieur de la France, et que ceux qui seront entrés en convalescence et qui pourront se passer de soins médicaux réguliers seront évacués dans les campagnes environnantes.

M. Scoutetten insiste pour que le marché couvert soit affecté au service des malades. Le froid n'y est pas à redouter, car ce n'est pas là ce qu'il y a de plus nuisible aux blessés. Si, comme on vient de le dire, le nombre des bâtiments dont on peut disposer est insuffisant, notre honorable collègue n'hésite pas à proposer la construction de tentes en toile pour y loger les malades. Il a expérimenté ce système sur une large échelle en Crimée, et cette installation lui a paru préférable à celle des baraques qui paraissent cependant avoir la préférence des honorables préopinants.

M. Maréchal repousse, comme MM. Ehrmann et Grellois, l'appropriation du marché couvert, et cela par les raisons qui ont déjà été données, et aussi parce qu'il est tout à fait inopportun, en raison des habitudes qui tiennent à l'alimentation de la ville. Prendre le marché couvert pour un service quelconque, c'est d'abord s'imposer de nombreuses indemnités envers les locataires dépossédés, c'est ensuite changer leurs habitudes et nuire ainsi à l'approvisionnement de la ville, alors que celui-ci devient à la fois plus difficile et plus nécessaire; c'est enfin obliger la ville à installer les marchés dans des lieux qui recevront peut-être d'autres destinations. Ainsi que le propose M. le Médecin en chef de l'hôpital militaire, le baraquement convenablement installé et muni d'un système suffisant de ventilation lui paraît pouvoir répondre à tous les besoins..., etc. Nous pouvons et nous devons nous mettre immédiatement à l'œuvre, mais il faut que toutes ces questions d'emplacement et d'aménagement soient préalablement résolues par l'autorité militaire. Le Conseil municipal va en délibérer demain et, aussitôt après, le Comité d'hygiène pourra être réuni et arrêter la marche à suivre pour créer les services réclamés par l'intendance militaire.

M. Méry se prononce carrément pour la construction de baraques au Ban-Saint-Martin. L'expérience n'est plus à faire. En Crimée, les Anglais avaient des baraques, petites, légères et très nombreuses, et c'est à peine s'ils ont eu 30 ou 40 typhoïques; les Français avaient des tentes de toutes sortes, et c'est par milliers que leurs malades mouraient du typhus. C'est donc, aujourd'hui, une affaire jugée; autant que possible il ne faut pas d'agglomération dans des bâtiments, prohibition absolue des tentes et construction de baraques suivant le système américain proposé par M. Ehrmann.

M. Grellois dit que nous avons encore trois mois de belle saison, les premières baraques peuvent être construites légèrement, sauf à leur donner plus tard le complément qui sera jugé nécessaire. Comme M. Ehrmann, il est d'avis qu'il faut un service bien organisé et une main ferme pour en diriger toutes les parties. Il ne faut compter que pour mémoire le dévouement des personnes étrangères aux services des hôpitaux; leur zèle dure peu et leur empressement crée, bien souvent, des embarras[1]. Dans les premiers moments on aura peut-être un peu de difficulté, mais au bout d'un mois on trouvera facilement, dans l'armée, des hommes n'ayant que des blessures légères ou déjà en pleine convalescence et qui ne demanderont pas mieux que de faire le service d'infirmiers. Il faut donc que l'intendance organise entièrement ces services, sauf à recevoir de l'administration civile le complément le plus étendu, afin de lui laisser, autant qu'il se pourra, son personnel disponible pour les autres ambulances.

M. Isnard a été chargé, lors de la campagne d'Italie, du service général des hôpitaux de Brescia, ville qui, moins importante que Metz, a néanmoins beaucoup d'analogie avec notre cité. Là il a acquis une expérience dont il est bon de citer quelques exemples très utiles à mettre à profit. Brescia avait un hôpital central et quatre ou cinq petits hôpitaux; tous les services avaient été disposés pour recevoir douze cents malades et, dès la première affaire, il en est arrivé cinq mille; en quelques jours il y en avait douze mille. On a été débordé de toute façon; toutes les prévisions étant mises en défaut, on a couru au plus pressé et une grande partie des malades a été placée dans les églises, dans les casernes, chez les habitants, etc., partout enfin où l'on a pu. La mortalité a été considérable, dans les églises elle était effrayante et il a fallu les évacuer aussitôt; c'est pour ces motifs qu'il repousse entièrement les églises comme devant servir à faire des ambulances. La population de Brescia a été admirable de dévouement : en une

---

1. Cette opinion, déjà exprimée plus haut par M. le docteur Ehrmann, a été réfutée par les faits ultérieurs de la manière la plus honorable pour la population en général et particulièrement pour les femmes de Metz.

nuit elle a procuré 1,200 lits, mais les femmes qui s'étaient proposées pour faire un service d'infirmerie n'ont causé que des embarras, et il a fallu les expulser des salles de blessés. Dans ces sortes d'affaires, il n'y a que des hommes qui puissent être utilisés convenablement. Au bout de quelques jours il a fallu descendre les malades dans les cours pour leur faire respirer un air non infecté. On s'est mis à construire des baraques, on a évacué tous les convalescents, et c'est à partir de ce moment que la mortalité a cessé et que l'état sanitaire s'est amélioré au point qu'il n'y a pas eu de typhus, car il est bon d'insister sur ce point qu'on n'a pas le typhus quand on sait éviter l'encombrement. Les baraques contenaient de 40 à 50 malades, et elles ont rendu un immense service aux blessés dirigés sur Brescia. — Une autre observation importante concerne la direction à donner, à leur arrivée, aux malades. A Metz, ceux-ci vont entrer par une ou par plusieurs portes, il faut de toute nécessité qu'il y ait à chacune d'elles un médecin chargé d'examiner les arrivants et de les diriger vers l'hôpital ou vers la baraque qui sera affectée à la maladie dont ils seront reconnus atteints. Sans cette précaution préliminaire, il y aura de l'encombrement et une confusion préjudiciable aux malades et aux services généraux. — Enfin, dit M. Isnard, il faut aussi profiter des expériences faites en Crimée et en Italie, lesquelles sont relatives à la nationalité des blessés recueillis dans les hôpitaux. Au premier aperçu, il semble naturel de chercher à séparer les Français et les Prussiens, afin d'éviter des rixes ou des querelles préjudiciables à l'ordre, à la discipline et aux malades eux-mêmes. C'est cependant tout le contraire qu'il faudra faire, car, dans nos hôpitaux, nos Français sont admirables de résignation, de dévouement, d'entrain et de gaîté, et, bien des fois, c'est à ces précieuses qualités que l'on a dû de sauver des malades et de conserver le moral et le courage des blessés russes, italiens ou autrichiens. Autant que possible, cependant, les officiers devront être séparés, mais c'est là toute la distinction qu'il importe de faire. En résumé, dit M. Isnard en terminant, unité de direction, le moins d'agglomération possible, séparation dès le début des diverses affections, baraquement suivant le système américain et évacuation sur la plus large échellle des malades pouvant supporter le voyage et des convalescents ne réclamant plus que des soins hygiéniques.

M. Defer : On parle de l'unité dans le service et d'une direction donnée aux soins médicaux, mais il ne faut pas oublier qu'il y a des médecins civils ayant des services réguliers, et il ne paraît pas possible de leur faire accepter la position qu'on semble leur préparer..., etc.

M. Parizot juge encore nécessaire que l'on se préoccupe de deux services également indispensables, celui des inhumations et celui de la concentration des secours de toute nature qui pourront être adressés de tous les points de l'Empire ou organisés à Metz..., etc.

M. le Préfet croit que tous les côtés de la question ont été examinés et que tout le monde paraît d'accord sur les points suivants :

1° Utiliser d'abord les bâtiments reconnus convenables par M. le Médecin en chef de l'hôpital militaire, à savoir : l'hôpital militaire pour 4 à 500 malades nouveaux; le bâtiment des tabacs, à demander à l'administration des finances, pour 450 malades; le petit séminaire de Montigny pour 120 lits; peut-être encore l'École d'application, le grand séminaire, la caserne du génie, etc.;

2° Laisser à l'intendance militaire le soin d'organiser les services généraux, sauf à recevoir de la municipalité le concours le plus étendu en médecins, en infirmiers, en ouvriers pour le baraquement, la literie, la centralisation et la répartition des secours, etc.;

3° Négocier au plus tôt avec l'administration militaire pour savoir quels sont les terrains qu'elle met à la disposition du Comité pour la construction des baraques;

4° Prier M. le Maire de convoquer immédiatement le Conseil municipal pour lui demander les crédits nécessaires pour faire, à l'administration de la guerre, les avances indispensables pour l'organisation des services qui vont lui être confiés;

5° Enfin se mettre à l'œuvre aussitôt ces questions résolues, car les moments sont comptés et d'un jour à l'autre nous pouvons être pris au dépourvu.

Ces conclusions sont adoptées et la séance est levée.

LIII.

31 AOUT. — SÉANCE DU CONSEIL CENTRAL D'HYGIÈNE DU DÉPARTEMENT DE LA MOSELLE. — EXTRAIT DU PROCÈS-VERBAL.

Présents : MM. le Préfet de la Moselle, président; Maréchal, Monnard, Scoutetten, Defer, Berveiller, Grellois, Dieu, Parizot, Duporq, Samson, membres du Conseil; Perot, sous-intendant militaire; Isnard et Méry, médecins principaux; Géhin, secrétaire du Conseil.

M. le Préfet donne lecture du rapport adressé à M. le Maire de Metz par M. Geisler, conseiller municipal, chargé de la surveillance de l'ambulance du Saulcy. Dans ce rapport sont signalés les graves inconvénients qui se sont révélés dans l'installation et le régime actuel de cette ambulance[1]. C'est, ajoute M. le Préfet, pour répondre au vœu exprimé par M. le Maire de Metz qu'il a convoqué extraordinairement à cette occasion le Conseil central d'hygiène..., etc.

Comme membre du Conseil central et surtout comme inspecteur des hôpitaux de Metz, M. Grellois demande à répondre à diverses assertions contenues dans la lettre dont il vient d'être donné lecture..., etc. En remontant à l'origine de l'ambulance du Saulcy il faut se reporter au 17 août, c'est-à-dire au lendemain de la bataille de Gravelotte; en ce moment la ville de Metz renfermait déjà 6,000 blessés et 4,000 nouveaux étaient annoncés pour le soir; il a donc fallu faire vite. Après

---

1. Voir le procès-verbal de la séance du 30 août du Conseil municipal (Append. XXXV).

avoir examiné, sur les lieux mêmes, tous les emplacements propres à établir, hors de l'enceinte de la ville, une ambulance nouvelle, M. le Général commandant le génie de la place a décidé que l'île du Saulcy était le seul emplacement dont on pût disposer encore sans nuire aux nécessités de la défense. — Dans l'intérieur de la ville on a proposé d'utiliser les magasins d'artillerie de la place Saint-Thiébault et ceux de la rue des Prisons-Militaires; mais ces locaux, ayant été visités, ont été trouvés obscurs, mal aérés, encombrés de matériel et peu propres à recevoir des malades..., etc. On a donc placé environ 3,000 blessés, plus ou moins gravement atteints, sous des tentes dressées dans l'île du Saulcy. Quant aux autres malades, fiévreux, typhoïques ou varioleux, il n'y a pas eu de choix de fait; mais comme les arrivants n'avaient pas reçu de soins depuis deux, trois, quatre et même cinq jours, il s'en est trouvé un plus grand nombre proportionnellement atteints de ces affections contagieuses. D'ailleurs, continue M. Grellois, depuis quelques jours tous les varioleux ont été concentrés dans l'un des bâtiments de la manufacture des tabacs et il est tout à fait inexact de dire qu'on ait envoyé au Saulcy les plus infectieux des malades des autres ambulances. Une installation aussi rapide et si peu prévue a certainement laissé quelque chose à désirer dès le début; mais, en ce moment, le service médical est assuré et le matériel est aussi complet que partout ailleurs. On a aussi parlé de malades baignés dans l'eau, lors de l'averse du 20 août; mais là encore il y a une grande exagération, car une enquête a eu lieu dès le 21 au matin et les malades ont reconnu qu'ils n'avaient pas été ni aussi complètement, ni aussi généralement mouillés qu'on l'avait dit..., etc. Enfin, dit M. Grellois en terminant, on a parlé de déjections dysentériques versées dans la Moselle. Que des faits de cette nature se soient accidentellement produits dans les premiers jours, c'est possible; mais alors on ne puisait pas l'eau dans la Moselle pour alimenter la ville de Metz, et depuis une consigne sévère a interdit les approches de la rivière..., etc.

M. le sous-intendant confirme les renseignements fournis

par M. Grellois. Il ne croit plus à la possibilité de transporter les malades de l'ambulance du Saulcy dans les locaux de la ville dont il a été question, ni au Polygone de Chambière, dans de nouvelles baraques à construire, ni dans le fort Miollis, M. le commandant supérieur du génie ayant formellement refusé tout autre emplacement que celui qui a été adopté le 17 août..., etc.

M. Géhin croit aussi qu'il y a de l'exagération dans quelques parties de la lettre qui est soumise à l'examen du Conseil. Il a visité très attentivement les lieux et les tentes de l'ambulance du Saulcy, et voici ce qu'il a constaté aujourd'hui même. Et d'abord il est loin de partager la satisfaction de M. le Médecin inspecteur et celle de M. le sous-intendant. Certainement il y a plus de 200 mètres entre le point où se vident les déjections dans la Moselle et celui où, près de la place des Roches, fonctionnent les pompes de la ville depuis la coupure de l'aqueduc de Gorze; sans doute aussi les vents régnants à Metz sont ceux du sud-ouest et du nord-ouest, surtout en cette saison, et ni les uns ni les autres ne portent sur la ville les émanations du Saulcy; mais il n'en est pas moins vrai que toute cette ambulance laisse considérablement à désirer. Ainsi, à part l'emplacement du manège de l'École d'application, qui ne semble pas trop mauvais, tous les terrains environnants sont fangeux, peu perméables, composés en grande partie de décombres rapportés de la ville. On a placé sur ces terrains les tentes sans ordre ni discernement; les malades y sont très mal installés et ne témoignent nullement la satisfaction dont on a parlé. A côté du terrain si malencontreusement choisi, se trouvent des jardins dont le sol naturel, perméable, en pente, bien exposé, convenait on ne peut mieux pour y établir des tentes; pourquoi a-t-on réservé ces terrains? Rien ne semble l'indiquer. On a aussi parlé d'une consigne sévère pour empêcher les hommes d'aller sur les bords de la Moselle; cette consigne n'est pas exécutée, je l'ai vu violer en plein midi, et à trente pas du seul factionnaire chargé de la faire respecter, par deux malades non dysentériques..., etc. Quant au service médical : il est vrai que dans la journée du 30 ce service a été fait dans l'après-midi par des chirurgiens appartenant à l'armée qui campe devant Metz; mais depuis il n'a plus été fait que par les médecins attachés à l'ambulance du Saulcy; or, de ces *trois* médecins, deux sont malades et l'autre a fait seul le service pendant le jour et pendant la nuit! Avec la meilleure volonté du monde, on ne saurait considérer comme suffisant un pareil service quand il s'agit de 900 à 950 malades. — Abandonnant l'ambulance du Saulcy, M. Géhin constate que les vents régnants à Metz en cette saison sont ceux du sud-ouest; or, la ville de Metz se trouve précisément sous ce vent après qu'il a passé sur l'Esplanade, le palais de justice, l'École d'application, la caserne du génie, l'évêché, la maîtrise, etc., bâtiments qui sont tous encombrés de malades; il y a donc là une situation fâcheuse, et il proteste contre le projet de placer de nouveaux malades dans les wagons disposés sur la place Royale..., etc. Si, enfin, on prend en considération le nombre des ambulances qui existent à Metz, on est frappé de n'en trouver, en dehors de l'hôpital militaire, que six établies dans les bâtiments de l'administration de la guerre, tandis qu'il y en a dix-neuf dans les maisons religieuses, quatorze dans celles des administrations civiles et sept dans des maisons particulières [1].

M. Grellois reconnaît qu'il y a quelque chose de fondé dans les observations qui précèdent, mais, pour lui, il ne saurait en prendre la responsabilité. L'administration supérieure a décidé, et si les locaux et le personnel ne sont pas suffisants, il faut faire la part de l'imprévu, de la nécessité, des besoins de la défense et de ceux des services généraux..., etc.

M. Isnard veut bien reconnaître qu'en général les ambulances sont installées dans d'aussi bonnes conditions que possible, mais au Saulcy il est loin d'en être ainsi. Il y a là un mélange peu rationnel de typhoïques, de dysentériques, de blessés et de fiévreux qu'il serait facile de modifier en mettant

1. Voir la note consignée plus loin (Append. LXVI).

au Polygone les malades auxquels les tentes conviennent moins qu'aux blessés..., etc.

M. Maréchal regrette que les nécessités de la défense aient amené successivement, pour le service des ambulances, l'exclusion des locaux environnant la ville, et qu'il en soit ainsi résulté un encombrement général et l'absorption successive de presque tous les bâtiments départementaux et municipaux, tandis que l'administration de la guerre en possède encore qui, suivant l'avis d'hommes compétents, pourraient être utilisés pour cet objet. Comme M. Isnard, il regrette aussi qu'on n'ait pas continué la construction des baraques en Chambière; car, d'après les résultats obtenus jusqu'ici, il est permis de penser que les malades seraient mieux là que partout ailleurs, ce qui éviterait pour l'intérieur de la ville le fâcheux état de choses qui existe aujourd'hui..., etc.

LIV.

26 SEPTEMBRE. — ADRESSE A M. LE MAIRE DE METZ. — SITUATION DE LA VILLE ET DE L'ARMÉE.

Monsieur le Maire, nous avons accueilli avec gratitude l'expression de la patriotique confiance que vous mettez en nous. C'est pour y répondre que nous oserons aujourd'hui appeler votre attention sur la situation de notre ville. Il vous sera permis, à vous, le représentant naturel et respecté d'une vieille cité qui veut rester française, de faire, à cette occasion, telle démarche que vous jugerez nécessaire, et de parler avec la franchise et la simplicité que commandent les circonstances.

Il ne nous appartient pas de rappeler tout ce qu'a fait notre ville depuis le début de la guerre; ce n'est point d'ailleurs pour marchander son concours que nous le rappellerions ici. Nous avons la confiance que son patriotisme croîtra en raison même des épreuves qui peuvent nous attendre encore. Mais il est des difficultés qu'il est bon de prévoir puisque le temps ne fait que les accuser davantage, et que, dans une certaine mesure, nous pensons qu'on peut y pourvoir.

Nous croyons que l'armée rassemblée sous nos murs est capable de grandes choses, mais nous croyons aussi qu'il est temps qu'elle les fasse. Chaque jour qui s'écoule amènera pour elle et pour nous des difficultés nouvelles. Faute de nourriture, ses chevaux, réduits à l'impuissance, paralyseront peu à peu ses mouvements et disparaîtront bientôt. Le froid, la pluie peuvent encore entraver toute opération et amener un cortège de maladies plus redoutables peut-être que les blessures. Avec le temps aussi, et malgré la plus sage réglementation de nos vivres, la faim, mauvaise conseillère, peut égarer les esprits peu éclairés, dans la ville et dans les camps, et occasionner des conflits terribles que le patriotisme lui-même sera peut-être impuissant à conjurer.

Nous croyons qu'il est temps d'agir, parce que l'insuccès lui-même vaut mieux que l'inaction, parce que tous les moments sont comptés, parce que, sans pouvoir discuter ni même indiquer des opérations militaires, le simple bon sens nous montre clairement que des entreprises énergiquement et rapidement conduites, avec l'ensemble de forces dont on dispose, peuvent amener des résultats considérables, peut-être même décisifs.

Laisserons-nous venir le jour où, après avoir fermé les yeux, il faudra reconnaître que les retards nous ont été funestes et ont eu des conséquences irréparables? Certes, toute tentative est périlleuse, mais, avec le temps, le péril sera-t-il moindre? Quels secours attendons-nous d'ailleurs? Est-ce la question politique qui se mêle à tort à la question militaire et qui commande ces lenteurs? Dira-t-on que c'est à Paris que notre sort doit se décider? Vous ne le penserez pas, Monsieur le Maire, et, avec toute l'énergie que vous donne une autorité que vous tenez de tous, vous direz comme nous que c'est à Metz, avec les ressources existant à Metz, et sous Metz, que doivent se régler les destinées de notre ville. Pour celles de la France, il ne nous appartient pas, il n'appartient à personne, ni à un parti, ni à un homme de les régler dans le secret! C'est au grand jour et pacifiquement que le scrutin auquel nous avons été conviés pourra seul en décider. D'ici là, quelle plus noble ambition que de sauver notre pays, de prêter la main aux luttes grandioses que soutient notre capitale et d'imiter l'héroïsme de Strasbourg!

Nous avons la confiance que toute démarche tentée par vous répondra à des conseils déjà formés dans le silence, et que, s'inspirant de la grandeur d'une situation peut-être unique dans l'histoire, le commandement aura cette autorité et cette décision qui s'imposent et qui produisent les victoires.

Qu'on pardonne donc, s'il en est besoin, à la franchise de notre langage : il n'y a dans notre pensée ni désir déplacé d'ingérence, ni récrimination ; il n'y a pas surtout le dessein de froisser des sentiments qui méritent le respect. Mais nous devons tous nous rapprocher aujourd'hui ; c'est parce que nous voulons que l'armée et la population soient intimement unies, c'est parce que nous croyons que cette union peut amener de grandes choses que nous vous adressons cet appel.

Il nous a semblé que nous avions le devoir d'élever notre voix, parce qu'elle vous apporte dans sa sincérité le reflet des légitimes passions qui agitent notre population, parce qu'elle dégage notre responsabilité et satisfait un patriotisme résolu à tous les sacrifices. Si dures que soient les exigences de la situation, vous savez bien, Monsieur le Maire, que notre ville les supportera, et vous avez le droit de le dire, puisqu'elle ne veut pas être la rançon de la paix, et, qu'après le long passé d'honneur qu'elle trouve dans ses annales, elle ne veut pas déchoir.

Veuillez recevoir, Monsieur le Maire, l'expression de notre respectueux et entier dévouement. (Suivent les signatures[1].)

---

1. Pour faire parvenir sans retard cette adresse à sa destination et dans l'impossibilité de la publier d'avance par la voie des journaux, on dut se borner à se la passer de main en main. En moins de deux jours

LV.

30 SEPTEMBRE. — ENTRETIEN DE M. LE MARÉCHAL BAZAINE AVEC M. LE MAIRE DE METZ. — NOTE DE M. F. MARÉCHAL, MAIRE DE METZ.

Le vendredi, 30 septembre 1870, à une heure après midi, je me rendis au quartier général du Ban-Saint-Martin pour communiquer au commandant en chef de l'armée du Rhin une adresse[1] portant environ 750 à 800 signatures de gardes nationaux et habitants de la ville et dont la remise m'avait été faite dans la matinée du même jour par MM. Émile Sturel, conseiller municipal, et Émile Michel, membre de l'Académie, en me laissant toute liberté de faire de ce document l'usage qui me paraîtrait convenable.

En arrivant, je rencontrai le général Coffinières de Nordeck, qui attendait, dans l'allée du jardin conduisant au vestibule de cette résidence, le départ du maréchal Le Bœuf en conférence, en ce moment, avec le commandant en chef de l'armée.

Si vous avez l'intention, M. le Maire, me dit le général, en venant faire visite au maréchal Bazaine, de lui parler de l'adresse qui, depuis deux ou trois jours, circule et récolte des signatures en ville, il faut user de ménagement, en raison de l'immense responsabilité qui pèse sur lui et des anxieuses préoccupations dont il est accablé.

On comprend facilement, répondis-je au général, les perplexités de la situation, et, bien qu'à mon sens un maréchal de France, commandant en chef une armée, soit, par le fait même de cette position élevée, le plus juste appréciateur des devoirs et des déterminations qui lui incombent, on peut,

---

elle reçut ainsi l'adhésion de près de 800 signatures d'habitants de Metz, appartenant aux opinions politiques et aux conditions sociales les plus diverses. Le peu de temps qui a suffi pour les réunir, leur nombre et leur rapprochement dispensent de tout commentaire.

1. C'est le document donné ci-dessus (Append. LIV).

dans une conversation, et tout en ménageant une susceptibilité fort respectable, ne pas laisser ignorer à celui qui a le plus d'intérêt à les bien connaître les manifestations de l'opinion publique.

A ce moment, l'officier de service nous avertit que le maréchal était libre et prêt à recevoir le commandant supérieur et le maire de Metz.

Le maréchal vint courtoisement au-devant de nous, et reprenant la place qu'il occupe habituellement dans un des angles du salon, à une petite table de travail, il me fit asseoir à sa droite. Dès que j'eus exposé l'objet de ma démarche, fixant son regard sur le cahier assez volumineux formé de l'adresse et des feuilles de signatures dont j'étais porteur, il avança lentement la main, comme pour en arrêter l'exhibition ou la lecture, et le dialogue suivant s'engagea entre Son Excellence et moi, sans que M. le général Coffinières y prît aucune part :

Le Maréchal. — Je connais, M. le Maire, cette adresse; on m'y fait un reproche de mon inaction sous les murs de Metz, et on exprime le désir de voir l'armée rompre, par un effort vigoureux, le cercle de fer qui enserre le camp et la ville. Soyez persuadé que le campement actuel n'est pas de mon choix; on me l'a assigné, en me déclarant que l'on considérait son abandon comme compromettant pour la dynastie. J'eusse préféré, et M. le Général ici présent le sait parfaitement, l'établir sur les plateaux de Haye[1], dans le triangle formé par les

---

[1]. On comprend l'importance de ce témoignage, fourni par le maréchal Bazaine lui-même, sur les considérations qui ont décidé de la désastreuse immobilisation de l'armée sous les murs de Metz. La fidélité avec laquelle ces indications ont été rendues par l'honorable et regretté maire de Metz est suffisamment garantie par le caractère de l'homme qui nous les a transmises. Il n'est cependant pas sans intérêt de montrer leur accord avec les paroles suivantes prononcées à l'Assemblée nationale de Versailles par le général Changarnier, dans la séance du 29 mai 1871 : « Un grand dessein avait été conçu : 200,000 hommes devaient être con- « centrés au plateau des Haies (*sic*), entre Nancy et Toul; il eût été dif-

deux routes d'Allemagne, d'où l'on peut si facilement porter des corps de troupe sur les rives droite et gauche de la Moselle.

Journellement je reçois des lettres anonymes ou pseudonymes dans le sens de l'adresse en question et insistant plus ou moins énergiquement sur la nécessité d'une trouée. Comme si nous n'avions pas eu déjà, dans le but de s'y préparer et de la tenter, plusieurs affaires importantes et des combats fort meurtriers, récemment encore à Ladonchamps, où tout le résultat obtenu, on le sait, s'est borné à la possibilité d'amener au camp quelques voitures de denrées fourragères et autres.

Connaissant la bravoure des corps placés sous mon commandement, et bien que leur effectif actuel dût être ramené, approximativement, de 100 à 75, en raison des maladies et des combats antérieurs, j'arriverais cependant, je n'en doute pas, à faire cette trouée, à la condition toutefois d'y sacrifier beaucoup de monde, et, comme première conséquence inévitable, d'envoyer dans vos ambulances et hôpitaux de Metz 5 à 6,000 blessés en plus des 18 à 20,000 qui s'y trouvent en ce moment. Le nombre de nos chevaux, bien que réduit considérablement par les besoins journaliers de l'alimentation de l'armée et de la ville, pourrait, je pense, suffire au service de la cavalerie et à celui de l'artillerie, mais on ne saurait compter sur eux pour le transport du matériel, des vivres, et, en un mot, de tout ce qui est indispensable à une armée arrivant dans une contrée ravagée et ruinée par l'ennemi. On doit aussi s'attendre à voir le cercle de fer, bien que rompu sur un point, se reformer de manière à serrer la place de plus près; enfin ne faut-il pas, préalablement, être bien fixé sur la direction que devra suivre l'armée, afin de pouvoir aider efficacement à la défense du pays, ce que rien n'indique en ce moment.

« ficile de les expulser de là; les déborder en leur prêtant le flanc eût
« été très périlleux. *Pour des raisons dont je ne veux pas ici discuter*
« *la puissance*, ce projet ayant été abandonné..., etc... » (*Note de la seconde édition.*)

Deux lettres, anonymes il est vrai, me sont parvenues ce matin même, l'une dont je vous fais grâce, parce qu'elle ne contient que des invectives, — on m'y traite de lâche, etc., etc.; — l'autre, écrite en fort bons termes et de la main d'un homme qui, évidemment, n'est pas sans quelques connaissances de l'art militaire. Voici les deux propositions dans lesquelles elle se résume : 1° *Marcher droit à l'ennemi, l'attaquer vigoureusement à l'arme blanche et à la baïonnette;* 2° *Conduire l'armée du Rhin vers les hauteurs de Saverne, afin de la mettre en situation de secourir l'Alsace et notamment Strasbourg.* La partie serait trop belle, M. le Maire, s'il était possible de s'aborder ainsi, de se prendre corps à corps et s'il ne fallait pas, avant d'en venir à la baïonnette, traverser les lignes de feu d'une formidable artillerie, rendant illusoires, aujourd'hui, bien des manœuvres de guerre usitées autrefois. Quant à la direction stratégique proposée par l'auteur de la lettre, il n'y a plus à s'y arrêter ni à la discuter; évidemment, il ignorait et probablement il ignore encore qu'une brèche aux remparts de la citadelle ayant obligé Strasbourg à capituler, les troupes allemandes sont entrées dans la ville, mercredi dernier, et en ont pris possession.

Le Maire. — Je n'ai, certes, pas eu la prétention, M. le Maréchal, en vous demandant de me faire l'honneur de me recevoir, de discuter des opérations militaires sur le mérite desquelles je dois, consciencieusement, m'empresser de déclarer mon incompétence; mais, en venant communiquer l'adresse au commandant en chef de l'armée, j'ai pensé qu'il était de mon devoir de lui donner l'assurance que les nombreuses et honorables signatures dont elle est couverte émanent de la partie virile de la population et principalement de cette garde nationale, si remarquable par son organisation spontanée et sa rapide instruction, sous la seule impulsion du civisme qui l'anime. Puisque la teneur de cette manifestation, provoquée par les circonstances critiques et périlleuses du moment, vous est connue, Votre Excellence peut être assurée également qu'elle est l'expression fidèle de l'énergique patriotisme de mes concitoyens et de leur ardent amour pour la mère patrie.

Le Maréchal. — Croyez bien, M. le Maire, que je n'ai jamais douté du courage des Messins et de leur dévouement à la nationalité française; ils en ont donné la preuve dans de bien mémorables circonstances, et lorsque je considère avec quel louable empressement toutes les classes de la population rivalisent de zèle pour porter dans les ambulances et les hôpitaux des secours et des consolations aux malheureux blessés et malades qui les encombrent ainsi qu'à tous ceux recueillis dans un grand nombre de maisons particulières, je suis profondément pénétré d'admiration et de reconnaissance pour vos administrés.

Le Maire. — Avant de rentrer en ville et d'y reporter la douloureuse impression que je viens d'éprouver à la nouvelle du désastre de Strasbourg, encore ignoré, permettez-moi d'exprimer un regret, généralement partagé par mes concitoyens, c'est le mutisme gardé à leur égard par le quartier général de l'armée : à part le bulletin publié, par ordre de M. le Commandant supérieur de la place, après la bataille de Gravelotte, aucun n'a rendu compte des combats de Saint-Privat, de Borny, de Servigny-lès-Sainte-Barbe et de Ladonchamps, glorieux également pour les corps qui y furent engagés. Ces communications officielles, en soutenant le moral de la population, eussent efficacement contribué à mettre un terme à d'absurdes commentaires, ou aux murmures de la foule et parfois même à prévenir le tumulte de la rue.

Le Maréchal. — Je vais répéter, M. le Maire, ce qu'en réponse à la même observation je disais, hier, à M. Paul Odent, votre préfet : chaque fois que des journaux ou même des fragments de journaux cachés dans des bottes et des doublures de pantalon, soit de déserteurs, soit de prisonniers, me sont parvenus, je me suis empressé de les transmettre à M. le Commandant supérieur, en lui laissant le soin d'apprécier ce qui pouvait être communiqué à la presse locale; mon avis d'ailleurs ayant toujours été qu'il y a généralement avantage à faire connaître au public la vérité, et toute la vérité. Quant au fait particulier que vous me signalez, et à d'autres du même genre, j'ai pensé qu'il ne m'appartenait pas d'intervenir dans la discussion ou l'exécution d'actes étrangers à mon autorité personnelle, parce qu'aux termes du règlement sur les villes en état de siège, ils font partie des attributions du gouverneur de la place.

L'entretien étant terminé, je pris congé, et, dès le lendemain, j'en fis part verbalement à MM. Sturel et Michel, mandataires des signataires de l'adresse. Metz, le 1er octobre 1870. Le maire de Metz, Félix Maréchal.

LVI.

11 octobre. — Visite des officiers de la garde nationale au général Coffinières. — Note de M. E. Réau, rédacteur en chef du « Courrier de la Moselle, » capitaine de la garde nationale.

Vers la fin du mois de septembre et dans les premiers jours d'octobre, la privation de toutes nouvelles, le silence de glace gardé par le commandant en chef, l'inaction inexplicable de l'armée sous Metz firent naître dans quelques esprits une sombre inquiétude, chez d'autres une surexcitation très vive qui se fit jour dans un certain nombre de réunions privées et même dans des rassemblements populaires. On parlait dans quelques groupes de marcher sur l'hôtel de ville et d'y proclamer la République. Une résolution plus prudente prévalut. Imposant silence à leurs aspirations les plus chères, des républicains éprouvés furent d'avis qu'une manifestation de cette nature, dans Metz, ne servirait qu'à diviser en deux camps la population et l'armée, celle-ci, comme on pouvait en juger par l'attitude et le langage de ses chefs, n'étant rien moins que républicaine. Rester sur le terrain de la défense nationale, telle était la seule attitude à prendre, s'efforcer de sauver

Metz, l'unique idée à laquelle il fallait se rallier. Ces principes prévalurent dans les rangs de la garde nationale.

Celle-ci n'était point commmandée par un chef élu; le colonel avait été nommé d'office par le général commandant supérieur, et l'initiative des résolutions, en dehors du service ordinaire, était prise habituellement par les chefs de bataillon qui provoquèrent, pour le 11 octobre, à l'hôtel de ville, une réunion du corps d'officiers.

L'assemblée était nombreuse et en proie à une agitation très vive; une émotion mal contenue se lisait sur tous les visages; à la pensée de voir leur ville natale tomber au pouvoir de l'ennemi, quelques officiers pleuraient.

Tous votèrent par acclamation et séance tenante une série de propositions ayant pour but :

1° De mettre l'autorité militaire en demeure de fournir des explications : et au point de vue politique, relativement à son attitude vis-à-vis du gouvernement de la défense nationale; et au point de vue militaire, eu égard au salut de la place de Metz;

2° D'inviter le général commandant supérieur de la place à s'affranchir de toute dépendance vis-à-vis du commandement en chef de l'armée;

3° Enfin, de proposer au commandant supérieur l'adoption de certaines mesures ayant trait au service, au commandement et à l'armement particuliers de la garde nationale.

Ces propositions adoptées, une députation d'officiers fut chargée de les présenter au maire de Metz qui, après en avoir pris connaissance, déclara les approuver sans réserve et offrit de se rendre, avec la députation et à sa tête, chez le général commandant supérieur.

A ce moment, la population amassée sur la place réclamait à grands cris la suppression de l'aigle surmontant le drapeau placé à l'une des fenêtres de l'hôtel de ville, satisfaction qu'un des officiers présents lui donna immédiatement.

Le maire ayant présenté la députation au général Coffinières, le commandant Pardon, du premier bataillon, prit la parole en ces termes :

« Mon général, au nom de la garde nationale de Metz, nous
« croyons devoir vous informer que la population est aigrie
« par l'absence de toutes nouvelles, qu'elle soupçonne le com-
« mandement d'en avoir et de les tenir cachées. Il serait à
« désirer en outre que le commandant en chef fît acte d'adhé-
« sion au gouvernement de la défense nationale, car on a
« remarqué le silence qu'il a gardé à ce sujet vis-à-vis de la
« population, et l'opinion publique l'accuse de préparer une
« capitulation dans l'intérêt d'une restauration bonapartiste. »

Le général Coffinières répondit immédiatement que, pour lui, il avait toujours communiqué à la presse locale tous les journaux qu'il avait eus en son pouvoir ; que l'absence de nouvelles était sans doute un fait regrettable, mais qu'il n'en fallait pas accuser le commandement en chef, attendu que celui-ci, à sa connaissance, s'était trouvé dans l'impossibilité complète de communiquer soit avec l'intérieur de la France, soit avec le gouvernement de la défense nationale ; que, quant à lui, il se ralliait complètement à ce gouvernement, son opinion étant qu'un militaire se doit avant tout à la défense de son pays ; qu'il ne pouvait sur ce point répondre à l'avance des intentions du maréchal Bazaine, mais qu'il se chargerait volontiers de lui transmettre les observations des officiers de la garde nationale. Quant à l'idée d'une restauration bonapartiste, le général déclara en propres termes qu'après l'affaire de Sedan, une idée semblable était une idée absurde qui ne pourrait germer dans l'esprit de personne. Enfin, il s'éleva avec chaleur contre la pensée d'une capitulation, disant que, sans doute, il fallait se préoccuper du moment où nos ressources viendraient à manquer, mais que ce moment-là n'était pas arrivé, et que si jamais l'armée de Metz se trouvait réduite à cette extrémité, cette armée, alors, irait droit à l'ennemi, lui disant : « *Entre nous, c'est un duel à mort,* » afin de tâcher du moins de sauver l'honneur.

Le commandant Pardon ayant ensuite demandé au général

Coffinières si, pour assurer la conservation des approvisionnements de la place, il ne lui serait pas possible d'opérer une séparation entre les intérêts de Metz et ceux de l'armée campée sous ses murs, le général se retrancha derrière les prescriptions de l'ordonnance sur le service des places, qui confèrent aux généraux en chef l'autorité directe sur les commandants des places comprises dans le rayon de leurs opérations.

Le reste de l'entrevue s'écoula en entretiens devenus sans intérêt aujourd'hui, sur les propositions relatives au service de la garde nationale. Mentionnons toutefois une observation très importante faite par le commandant de l'artillerie. Il déclara au général Coffinières que si l'armée devait tenter un effort, la ville était en état de lui fournir à la première réquisition deux mille chevaux valides et bien portants. Le général en prit note et termina en adjurant les officiers présents de rétablir la confiance dans la population; il fit appel à l'esprit de concorde, au patriotisme de tous, en disant que l'ennemi seul avait intérêt à nous désunir, et que c'était sans doute à ses manœuvres qu'il fallait faire remonter toutes les rumeurs malveillantes qui venaient de jeter le trouble et la défiance dans les esprits.

En présence de ces déclarations rassurantes, le maire de Metz, au nom de la garde nationale, remercia le général des explications qu'il avait bien voulu donner, et la députation en effet se retira satisfaite de ce qu'elle venait d'entendre.

Le lendemain, le général Coffinières déclarait, en présence des conseillers municipaux, membres des Commissions de réquisition, qu'il admirait fort le patriotisme de la population messine, mais que, le terme fatal approchant, il importait de « *la préparer* [1]. »

---

[1]. Le maréchal Bazaine, de son côté, ne paraît pas avoir attendu le mois d'octobre pour « préparer » l'armée. Le fait suivant tend à le prouver. Le 12 septembre j'eus occasion de causer longuement avec un officier supérieur et quelques officiers de son bataillon. Le commandant m'apprit que la veille, étant de grand'garde à Saint-Ladre, il avait reçu la

Cette déclaration, si différente de la première, dissipa les dernières illusions. Un coup de désespoir pouvait peut-être nous sauver. L'armée, qui absorbait la plus grande partie des ressources de Metz, pouvait encore prolonger la résistance de la place en se sacrifiant. Ce sacrifice, un grand nombre d'officiers de l'armée l'avait résolument accepté. Ils conçurent le plan d'une conspiration qui avait pour but d'enlever le commandement au maréchal Bazaine. Plusieurs officiers de la garde nationale avertis promirent le concours de leurs concitoyens et toutes les dispositions furent prises pour s'emparer au premier signal des portes de la ville. Mais, au moment décisif, aucun général ne voulut prendre la direction du mouvement et ce dernier espoir s'en alla comme les autres. Sans entrer dans des détails circonstanciés, nous avons cru devoir noter ce dernier trait de l'histoire du blocus; il prouve qu'à la veille de la catastrophe, unies dans une même pensée, la population et l'armée, pour sauver Metz, étaient décidées à tout, même à tenter un coup d'État.

Du reste, en dehors des déclarations rassurantes qu'il se croyait obligé de faire lorsqu'il était mis en demeure de parler en public, le général Coffinières semblait prendre à tâche de décourager l'esprit de résistance qui, en mainte circonstance, s'était manifesté dans la population.

C'est surtout dans ses rapports avec la presse locale que les intentions du commandant supérieur se montrent sous leur véritable jour.

Le 11 octobre, le jour même de son entretien avec les offi-

---

visite du maréchal Bazaine, lequel lui avait annoncé la nouvelle de la capitulation de Strasbourg, arrivée, suivant lui, le 9. (On sait que Strasbourg n'a capitulé que le 28 septembre.) Le maréchal avait ajouté que l'artillerie prussienne ayant servi au siège de Strasbourg était formidable, qu'elle était en marche sur Metz; que cette ville, déjà encombrée de blessés, allait devenir une nécropole, que ce que l'on pouvait espérer de mieux pour l'armée de Metz, la dernière qui restât à la France, c'était une capitulation honorable qui la laissât libre d'agir pour le maintien de l'ordre à l'intérieur.

ciers de la garde nationale, la censure du général Coffinières supprimait un article adressé au *Courrier de la Moselle* par le bibliothécaire de l'École d'application, M. Humbert, colonel du génie en retraite. Dans cet article remarquablement écrit, l'auteur exprimait l'avis que la France ne restait pas inactive, que de grands efforts étaient faits sans doute dans le pays pour repousser l'envahisseur. Il établissait, par de nombreux exemples empruntés à l'histoire et en s'appuyant de l'autorité du général Paixhans, que des armées improvisées, mais combattant pour l'indépendance de leur pays, avaient maintes fois triomphé d'armées valeureuses et disciplinées. Il concluait en disant que rien n'était désespéré et que Metz devait redoubler d'efforts et de patience pour donner le temps aux forces militaires de la France de se réorganiser.

La censure inscrivit en marge la note suivante :

« *Cet article est à supprimer en entier, il n'a d'autre incon-*
« *vénient que de soulever des questions trop brûlantes dans les*
« *circonstances actuelles.* »

Dans le même numéro du journal, la censure supprima également une lettre demandant que les communes suburbaines fussent armées de fusils, et le début d'un article où il était dit que les défenseurs de Metz n'avaient pas encore matériellement souffert du siège. Le journal fut obligé de paraître avec plusieurs colonnes en blanc.

Pour achever de donner une idée de l'esprit qui dirigeait les opérations de la censure, notons encore les quelques traits suivants :

La censure du général Coffinières interdit aux journaux de Metz d'annoncer au public la nomination, comme commandant provisoire de la garde, du général Desvaux qui remplaça le général Bourbaki. Cette nomination pourtant avait été officiellement notifiée à l'armée par un ordre général. Le rédacteur en chef du *Courrier de la Moselle* s'étant étonné de cette interdiction, il lui fut répondu qu'il était inutile de *faire connaître à l'ennemi le départ du général Bourbaki !*

Après l'affaire de Ladonchamps, du 7 octobre, l'*Indépendant*, ayant donné une évaluation insuffisante du chiffre de nos pertes, reçut le communiqué suivant :

« On lit dans le numéro du 11 octobre de l'*Indépendant de* « *la Moselle* que : *le 7 octobre, 512 projectiles envoyés par les* « *batteries ennemies n'ont tué que deux Français.* — Comme il « importe que la vérité des faits soit connue de tout le monde, « le journal l'*Indépendant de la Moselle* est invité à faire « savoir à ses lecteurs que, dans la journée du 7, nos pertes « ont été les suivantes : officiers tués, 11 ; blessés, 53 ; troupe : « tués, 90 ; blessés, 981. »

Enfin, lorsque le général Boyer, à son retour de Versailles, eut répandu dans l'armée le bruit que *l'anarchie la plus complète régnait en France, que Rouen et le Havre avaient appelé des garnisons prussiennes pour maintenir l'ordre, que les Prussiens ne voulaient traiter qu'avec l'impératrice régente,* etc., le *Courrier,* ayant publié un article où l'on s'attachait à démontrer l'invraisemblance de ces bruits, reçut l'ordre de faire disparaître cet article sous prétexte qu'il faisait double emploi avec une lettre publiée dans le même numéro sur le même sujet. Il est vrai que toutes ces fausses nouvelles avaient été officiellement communiquées aux officiers des différents corps d'armée par leurs généraux [1].

---

1. Nous mentionnerons encore un fait qui se rapporte également à la rédaction du *Courrier de la Moselle* et qui n'est pas, croyons-nous, sans intérêt. Au lendemain de la journée du 18 août, ce journal recevait du bureau de publicité, fonctionnant à l'état-major général de l'armée, un communiqué qui fut inséré dans le numéro du 20 août et où l'on disait : « L'une des armées de la France est aujourd'hui concentrée sous Metz, « et les habitants de cette ville assistent, à chaque instant, aux poignantes « émotions d'une grande guerre que la nation française a dû subir et « qu'elle se montre disposée à poursuivre avec une indomptable énergie... « L'armée occupe aujourd'hui, autour de Metz, les emplacements que le « maréchal a désignés à la suite de l'affaire du 18... On peut dire que « l'ensemble du plan de l'ennemi, pour la journée du 18, n'a pas réussi... « En tenant autour de Metz, l'armée du maréchal Bazaine fait face à « des *nécessités stratégiques et politiques...* Que la population ait con-

LVII.

15 OCTOBRE. — ENTRETIEN DE M. LE MARÉCHAL BAZAINE AVEC LES COMMANDANTS DE LA GARDE NATIONALE. — NOTE DE M. LE COMMANDANT PARDON.

Le 15 octobre, le maréchal Bazaine manda au Ban-Saint-Martin, sa résidence habituelle, les chefs de bataillon de la garde nationale. Les premiers mots qu'il leur adressa furent que, si l'on trouvait mauvaise sa manière de commander, on n'avait qu'à confier à un autre chef le commandement de l'armée et qu'il obéirait à ce nouveau chef. Mais il ne désigna personne.

Survint presque aussitôt le général Ladmirault, qui dit au maréchal Bazaine que son respect pour le commandant en chef et pour la discipline ne lui permettrait jamais de s'écarter de son devoir. Le général, en même temps, tendit la main au maréchal qui la lui serra avec empressement. Cette scène inattendue surprit beaucoup les chefs de bataillon de la garde nationale, qui se regardèrent comme pour se communiquer leurs impressions. Le général Ladmirault passait dans l'armée et dans la population pour un homme d'une très grande fermeté et on le jugeait capable de prendre au besoin le commandement de l'armée. Sa démarche dans cette circonstance

« fiance dans l'homme à qui l'Empereur a remis le commandement de « l'armée... » — En transmettant ce communiqué au rédacteur du *Courrier de la Moselle*, on lui recommandait expressément de le publier sans en faire connaître l'origine. Cette recommandation n'attira pas beaucoup l'attention alors, non plus que l'indication elle-même de *nécessités politiques* exigeant l'immobilisation de l'armée sous Metz. Les explications produites ultérieurement devant l'Assemblée nationale, notamment par le général Changarnier, le 29 mai, et par le général Trochu, le 13 juin 1871, donnent toute sa signification au communiqué publié le 20 août 1870 et font aussi comprendre l'espèce de mystère dont on voulait entourer son origine. (*Note de la 3ᵉ édition.*)

produisit sur les commandants de la garde nationale l'effet d'une déception.

Après cette singulière manifestation du général Ladmirault, le maréchal Bazaine invita le plus ancien des chefs de bataillon, le commandant Pardon, à exposer les griefs que l'on pouvait avoir contre lui à Metz.

Il lui fut répondu ouvertement, franchement, à cœur ouvert, qu'on lui supposait l'intention de restaurer le régime impérial, soit avec la régence de l'impératrice, soit avec le prince impérial, auquel cas lui, maréchal Bazaine, serait régent; que l'on se plaignait fortement de l'inaction de l'armée, qui absorbait d'une manière inquiétante les ressources de la ville; qu'on soupçonnait le maréchal de traiter avec le prince Charles pour la reddition de l'armée et de la place; mais que l'intention de la garde nationale et de la population était de tout souffrir pour conserver à la France son principal boulevard; que, d'un autre côté, sa position de général en chef lui permettait d'avoir des nouvelles du gouvernement de la défense nationale et de la France, et que cependant on ne faisait rien connaître aux habitants.

Il fut ajouté que, la situation dans laquelle on se trouvait amenant des privations de toutes sortes, il était choquant pour les habitants de voir les officiers et les soldats quitter leurs camps pour venir en ville vider les boutiques des marchands, chez lesquels on ne trouvait plus de provisions qu'à des prix excessifs.

Un autre chef de bataillon, M. Meyer, proposa au maréchal de réunir la garde nationale et de la passer en revue, afin de dissiper les impressions fâcheuses qu'elle avait conçues à son égard; le maréchal eut l'air de consentir à cette proposition, mais pour la forme seulement, car il se garda bien d'en rien faire.

Répondant alors aux assertions précédentes, le maréchal exposa que le commandement en chef de l'armée lui avait été confié dans un moment de retraite; qu'une pareille condition était toujours pleine de difficultés et qu'elle lui avait fait une situation déplorable; qu'il ne pensait pas à servir le pouvoir impérial tombé par sa propre faute, mais à servir la France; que dans les conseils de généraux il n'avait jamais été question d'entrer en arrangement pour la reddition de l'armée; que les relations avec le prince Charles consistaient dans l'échange des prisonniers lorsque le cas se présentait, et rien de plus.

Quant aux nouvelles à faire connaître à la population de Metz, le maréchal assura qu'il ne savait rien du gouvernement de Paris, malgré les émissaires qu'il lui avait adressés, et qu'aussitôt que des prisonniers tombaient en notre pouvoir avec des journaux, ceux-ci étaient envoyés au général Coffinières, chargé de faire connaître tout ce qui pouvait intéresser la population, avec laquelle, du reste, il désirait rester étroitement uni. Le maréchal promit qu'à l'avenir un bulletin serait rédigé pour faire connaître les opérations de l'armée et qu'il ne fallait pas ajouter foi aux mauvaises nouvelles répandues à dessein par l'ennemi.

La question du ravitaillement fut posée en dernier lieu comme la plus importante, la pénurie des vivres commençant déjà à se faire sentir. C'était aussi là le point faible; le maréchal le comprit; aussi s'empressa-t-il de dire qu'il ne disposait que de 60 à 65,000 hommes, en tenant compte des non-valeurs, et qu'avec si peu de monde il ne pouvait rien entreprendre contre 200,000 hommes formant le blocus. A l'appui de son dire, il cita l'affaire de Ladonchamps, du 7 octobre, dans laquelle on avait perdu 1,000 hommes pour obtenir un mince résultat, celui de se procurer quelques voitures de grains et de paille.

L'entretien se borna là, et les chefs de bataillon se retirèrent, emportant la triste conviction que le maréchal persistait plus que jamais dans son système d'inaction.

LVIII.

16 OCTOBRE. — VISITE DES OFFICIERS DÉLÉGUÉS DE LA GARDE NATIONALE AU GÉNÉRAL CHANGARNIER. — PROCÈS-VERBAL DE CETTE VISITE.

Le 15 octobre 1870, alors que dans l'armée et dans la population beaucoup de gens commençaient à pressentir le dénoûment du triste drame qui se jouait depuis deux mois autour de Metz, quelques citoyens eurent l'idée d'offrir au général Changarnier, dépourvu de tout commandement, le titre et les fonctions de général de la garde nationale. Ils comptaient sur la bravoure éprouvée du général, sur son énergie que semblait n'avoir pu dompter son grand âge, et sur son nom connu de tous et bien fait pour entraîner à sa suite, à un moment donné, ceux qui, dans la ville et dans l'armée, rongeaient impatiemment leur frein et s'indignaient de l'inaction relative à laquelle ils avaient été condamnés jusque-là.

C'est dans ces circonstances qu'après une première réunion privée chez M. Racine, architecte, et une seconde réunion plus nombreuse le lendemain à l'hôtel de ville, quatre délégués furent chargés, séance tenante, de se rendre auprès du général à Saint-Julien. Ils le trouvèrent au milieu d'un groupe d'officiers d'état-major. M. Limbourg, un des délégués, qui était connu du général, prit à part ce dernier pour lui indiquer en quelques mots le but de la visite qui lui était faite et le prier de le recevoir en particulier lui et les autres membres de la députation. Le général exprima le désir de recevoir les délégués en présence des officiers qui se trouvaient avec lui. Le procès-verbal de ce qui fut dit alors, rédigé immédiatement après la visite par M. Limbourg et certifié par les autres membres de la députation, est ainsi conçu :

« Le général, après m'avoir dit qu'il était extrêmement flatté de la démarche que je lui annonçais, ces messieurs introduits, le leur a répété et a ajouté que, soldat avant tout, il considérait l'obéissance au commandant de l'armée comme son premier devoir ; que, pour cette raison, il ne voulait pas répondre à notre demande avant de l'avoir soumise au maréchal Bazaine et d'avoir son assentiment; qu'il était convaincu qu'il ne pouvait entrer dans le cœur d'un soldat français, comme le maréchal, rien que de noble et de loyal, et que, dans cette persuasion, il le suivrait là où celui-ci conduirait l'armée ; que, le rôle de la garde nationale étant surtout de veiller à la sécurité de la ville et des remparts, lui, général Changarnier, préférerait, s'il ne consultait que ses sympathies, un poste plus actif ; mais que si le maréchal Bazaine lui donnait la tâche de nous commander, malgré certaines considérations personnelles, il la remplirait, et que son premier soin serait alors de nous conduire à Ladonchamps, pour y relever le bataillon de ligne placé aux avant-postes ; qu'il ne pouvait donc pas répondre immédiatement à notre demande et qu'il y réfléchirait. Le général a ajouté qu'on avait vu avec peine, dans l'armée, certaines demandes qui avaient été faites pour le service des pièces d'artillerie dans les forts et des portes de la ville, ainsi que les manifestations bruyantes qui s'étaient produites pendant ces derniers jours, au sujet d'un chef d'armée dont, jusqu'à preuve contraire, il n'est permis à personne de suspecter la loyauté; et que, sous ses ordres, si elle y était placée, la garde nationale ne devrait pas oublier que son rôle était aussi d'observer et de faire régner le calme qui annonce les persistantes résolutions.

« Nous avons immédiatement répondu que nous étions très heureux que les derniers mots du général nous permissent d'affirmer une fois de plus les sentiments de la garde nationale, en rectifiant l'impression qu'on paraissait en avoir conçue dans l'armée; que la demande relative au service de deux pièces d'artillerie dans les forts et des portes de la ville n'avait été inspirée que par le désir que nous avons tous de nous rendre utiles et aptes à défendre notre ville et notre pays; que, du reste, l'une des considérations qui avaient provoqué notre démarche près du général Changarnier était précisément le désir de créer, par la présence à notre tête d'un aussi glorieux soldat, un lien de plus entre l'armée et nous ; que, pour ce qui était des sentiments dévoués et valeureux de l'armée, nous tenions à cœur de les partager tous, et que si, pour mériter l'honneur d'avoir à notre tête le général Changarnier, il ne fallait que lui fournir un bataillon pour marcher à Ladonchamps, ce n'est pas un bataillon seul qu'il trouverait, mais bien toute la garde nationale qui le suivrait. Que si nous lui demandions de nous conduire, c'était précisément parce que nous savions où il nous conduirait ; qu'il pouvait faire part au maréchal Bazaine de ces dispositions où nous sommes tous, et que, dans cette situation, nous ne pouvions qu'attendre respectueusement sa réponse.

« Après des phrases échangées ensuite sur le départ prochain de l'armée et ses conséquences, on se sépara.

« 16 octobre 1870. Signé : Freschard, Goussin, Millet, Limbourg. »

LIX.

17 octobre. — État des forces de l'armée d'investissement. — Note officielle émanant du grand quartier général.

Metz, 17 octobre 1870. — Un profond silence a succédé à la bruyante canonnade d'avant-hier. Était-ce une attaque de Thionville ou de Verdun, ou une bataille réelle engagée avec des troupes françaises cherchant à nous joindre? C'est ce que la population et l'armée se demandent avec anxiété. Nous tenons tous à savoir la vérité.

Ceci était écrit quand nous avons reçu la *Note officielle* suivante :

« Ce matin, trois prisonniers de guerre prussiens, capturés
« par les compagnies de partisans du 3ᵉ corps d'armée, ont
« été amenés au *grand quartier général*. L'un des prisonniers
« est un enseigne porte-épée du 1ᵉʳ régiment d'infanterie,
« 1ᵉʳ corps d'armée ; les deux autres sont des soldats appar-

« tenant, l'un au 4ᵉ de ligne, même corps, l'autre au 55ᵉ,
« 7ᵉ corps.

« Il résulte de la déposition de ces militaires prussiens que
« le demi-cercle d'investissement de la rive droite de la Moselle
« est formé : par le corps de réserve du général de Kummer,
« qui a repassé la Moselle et s'appuie, par sa droite, à la
« rivière; par le 1ᵉʳ corps d'armée tout entier, avec son quar-
« tier général à Sainte-Barbe; par le 7ᵉ corps, ayant son
« quartier général à Ars-Laquenexy, et par une division du
« 8ᵉ corps d'armée étendant sa gauche jusqu'à Jouy. C'est un
« total de trois corps d'armée qui sont placés sur trois lignes.
« Derrière cette triple chaîne se trouvent de nombreux régi-
« ments de Landwehr organisés en divisions.

« Le demi-cercle d'investissement de la rive gauche de la
« Moselle est formé : par une division du 8ᵉ corps d'armée,
« s'appuyant à la rivière; par le 3ᵉ et le 10ᵉ corps tout entiers
« et par la division hessoise; en tout également trois corps
« d'armée.

« De nombreux renforts sont arrivés récemment de l'inté-
« rieur de la Prusse, et, comme l'état sanitaire de l'ennemi
« est généralement satisfaisant, on peut admettre, avec les
« assertions des prisonniers, que les compagnies sont reve-
« nues à un effectif moyen de 230 hommes. On peut en con-
« clure, sans exagération, que l'effectif total des corps d'armée
« est de 25,000 hommes chacun. Le chiffre des troupes d'in-
« vestissement est donc toujours à peu près le même, c'est-à-
« dire d'environ 180,000 hommes [1].

« Interrogés sur les nouvelles qu'ils auraient apprises de
« l'armée prussienne devant Paris, les prisonniers ont répondu

---

1. Les six corps d'armée supposés au complet de 25,000 hommes chacun ne donneraient que 150,000 hommes et non 180,000 pour l'armée d'investissement. Le chiffre publié au grand quartier général du maréchal Bazaine est grossi de 30,000 pour représenter vraisemblablement les régiments de Landwehr, qui étaient, suivant le témoignage des prisonniers ennemis, réunis en arrière de la ligne d'investissement de la rive droite, c'est-à-dire du côté de la frontière.

« que les journaux publient journellement des dépêches qui
« n'ont, jusqu'à présent, rien appris de nouveau. Paris résiste
« toujours. De temps en temps a lieu quelque combat d'avant-
« poste sans importance et sans résultat significatif ni d'un
« côté ni de l'autre. ˜

« Quant à la canonnade qu'on a entendue hier et avant-
« hier, les prisonniers prussiens ont déclaré l'avoir entendue;
« ils ont dit qu'elle venait de la direction de Thionville, qu'ils
« n'en connaissaient pas la signification, et que, dans leurs
« camps, il n'y a eu aucun mouvement extraordinaire. »

On ne doit accepter que sous bénéfice d'inventaire les assertions des prisonniers prussiens, qui ont intérêt à nous tromper, et sont ou inintelligents ou trop intelligents pour nous bien renseigner. D'ailleurs on les a trouvés privés de leurs journaux, ce qui prouve qu'on n'a pas de bonnes nouvelles à leur annoncer. Ed. Mayer. (Extrait de l'*Indépendant de la Moselle* du 17 octobre.)

LX.

EXTRAITS DES DOCUMENTS OFFICIELS MILITAIRES. — NOTE
DE M. J. WORMS, MEMBRE DU CONSEIL MUNICIPAL.

I. — Effectif de l'armée. — Armée active, 157,990 hommes. Grand quartier général, 1,800 hommes. Garnison de Metz, environ 8,000 hommes. Total, 167,790 hommes. Sur quoi la moyenne des blessés et des malades a été de 20,000 hommes.

II. — Composition de la ration. — Du 18 août au 15 septembre : Pain, 750 grammes; viande (de cheval à dater du 6 septembre), 350 grammes. — Du 15 septembre au 9 octobre : Pain, 500 grammes; viande, 400 grammes. — A partir du 9 octobre : Pain, 300 grammes; viande, 750 grammes.

III. — Situation du magasin des vivres du 30 août au 30 septembre.

30 août. — 9000 q^{tx} blé. 700 q^{tx} farine dure. 27680 q^{tx} farine tendre.
15 sept. — 8356   id.   79   id.   12120   id.
30 sept. — 3828   id.   »   id.   3818   id.

IV. — Ordres de l'intendance.

Du 11 octobre. — « Les denrées fourragères manquant pour « la nourriture des chevaux, on aura soin, au lieu de laisser « mourir les chevaux à la corde, de diriger ceux qui sont « hors d'état de vivre vingt-quatre heures sur des tranchées « pratiquées à cet effet où ils seront abattus [1]. »

Du 12 octobre. — « Il faut à tout prix prolonger l'existence « de quelques chevaux pour être en mesure de les utiliser « pour l'alimentation des hommes. Il faudra donc conserver « dans ce but le peu de fourrages que vous pourrez avoir, en « n'hésitant pas à employer tout ce qui peut servir à la nour- « riture des chevaux. »

V. — Comité de surveillance des approvisionnements de siège.

13 octobre matin. — Réunion et installation du Comité de surveillance des approvisionnements de siège, établi par un ordre du général Coffinières, en date du 12. — Extrait du procès-verbal : Il a été exposé que, d'après les articles 774, 768 et 769 du règlement du 30 mai 1866, le Comité ne doit être réuni que lorsque l'ordre de former des approvisionnements de siège a été donné par le ministre ou par le commandant en chef ; que cet ordre n'a jamais été donné ; qu'en conséquence le Comité croit son rôle réduit à la constatation des existences en magasin dans la place, et dans une surveillance attentive des entrées et des sorties, puisqu'il n'a qualité pour se réunir qu'à la condition de considérer comme approvisionnements de siège mis en distribution les denrées du service courant.

---

1. On a vu précédemment (page 63) que ce fut à dater du 14 septembre que le blé fut employé à la nourriture des chevaux.

13 octobre, après midi. — Nouvelle séance dans laquelle il est constaté que le recensement des magasins accuse : en farine, 667 quintaux; en biscuit, 204 quintaux. — Le comptable des vivres fait observer, en outre, que le 13 au soir il restera environ 300 quintaux de farine en magasin, et qu'avec ce qui sera moulu dans la nuit du 13 au 14, on pourra fournir le 14, au soir, 160,000 rations. La journée du 15 est donc assurée.

14 octobre. — Proposition de supprimer une distribution sur trois.

15 octobre. — Le comptable des vivres fait savoir qu'il vient de recevoir 320 quintaux métriques de farine.

17 octobre. — « Le troisième corps fournit aujourd'hui aux « subsistances de Metz 225 quintaux de blé et 45 de seigle. Le « général Coffinières est décidé à ne plus fournir de pain à « l'armée à partir de ce soir. »

18 octobre. — Le général Coffinières informe que, sur les instances du maréchal Bazaine commandant en chef, il sera délivré, aujourd'hui seulement, 80,000 rations pour la nourriture de l'armée pendant la journée du 19.

19 octobre. — Marché de 100 quintaux métriques d'amidon, passé avec M. St-J... Cette denrée doit être mélangée avec la farine destinée à la fabrication du pain dans la proportion de 15 à 20 %.

23 octobre. — Abaissement de la ration à 500 grammes.

24 octobre. — Situation des magasins : Blé, 141 quintaux. Farines, 603 quintaux.

LXI.

TABLEAU DES PRIX DE CERTAINES DENRÉES, A METZ, PENDANT LE BLOCUS. — NOTE DE M. A. CUNY.

Sel . . . . le kil.	Sept.	4^f 50	à	6^f »	Oct.	12^f »	à	16^f »	
Viande de bœuf . . .	—	—	4 »	8 »	—	8 »	10 »		
— de veau . . .	—	—	4 »	» »	—	» »	» »		

		Sept.					Oct.				
Viande de mouton	le kil.	8f	»	à	»f	»		8f	»	à	»f »
— de porc	—	—	3	20	8	»	—	9	»	16	»
— de poulain	—	—	»	»	»	»	—	1	50	4	50
— d'âne	—	—	»	»	»	»	—	4	50	»	»
— de mulet	—	—	»	»	»	»	—	4	50	»	»
Cervelas de porc	—	—	4	»	5	»	—	8	»	18	»
— de cheval	—	—	1	50	3	»	—	5	»	7	»
Filet de cheval	—	—	3	»	4	»	—	5	»	»	»
Lard	—	—	3	»	»	»	—	»	»	17	»
Jambon	—	—	8	»	»	»	—	20	»	»	»
Sucre	—	—	6	»	»	»	—	9	»	20	»
Beurre fondu	—	—	8	»	»	»	—	»	»	20	»
Saindoux	—	—	5	»	»	»	—	»	»	16	»
Pommes de terre	—	—	1	50	»	»	—	2	»	2	40
Haricots verts	—	—	1	70	»	»	—	»	»	5	»
— blancs	—	—	»	»	»	»	—	4	»	8	»
Oignons	—	—	2	»	»	»	—	8	»	10	»
Raisin	—	—	»	30	1	»	—	1	40	1	80
Fromage de Gruyère	—	—	»	»	»	»	—	»	»	16	»
Vin ordinaire	le litre	—	»	»	»	»	—	»	»	2	»
Lait	—	—	1	»	»	»	—	2	»	2	40
Cognac	—	—	»	»	»	»	—	8	»	10	»
Huile d'olive	—	—	»	»	»	»	—	8	»	»	»
Huile à brûler	—	—	»	»	»	»	—	2	»	3	»
Un poulet	—	—	10	»	»	»	—	12	»	20	»
Un lapin	—	—	»	»	»	»	—	15	»	»	»
Un lièvre	—	—	»	»	»	»	—	45	»	»	»
Une carpe	—	—	»	»	»	»	—	7	»	»	»
Un pigeon	—	—	»	»	»	»	—	3	»	»	»
Une alouette	—	—	»	»	»	»	—	1	»	»	»
Œufs, la douzaine	—	—	6	»	»	»	—	9	»	»	»
Paille, la botte de 5 kilog.	—	—	»	»	»	»	—	3	»	»	»
Foin, id.	—	—	»	»	»	»	—	3	»	»	»
Avoine, l'hectolitre	—	—	»	»	»	»	—	110	»	»	»
Bois, le stère	—	—	»	»	»	»	—	25	»	35	»
Houille, les 1,000 kilog.	—	—	»	»	»	»	—	75	»	160	»
Charbon de bois, le kilog.	—	—	»	»	»	»	—	»	80	»	»
Bougies, id.	—	—	»	»	»	»	—	8	»	11	»
Chandelles, id.	—	—	»	»	»	»	—	3	»	»	»

LXII.

RENSEIGNEMENTS SUR DIVERS PROCÉDÉS DE MOUTURE. — NOTE COMMUNIQUÉE PAR M. J. WORMS, MEMBRE DU CONSEIL MUNICIPAL.

I. — Blé traité par les moulins à café.

Les moulins sont placés sur une sorte de châssis. Une poulie est adaptée sur l'arbre où se trouve la manivelle. La boulange tombe dans un sac; un homme remplit constamment la trémie. Le moulin à café ordinaire des épiciers fait 10 kilogrammes par heure environ. La boulange obtenue est trop brisée; la décortication ne se fait pas et la farine reste adhérente aux parcelles de son; il y a concassement plutôt que mouture. Quand le moulin est un peu serré pour rendre le produit plus fin, il s'échauffe outre mesure, de même que la farine.

Deux moulins de différents modèles ont donné en huit minutes 6 k. 75 de boulange, soit par minute 0 k. 844.

Ce système peut produire des résultats satisfaisants, tant qu'on emploie le blé pour la nourriture des chevaux. Dans ce cas, le son concassé porte avec lui une grande quantité de farine, et il est plus substantiel; mais du moment que le blé n'est plus employé pour les chevaux, il faut abandonner ce système, à moins qu'on ne soit décidé à ne plus faire de blutage, auquel cas le procédé devient suffisant.

II. — Blé soumis aux cylindres concasseurs, avant la mouture.

Pour accélérer la mouture, le blé a été soumis aux cylindres concasseurs dans une brassine. On a même monté directement ces concasseurs dans l'usine à mouture. Ils sont installés comme des laminoirs.

Les résultats obtenus et rapportés par M. Bouchotte sont les suivants : 300 kilogrammes de blé concassé ont été préparés par une paire de meules dans l'espace de une heure trente minutes. Une paire de meules produit dans ces conditions 200 kilogrammes de boulange à l'heure, tandis qu'avec le travail ordinaire elle ne débite que 130 kilogrammes.

Il résulte de ces expériences, qu'au moyen du travail préalable opéré par le concasseur, la production de la boulange entre les meules est accélérée dans le rapport de 1 à 1,54. Bien qu'en apparence il n'y ait pas de bénéfice à se servir des concasseurs, puisque le travail central des meules est perdu, il est cependant incontestable que la zone centrale, et par suite toute la meule, s'échauffe beaucoup moins. On peut donc dire que les concasseurs apportent dans le résultat final le même effet que les rafraîchisseurs, et c'est ce qui produit une augmentation dans le rendement.

LXIII.

APPROVISIONNEMENTS EN GRAINS DU COMMERCE ET DE LA POPULATION CIVILE PENDANT LE BLOCUS. — NOTE DE M. ÉM. BOUCHOTTE, NÉGOCIANT, MEMBRE DU CONSEIL MUNICIPAL DE METZ.

La gravité des batailles de Forbach et de Reichshoffen devint apparente pour tout le monde, à Metz, vers le 10 août. Un grand nombre de cultivateurs, laissant souvent chez eux femme et enfants, se retiraient dans la ville avec des provisions considérables en céréales. Ce mouvement de concentration s'effectua très activement pendant cinq jours, du 9 au 14 août. Le commandant supérieur de la place, voyant qu'elle allait être définitivement investie et que la nécessité de nourrir un surcroît de population serait une gêne pour la défense, conçut l'idée d'inviter les habitants à se pourvoir personnellement de denrées alimentaires.

J'avais eu connaissance de ce projet que je considérais comme dangereux, du moment que chacun devait prendre ses approvisionnements privés sur la masse des matières existant dans l'enceinte investie. J'étais, en effet, convaincu qu'une grande partie de ces matières seraient enfouies dans les caves ou sur les greniers pour ne servir que dans des cas extrêmes et s'avarier souvent avant d'être utilisées, et qu'ainsi les ressources applicables à la consommation générale seraient diminuées d'autant. Je considérais cela comme très sérieux et je me décidai à communiquer mes idées sur ce sujet à M. le général Coffinières. Je parvins sans peine à lui démontrer que si les ressources dont on disposait se trouvaient définitivement limitées par le fait d'un investissement, il était important de les laisser à la portée de tous les consommateurs, et qu'il fallait éviter autant que possible la formation de ces petites réserves privées, qui n'aboutiraient qu'à créer l'aisance dans quelques ménages aux dépens des autres.

Je signalai d'ailleurs au général la situation telle que je la comprenais; je lui dis que l'établissement des Onze-Tournants possédait, à cette heure, une réserve assez forte pour assurer le pain, pendant 37 jours, à une population de 50,000 habitants, soit environ 14,000 quintaux métriques de blé ou l'équivalent en farine; que les approvisionnements des autres maisons de Metz devaient représenter environ 10 jours de vivres à y ajouter; qu'enfin, en tenant compte de la panique qui avait poussé des campagnes vers la ville bon nombre de cultivateurs munis de blé, il n'était pas téméraire d'admettre que la population civile avait son pain assuré pour 60 à 70 jours peut-être. Certainement, à la date du 15 août, ces ressources devaient paraître belles et surtout suffisantes pour permettre d'attendre un retour de la fortune.

M. le général Coffinières reconnut que le meilleur parti à tirer des ressources qu'on possédait, c'était de les laisser le plus possible à la disposition de tout le monde. En conséquence, il retira l'arrêté prêt à paraître, qui enjoignait aux habitants de se pourvoir de farine. Malgré cette sage précaution, beaucoup de monde fit des provisions dont on n'a retrouvé que de faibles traces lors des dernières réquisitions.

Le 20 août, M. le Sous-Intendant, chargé du service des subsistances pour la place de Metz, me demanda des renseignements sur la situation, tant au point de vue des matières disponibles qu'à celui des moyens d'opérer la mouture du blé.

En fait de matières, je lui dis qu'il pouvait exister environ 266,000 rations de pain, d'une part, et de l'autre 22,000 quintaux de blé, représentant environ 2,900,000 rations; total, 3,166,000 rations de pain, à 750 grammes par ration.

Au sujet de la mouture, j'insistai sur la nécessité de laisser le travail entier des usines des Onze-Tournants et des Quatre-Tournants exclusivement à la disposition des 45 à 50,000 bouches, représentant la population civile et sédentaire de Metz. Le nombre des paires de meules disponibles était effectivement un grand sujet de préoccupation dès qu'il s'agissait de pourvoir à l'alimentation de 250,000 consommateurs à peu près, provenant tant de l'armée que des habitants[1]. La vallée de Chatel-Saint-Germain et celle de l'Orne étant occupées par l'ennemi, nos ressources, en moyens de mouture, devenaient plus que restreintes. Aussi a-t-il fallu, vers la fin de septembre et jusque dans le milieu du mois d'octobre, que le service militaire s'ingéniât pour improviser des moulins, venant en aide aux nécessités du service alimentaire[2].

L'Administration municipale n'a pas eu à s'occuper du prix du pain aussi longtemps que le commerce a été en mesure d'alimenter les établissements de boulangerie. Elle avait reçu plusieurs fois la promesse verbale que le commerce ne songerait jamais à exploiter la situation; que les ressources seraient totalement épuisées sans que les prix fixés avant le blocus, et alors que la libre concurrence jouait son rôle, fussent modifiés sensiblement. Ces promesses ont été scrupuleusement tenues.

Le 8 septembre, le fermier des Onze-Tournants adressa une lettre au maire de Metz pour le prévenir que ses provisions étaient réduites à 2,400 quintaux de blé, représentant sept jours de travail; qu'il y avait ainsi lieu de requérir les blés que

---

1. Dans les derniers temps du blocus, on avait à pourvoir à 230,000 rations par jour : 160,000 pour l'armée et 70,000 pour la population civile; adultes à ration pleine et enfants à demi et à quart de ration.

2. Voir la note ci-dessus, p. 183.

l'on savait exister chez les particuliers. L'Administration municipale obtint du commandant supérieur de la place les mesures nécessaires pour faire opérer ces réquisitions, et, dès le 16 septembre, la mesure avait produit tout l'effet que l'on en attendait[1]. Des hommes compétents estimaient, vers le 15 août, qu'il existait en ville, chez les particuliers, 14 à 15,000 quintaux de blé ; la réquisition en donna 15,156.

Maintenant, si l'on se rappelle que le prix d'achat fixé par la ville était de 36 fr. les 100 kilog., tandis que l'administration de la guerre fixait celui de l'avoine à 45 fr.[2], on comprendra aisément qu'une portion de la marchandise la plus précieuse, le blé, dut jouer en partie le rôle de l'autre ; c'est-à-dire qu'on fut naturellement conduit à donner du blé pour nourriture aux chevaux. Mais ce qui a pu être consommé de blé de cette manière a été pris sur un excédent que personne ne soupçonnait et qui n'était probablement pas bien considérable. L'administration militaire a d'ailleurs été immédiatement prévenue du danger que créait une telle situation ; elle a fait des efforts pour le conjurer en achetant toute espèce de graines fourragères propres à l'alimentation des chevaux[3]. Dans l'intérieur de Metz, les ressources dont on disposait en blé ont repris immédiatement l'affectation qu'elles comportaient normalement.

On s'est demandé si tous les blés ou farines appartenant au commerce avaient été consommés au profit de la boulangerie civile. Une partie de ces ressources, et cela jusqu'à la date du 29 août, a servi aux besoins de l'armée, soit l'équivalent de 1,800 quintaux de blé. Mais il est bon de remarquer, qu'en grande partie, les farines de provenance du Nord, que l'on

1. Voir ci-dessus divers documents relatifs à cet objet (Append. XVII et XXXVI).
2. Voir l'avis publié le 10 septembre par le commandant supérieur (Append. XV).
3. Il est cependant certain que dans l'armée on a donné, jusque dans les derniers temps, du blé aux chevaux (voir ci-dessus, p. 63 et 64).

avait fait venir à Metz, avaient été commandées du 15 juillet au 6 août, en prévision de ces besoins de l'armée. A cette époque rien n'indiquait encore au commerce qu'il eût à prendre des mesures en vue d'un siège.

Le 29 août, l'administration de la guerre renonça, d'un commun accord avec les vendeurs, à puiser dans les ressources qui pouvaient servir les intérêts de la population civile; elle prit jusqu'à extinction dans ses propres magasins en achetant de temps à autre quelques portions de blé.

En résumé, le 15 août, les calculs les plus acceptables permettaient de compter sur 60 à 70 jours de pain pour la population civile. S'il n'eût point fallu, dans les dernières semaines, admettre au partage un certain nombre de villages de la banlieue, on aurait atteint le 25 octobre sans amoindrir les rations. D'un autre côté, et sans toucher à l'importance des ressources présumées, si l'on avait rationné chacun à 500 grammes de pain dès le 15 août, on eût prolongé de quelques jours la résistance. Mais, par contre, on eût exposé les habitants à de sérieuses préoccupations dès l'origine de l'investissement. On avait 60 jours devant les mains pour sortir d'une situation difficile, cela pouvait suffire sans cet enchaînement fatal de fautes et de malheurs dont nous avons tous été témoins.

LXIV.

LE PAIN DE BOULANGE. — NOTE DE M. LE DOCTEUR FÉLIX MARÉCHAL, MAIRE DE METZ.

Le pain connu vulgairement, dans la boulangerie, sous le nom de *pain de boulange*, est confectionné avec le son et la farine du blé moulu sans blutage, et se trouve, par conséquent, produit par le grain tout entier. Ce pain a une bonne odeur et n'a au goût aucune amertume désagréable, mais on lui reproche, comme au biscuit, de craquer un peu sous la dent, ce qui se comprend, puisqu'à la mouture le son n'est pas pulvérisé aussi finement que la farine.

Les opinions sur les propriétés nutritives du son, personne ne l'ignore, sont loin d'être uniformes. « Pour les uns, le son « est une substance très alimentaire, plus riche en gluten que « le blé, et, pour les autres, c'est une substance fort peu nutri- « tive et même nuisible. » (*Dictionnaire d'hygiène publique et de salubrité*, par A. Tardieu. Paris, 1854, t. III, p. 22.)

M. Poggiale, professeur de chimie au Val-de-Grâce, a été chargé, par le ministère de la guerre, de faire l'analyse du pain de munition des divers peuples de l'Europe, de la farine et du son. Pour lui, le son contient 44 parties pour 100 de matières assimilables et 56 parties qui sont inutiles à la nutrition. Il se range, d'après ces résultats, à l'opinion de ceux qui regardent le son comme une matière peu alibile. Cependant, reconnaissant que ces observations sont en partie contredites par les habitudes de nos paysans qui ajoutent à leur pain une grande quantité de son, le savant professeur pense que, dans ce cas, le son est utile en retenant plus longtemps dans les organes digestifs les substances alimentaires et en facilitant ainsi l'absorption des substances assimilables, opinion émise depuis longtemps et que partagent beaucoup de physiologistes.

Afin de faire durer, autant que possible, les faibles ressources de l'alimentation publique pendant le blocus de Metz, le pain de boulange, par arrêté du commandant supérieur, fut exclusivement à tout autre, autorisé et tarifé. Son usage ayant été de deux semaines environ, chacun a pu apprécier, par sa propre expérience, les qualités et propriétés relatives de ce mode de panification, qui n'a donné lieu à aucune plainte sérieuse.

LXV.

FABRICATION DU SEL PENDANT LE BLOCUS. — NOTE DE M. GÉHIN, MEMBRE DU CONSEIL MUNICIPAL, SECRÉTAIRE DU CONSEIL CENTRAL D'HYGIÈNE.

C'est le 13 septembre que, sur la demande de l'un de ses membres, le Conseil municipal de Metz a décidé que l'on convertirait en sel de cuisine, ou tout au moins en eau salée, tout l'acide chlorhydrique que l'on pourrait se procurer[1].

Bien que l'opération ait été commencée dès le 15 septembre, des industriels avaient déjà réussi avant ce moment à accaparer une grande partie des substances (acide chlorhydrique et carbonate de soude) nécessaires à la fabrication du sel. C'est à cet empressement, plus ou moins désintéressé, qu'il faut attribuer le renchérissement des matières premières ainsi que la diminution notable dans les quantités acquises pour le compte de la ville; si bien que, des renseignements recueillis dans la matinée du 13, il résultait qu'on pouvait compter se procurer ainsi environ 2,000 kilos de sel au prix de revient de 0 fr. 90 ou de 1 fr. le kilo; tandis qu'il n'a été produit que 660 kilos de sel au prix de 1 fr. 10. Ce prix de revient eût même atteint le chiffre de 1 fr. 30, si la ville n'avait eu en magasin, pour les besoins des buanderies établies dans ses lavoirs, une quantité suffisante de sel de soude qui fut employée à saturer tout l'acide chlorhydrique acquis pendant les journées du 14 et du 15 septembre.

Quoi qu'il en soit, du 17 septembre au 24 octobre, la ville de Metz a pu distribuer gratuitement 1,666 litres d'eau salée, contenant par litre environ 400 grammes de chlorure de sodium (sel) parfaitement neutre et tout à fait exempt de saveur alcaline.

La répartition de cette eau saturée de sel a eu lieu de la manière suivante :

1° Aux établissements hospitaliers de Metz (hôpital Bon-Secours, hospice Saint-Nicolas et Dispensaire municipal) il a été donné 855 litres;

2° A diverses ambulances (de Friedland, de la Grève, des Récollets, du Dispensaire, des Écoles et de Mazelle) il a été donné 154 litres;

3° Aux établissements de bienfaisance (Récollets, Orphelins et Orphelinat de Saint-Joseph) il a été donné 292 litres;

---

1. Voir ci-dessus (Append. XXXVI).

4° A 102 employés de la ville (pompiers, commis de toutes sortes, garçons de bureau, commissionnaires, etc.) il a été donné 195 litres;

5° Enfin 170 litres ont été distribués directement à des militaires ou à des malheureux réduits, pour la plupart, à n'avoir pour alimentation qu'un pain défectueux et de la viande de cheval de qualité inférieure sans aucun assaisonnement pour en relever la saveur peu appétissante.

Si maintenant on considère que ces distributions ont commencé avant celles de l'eau salée de Saint-Julien et avant qu'on eût songé à utiliser les sels dénaturés destinés à l'agriculture, ou les eaux-mères de la fabrication du sulfate de baryte[1], et que, dans le courant d'octobre, le sel atteignit le prix exorbitant de 12 et 16 fr. le kilog.[2], on reconnaîtra que l'Administration municipale a rendu, avec une très minime dépense, les plus grands services à de nombreux malades, infirmes, employés ou indigents.

LXVI.

STATISTIQUE DES AMBULANCES[3]. — NOTE DE M. MICHEL, MEMBRE DE LA COMMISSION MUNICIPALE DE L'AMBULANCE DU POLYGONE.

Ire Section. — 16 Ambulances.

I. — *6 Ambulances administrées directement par l'intendance militaire.*

1. Hôpital militaire. — C'est naturellement la première ambulance qui ait fonctionné à Metz; elle a été évacuée vers

---

1. Voir, ci-après, quelques détails au sujet de cette fabrication (Append. LXVIII).
2. Voir ci-dessus, p. 78 et 259.
3. Les indications et les chiffres donnés dans cette note ont été, pour la plupart, extraits des rapports de M. Moisson, chargé, par le Conseil municipal, de recueillir tous les renseignements relatifs aux ambulances pendant le blocus.

le 1ᵉʳ janvier par ordre de l'autorité prussienne qui y a installé alors son service médical et ses malades. Jusque-là, l'hôpital militaire avait eu un nombre d'infirmes variant de 800 à 1,600, soignés par le personnel militaire de médecins[1], d'administrateurs et d'infirmiers, avec le concours de sœurs de Saint-Vincent-de-Paul et de quelques dames.

2. Caserne de cavalerie du Fort-Moselle. — Du commencement de septembre à la fin de novembre. — De 850 à 1,700 malades. Annexe de l'hôpital militaire et même personnel que cet établissement.

3. Magasin d'artillerie (au Fort-Moselle). — De la fin de septembre au mois de novembre. — De 650 à 1,000 malades. Nouvelle annexe de l'hôpital militaire et même personnel.

4. Magasin aux grains (au Fort-Moselle). — Du commencement d'octobre au commencement de novembre. — De 400 à 500 malades. Personnel militaire, avec le concours de quelques dames.

5. Caserne Chambière. — Du mois de septembre au mois de novembre. — De 1,000 à 2,000 malades. Personnel militaire.

6. Tentes du Saulcy. — Du 20 août au 20 octobre, époque où le froid et la pluie les ont rendues inhabitables. — De 700 à 900 malades. C'étaient des blessés recueillis tardivement sur les champs de bataille de Gravelotte et d'Amanvillers ou des malades atteints, pour la plupart, d'affections contagieuses. Personnel militaire. Cette ambulance, installée primitivement dans d'assez mauvaises conditions, recevait cependant la visite d'un grand nombre de dames.

II. — 5 *Ambulances en régie pour le compte de l'intendance.*

7. Hôpital de Bon-Secours. — Du 16 août à la fin de novembre. — De 50 à 180 blessés. Des malades civils, soi-

---

1. Dans l'impossibilité où nous étions de nous procurer les noms de tous les médecins militaires attachés aux ambulances, nous avons dû renoncer à en citer aucun, nous bornant à nommer seulement les médecins civils.

gnés dans cet hôpital, avaient été évacués sur l'hospice Saint-Nicolas afin de faire place aux blessés. Service chirurgical et médical des blessés et autres malades par les médecins civils titulaires des hospices : MM. Defer, Didion et Ouzaneaux, avec le concours des sœurs de Saint-Vincent-de-Paul attachées à l'établissement.

8. Collège de Saint-Clément. — Du 18 août jusqu'au mois de décembre. — De 100 à 150 malades. Installée et régie par les R. P. Jésuites dans leur établissement. Service médical : M. le docteur Warin, mort à la suite de ses fatigues, et deux médecins militaires. Plusieurs Pères, les frères et employés de la maison faisaient le service d'infirmiers.

9. Lycée. — Du 20 août au mois de novembre. — De 130 à 175 malades. Installée et régie par les soins du proviseur et de l'administration du Lycée. Service médical : M. le docteur Eug. Marchal et M. Murisier, puis des médecins militaires. Les professeurs et employés, M. l'Aumônier, plusieurs dames du quartier ou du Lycée donnaient leurs soins aux malades.

10. Manufacture des tabacs. — Organisée dès le commencement d'août, fonctionnait encore en mars 1871. Le chiffre des malades s'y est élevé jusqu'à 1,400. Médecins militaires. Cependant un médecin civil, M. le docteur Béving, y a été appelé le 13 août par un ordre de l'intendant divisionnaire transmis par M. le sous-intendant Perot. Les soins, donnés au début par les administrateurs avec le personnel d'employés, d'ouvriers et d'ouvrières, ont été confiés ensuite à des sœurs de Saint-Vincent-de-Paul et à des infirmiers militaires.

11. Presbytère de Saint-Simon. — Du 16 août au 16 février. — Avec un chiffre moyen de 20 malades. Organisée par M. le Curé, le vicaire de la paroisse et quelques dames du quartier ; régie pour le compte de l'intendance jusqu'à la fin d'octobre, gratuitement ensuite du commencement de novembre au milieu de février. Médecins militaires.

III. — 5 *Ambulances entretenues par suite de traités à forfait.*

12. Salle Foulon, rue Chambière. — Du commencement de

septembre au mois de novembre. — De 35 à 45 malades. Organisée par MM. Vacca et Saint-Jacques. Médecin civil : M. le docteur Rosman.

13. Maison Mamer, rue des Pères-Saint-Georges. — Du 25 août au 1er octobre. — De 10 à 25 malades. Organisée par la généreuse initiative et avec les soins des dames Mamer, dans les salles de leur pensionnat. Médecins civils : MM. les docteurs Herpin et Lafitte, ce dernier membre de la Société internationale française.

14. École de Saint-Vincent. — Du 20 août au mois de novembre. — De 50 à 60 malades. Organisée par les sœurs de Sainte-Chrétienne, qui donnaient leurs soins aux malades. Médecin civil : M. le docteur Roussel.

15. Sainte-Blandine. — Du 20 août au 22 novembre. — De 15 à 20 malades. Organisée par le R. P. Thro, aidé du personnel de l'établissement. Médecin civil : M. le docteur Perrin.

16. Maison Strauss, rue du Pont-des-Morts. — Du 25 août au 20 octobre. — Avec une moyenne de 15 malades. Organisée par M. le docteur H. Strauss, médecin principal en retraite, avec l'aide des personnes de sa famille.

IIe Section. — 15 Ambulances.

I. — *1 Ambulance régie gratuitement.*

17. Maison de Bouteiller. — Du 25 août jusque dans le courant d'octobre. — De 10 à 17 malades, principalement des officiers, à l'entretien desquels M. de Bouteiller a libéralement pourvu. Les soins étaient donnés par des personnes de sa famille et par une sœur de la Maternité. Médecin civil : M. le docteur Herpin.

II. — *3 Ambulances entretenues en régie pour le compte de l'intendance.*

18. Hôtel de l'artillerie. — Du 18 août au commencement de novembre. — De 90 à 115 malades. Organisée par les personnes habitant l'hôtel de l'école régimentaire et de la direc-

tion d'artillerie, sous la surveillance spéciale de M. Rémond, conseiller municipal. Service médical : médecins militaires, ou membres de la Société internationale, avec l'aide de dames habitant l'hôtel, de MM. les vicaires de Sainte-Ségolène et de deux sœurs de la Maternité. Pharmaciens et infirmiers militaires, infirmières et infirmiers civils rétribués. Après la capitulation : MM. Bushnan et Hamilton et Mmes Pigal et Moore, de la Société anglaise de secours aux blessés, et des membres de la Société luxembourgeoise ont généreusement concouru aux soins et à l'entretien de cette ambulance.

19. Écoles centrales. — Du 17 août au 24 novembre. — De 36 à 120 malades. Organisée et gérée par les soins de M. Thiriet, agent général des Écoles, et de quelques dames du voisinage. Médecin civil : M. le docteur Marchal de Mondelange, assisté d'un médecin militaire. Infirmières et infirmiers civils.

20. Bureau de bienfaisance. — Du 15 août au 10 décembre. — De 80 à 105 malades. Organisée par MM. Daunoy, administrateur du Bureau de bienfaisance, et de Tinseau, délégué. Médecin civil : M. le docteur Jacquin, assisté des sœurs de Saint-Vincent-de-Paul attachées à la maison et de quelques dames du voisinage.

III. — *11 Ambulances entretenues en vertu de traités à forfait.*

21. École protestante. — Du 15 août au milieu de novembre. — De 12 à 14 malades. Organisée par quelques personnes appartenant au culte réformé. Médecins militaires.

22. Maison de l'abbé Risse. — Du 14 août au 15 novembre. — De 40 à 45 malades. Organisée dans les bâtiments de la Société des jeunes ouvriers par les soins du directeur, M. l'abbé Risse, aidé du personnel de l'établissement et de quelques dames charitables du voisinage. Médecin civil : M. le docteur Jacquin.

23. Maison du Bon-Pasteur. — Du 20 août au 20 octobre. — De 40 à 50 malades. Organisée par les religieuses avec

l'aide du personnel de la maison. Médecin civil : M. le docteur Perrin.

24. Maison de la Maternité. — Du 20 août jusque dans le courant d'octobre. — De 15 à 25 malades. Organisée par la supérieure et les sœurs de la maison. Médecin civil : M. le docteur Degott.

25. Couvent de la Visitation. — Du 16 août jusqu'au mois de novembre. — De 20 à 58 malades. Organisée par les religieuses et le personnel de la maison. Médecins civils : MM. les docteurs Rousset et Saunois.

26. Écoles israélites. — Du 16 août au 20 octobre. — De 20 à 30 malades. Organisée par M. Bloch, ancien instituteur, assisté de personnes appartenant au culte israélite. Médecin civil : M. le docteur Haro.

27. Hospice israélite. — Du 16 août à la fin d'octobre. — De 15 à 20 malades. Organisée par les soins des administrateurs dans le local de l'hospice. Médecin civil : M. le docteur May.

28. Maison des orphelins. — Du 20 août au 20 octobre. — De 25 à 35 malades. Organisée par les sœurs de Saint-Vincent-de-Paul attachées à cette maison. Médecin civil : M. le docteur Warin.

29. Maison des orphelines. — Du 20 août au 2 octobre. — De 25 à 35 malades. Organisée par les sœurs de Saint-Vincent-de-Paul attachées à cette maison. Médecin civil : M. le docteur Michaux.

30. École normale. — Du 18 août au commencement d'octobre. — De 30 à 40 malades. Organisée par M. Coulez, directeur, aidé du concours des maîtres-élèves, d'employés de l'école et de quelques dames. Médecin civil : M. le docteur Haro.

31. École des frères, rue Taison. — Du 20 août au commencement d'octobre. — 15 malades. Organisée par le frère supérieur et les autres frères. Médecin civil : M. le docteur Rousset.

IIIe Section. — 16 Ambulances.

I. — *2 Ambulances régies gratuitement pendant un certain temps.*

32. Hôtel de la Préfecture. — Du 20 août au 25 octobre. — De 15 à 18 malades. Organisée par M. Odent, préfet de la Moselle, et Mme Odent. Sous la direction de M. Provost, secrétaire général de la préfecture, avec l'aide de quelques fonctionnaires. Les officiers blessés qui y avaient été admis recevaient les secours de médecins militaires et de médecins civils, soit de Luxembourg, soit de la Société internationale, soit de Metz même; du 20 août au 10 octobre, cette ambulance était régie gratuitement; puis, pendant une quinzaine de jours encore, elle fut gérée pour le compte de l'intendance.

33. Serre et tentes du jardin Fabert. — Du 16 août jusque dans le courant de novembre. — De 80 à 150 malades. Administrée et entretenue gratuitement par une délégation de la Société internationale française de secours aux blessés, sous la direction de M. Renou, délégué du comité. Mme Cahen; MM. les aumôniers catholiques Caussonel et de Damas et M. Durand Dassié, pasteur protestant, étaient attachés à cette ambulance, qui avait un personnel de 38 sociétaires. MM. les docteurs Lefort et Liégeois en étaient les chirurgiens en chef. Des remercîments ont été adressés au nom de la ville par la municipalité aux délégués de la Société.

II. — *3 Ambulances administrées directement par l'intendance militaire.*

34. Caserne du génie. — Du 13 août à la fin de décembre. — De 1,000 à 2,000 malades. Établie d'abord dans une aile, puis dans tous les bâtiments de la caserne du génie. En raison de l'affluence des blessés, le service, improvisé dans ce local, a laissé au début beaucoup à désirer : un grand nombre d'habitants et de dames de Metz ont cherché, par leurs soins et leur générosité, à suppléer au manque de ressources et de personnel. Une jeune fille de dix-neuf ans, Mlle Côné, a suc-

combé à la suite d'une maladie contractée à la lingerie de cette ambulance. Médecins militaires assistés de MM. les docteurs Beaumont, Crépy, Humbert, Mahu, Maillefer, Meyer, Michaux, Quarante, Razès, Roussel. Une aile de la caserne a été affectée au service d'une ambulance internationale française, et, vers la fin, le pavillon du fond était occupé par la Société internationale anglaise, qui y avait recueilli des malades.

35. Tentes de l'Esplanade. — Du 16 août au commencement de novembre. — De 1,200 à 1,700 malades. Médecins militaires et M. le docteur G. Lemattre. Ce dernier, parti de Paris par la ligne des Ardennes, et arrivé à Thionville, dut venir à pied jusqu'à Metz, où, malgré l'investissement de la place, il put encore pénétrer dans la nuit du 20 au 21 août. C'est, croyons-nous, la dernière personne venue de Paris qui soit entrée dans notre ville. Après avoir, pendant toute la durée du blocus, donné ses soins aux blessés de l'Esplanade, puis, après la reddition, à ceux de la caserne du génie, le docteur Lemattre quittait Metz le 7 décembre 1870, emportant le germe d'une fièvre typhoïde contractée dans nos ambulances et dont il mourait, à Boulogne, au sein de sa famille, le 23 janvier 1871, à l'âge de trente-deux ans. C'est une des ambulances où la charité privée a le plus largement pourvu au service des malades et aux ressources de toute nature dont ils pouvaient avoir besoin.

36. Tentes du jardin Boufflers. — Du 1er septembre au commencement de novembre. — De 310 à 480 malades. Annexe de l'Esplanade et même personnel.

III. — *5 Ambulances en régie pour le compte de l'intendance.*

37. Ambulance sous wagons. — Du commencement de septembre au milieu de novembre. — De 1,000 à 1,200 malades. Organisée par M. Dietz, ingénieur des chemins de fer de l'Est, avec le concours du personnel de la Compagnie. Médecins civils : MM. les docteurs Jacquin et Perrin et plusieurs médecins militaires.

38. Palais de justice. — Du 17 août au 5 novembre. — De 100 à 158 malades. Organisée par M. Darnis, premier président de la Cour de Metz, aidé d'un personnel composé exclusivement de magistrats et de dames appartenant à leurs familles. Six sœurs hospitalières donnaient leurs soins dans cette ambulance et 10,000 francs, recueillis au sein de ce comité particulier, ont été consacrés, par lui, aux besoins des malades recueillis au palais de justice. Médecins civils : MM. les docteurs Méry, Buffet de Luxembourg, et Szwykowski, de Briey.

39. École d'application d'artillerie et du génie. — Organisée le 1er août et fonctionnant encore en mars 1871. — Des médecins militaires, aidés d'un médecin civil, M. le docteur Brainque, ont donné leurs soins à cette ambulance où des officiers seulement étaient reçus. Leur nombre s'est élevé à 97. Plusieurs infirmiers y ont été victimes d'accidents typhiques.

40. Maison de la Régence, rue Serpenoise, 10. — Du 20 août au 22 novembre. — 12 malades. Organisée par MM. Doizy et Mariotte, aidés de personnes charitables du quartier, dans un local fourni par la Société musicale de Sainte-Cécile. Médecin civil : M. le docteur Grosjean.

41. Maison Thiriet, rue Tête-d'Or, 12. — Du 17 août au 10 octobre. — 13 malades. Organisée par MM. Doizy et Mariotte, aidés de personnes charitables du quartier, qui en ont généreusement fait tous les frais pendant les dix premiers jours. Régie ensuite pour le compte de l'intendance et visitée par un médecin militaire et par un médecin civil, M. le docteur Grosjean.

IV. — *6 Ambulances entretenues en vertu de traités à forfait.*

42. Ligue de l'enseignement, place de Chambre. — Du 20 août au 20 octobre. — De 10 à 18 malades. Organisée par les soins de M. Vacca et des membres de la Ligue et de dames de leurs familles, dans le local occupé par cette association. Médecins civils : MM. Felizet, Rapp, Rosman et Vigneau.

43. Maison Fizaine, rue Nexirue. — De la fin de septembre

au commencement de novembre. — De 25 à 30 malades. Organisée par M. Vacca, aidé de quelques dames du voisinage. Des convalescents ou des blessés peu gravement atteints étaient reçus dans cette ambulance.

44. Maison rue des Roches. — De la fin d'août à la fin de septembre. — De 10 à 15 malades. Installée par M. Pagel. Médecin civil : M. le docteur Ménard.

45. Maison rue Serpenoise, 9. — Du 17 août à la fin d'octobre. — De 17 à 30 malades. Organisée par quelques dames de ce quartier dans un appartement inhabité. Médecin civil : M. le docteur Grosjean.

46. Maison rue de la Chèvre, 19. — Du 25 août à la fin d'octobre. — De 12 à 14 malades. Organisée par M. Vacca et des membres de la loge maçonnique des Amis de la Vérité, avec le concours de plusieurs dames. Médecins civils : MM. les docteurs Bamberger, Rapp et Vigneau.

47. École de Sainte-Chrétienne, rue Taison. — Du 17 août au 28 octobre. — De 20 à 40 malades. Organisée par les religieuses de Sainte-Chrétienne, sous la direction de leur supérieure. Médecin civil : M. le docteur Roussel.

IVᵉ Section. — 14 Ambulances.

I. — 2 *Ambulances régies gratuitement.*

48. Évêché. — Du 20 août au mois de novembre. — De 27 à 33 malades. Organisée par Mgr Dupont-des-Loges, évêque de Metz, dans deux salles de l'évêché, sous la direction de M. l'abbé Germain, vicaire général, avec le concours d'ecclésiastiques attachés à l'évêché, de sœurs de l'Espérance et de quelques personnes charitables du voisinage, qui avaient complété le matériel d'installation. Les malades étaient pourvus de tout aux frais de Mgr l'Évêque, qui ne consentit à recevoir de l'intendance que les rations de pain et de viande, et plus de quinze jours seulement après la création de l'ambulance. Médecin civil : M. le docteur Michaux.

49. Maison A. Geisler, rue de l'Évêché. — Du commence-

ment de septembre jusqu'au mois de novembre. — De 10 à 15 malades. Organisée par M. Geisler, qui a pourvu libéralement à tous les besoins des malades installés dans sa maison. Médecins militaires.

II. — *1 Ambulance administrée directement par l'intendance militaire.*

50. Caserne de Coislin. — Du 15 août au mois de décembre. — De 1,200 à 1,500 malades. Organisée dans les bâtiments de la caserne Coislin qui présentait une installation plus défectueuse encore que la caserne du génie; mais, comme dans cette dernière, la charité privée a suppléé au manque de ressources et de personnel. Médecins militaires assistés de MM. les docteurs : Ward, médecin anglais; May, Saunois, Winsback et Volmereau, médecins civils.

III. — *2 Ambulances régies pour le compte de l'intendance.*

51. École Friedland. — Du 20 août à la fin d'octobre. — 25 malades. Organisée sous la surveillance de MM. Géhin et Salmon, conseillers municipaux, par M. Feuiltaine, instituteur communal, assisté de personnes charitables du quartier.

52. Dispensaire. — Du 25 août au mois de novembre. — De 60 à 120 malades. Les religieuses attachées à l'établissement secondaient les médecins militaires chargés du service.

IV. — *9 Ambulances entretenues en vertu de traités à forfait.*

53. Loge maçonnique, rue de la Fontaine. — Du 21 août au 24 novembre. — De 12 à 15 malades. Organisée par MM. Vacca et Saint-Jacques, assistés de quelques dames. Médecin civil : M. le docteur Bamberger.

54. Grand séminaire. — Du 20 août au milieu de novembre. — De 50 à 70 malades, principalement des officiers. Organisée par les directeurs et professeurs du séminaire, avec l'aide des séminaristes et de sœurs de Sainte-Chrétienne. M. l'abbé

Meyer, un des ecclésiastiques de l'établissement, a payé de la vie son dévouement. Médecin civil : M. le docteur Boyer.

55. Hospice Saint-Nicolas. — Du 17 août au 24 novembre. — De 60 à 120 malades militaires, outre toutes les femmes malades de Bon-Secours qui y avaient été transférées et qui recevaient les soins de M. le docteur Legrand. Organisée par les administrateurs des hospices avec les soins du personnel et des sœurs de Saint-Vincent-de-Paul. Médecin civil : M. le docteur Winsback.

56. Couvent du Sacré-Cœur. — Du 16 août jusque dans le courant de novembre. — De 40 à 60 blessés. Organisée par les dames du Sacré-Cœur avec l'aide de quelques personnes charitables. Médecin civil : M. le docteur Michaux.

57. Maison Georges, rempart Serpenoise, 17. — Du 20 août au 8 novembre. — De 15 à 18 malades. Organisée, avec le concours de personnes de sa famille ou de son voisinage, par M. Georges, qui y avait contracté une dangereuse maladie. Un de ses parents a dû subir une amputation à la suite d'accidents typhiques. Médecin militaire.

58. Maison des sœurs de l'Espérance, rue Châtillon. — Du 20 août jusqu'au mois de novembre. — 10 malades. Organisée par les sœurs de l'établissement, qui donnaient leurs soins aux malades. Un médecin militaire et M. le docteur Didion, médecin civil.

59. Sainte-Chrétienne, rue Saint-Gengoulf. — Du 20 août jusqu'à la fin de décembre. — De 60 à 90 malades. Organisée par les dames religieuses, assistées du personnel de l'établissement et de quelques personnes charitables. Médecin civil : M. le docteur Defer.

60. Maison Claudin, rue de la Chèvre, 34. — Du 19 août au 21 novembre. — De 15 à 18 malades. Organisée par MM. Doizy, Mariotte et Paquant, assistés de personnes de leurs familles. Médecin militaire.

61. Maison de Saint-Vincent-de-Paul, rue des Parmentiers. — Du 17 août au 8 octobre. — De 10 à 20 malades. Organisée par les membres du conseil de cette œuvre charitable, sous la

direction de MM. de Faultrier et Le Mercier. Médecin civil : M. le docteur Didion.

Vᵉ Section. — 3 Ambulances.

I. — *2 Ambulances entretenues en régie pour le compte de l'intendance.*

62. École Mazelle. — Du 17 août au 12 novembre. — De 39 à 107 malades. Organisée par M. Salmon, conseiller municipal, avec l'aide et le dévouement des directrices d'asile et des institutrices municipales. Un médecin militaire et un médecin civil étranger.

63. École de la Grève. — Du 17 août au 12 novembre. — De 28 à 83 malades. Organisée par M. Salmon, avec l'aide des sœurs de Sainte-Chrétienne. L'une d'elles, sœur Théodosie, a succombé à ses fatigues. Médecin civil : M. Baër, étudiant à l'École préparatoire de Lyon.

II. — *1 Ambulance entretenue en vertu d'un traité à forfait.*

64. Maison Moreau, rue Mazelle. — De la fin de septembre au 21 novembre. — 45 malades. Organisée par M. Moreau et les personnes de sa famille. Médecin civil : M. le docteur Robert.

AMBULANCE ÉTABLIE HORS DES MURS ET EN RÉGIE POUR LE COMPTE DE L'INTENDANCE.

65. Le Polygone. — Du 8 août au 26 novembre. — De 1,200 à 2,270 malades. Organisée par une commission municipale composée de MM. Noblot et Émile Sturel, conseillers municipaux, et de MM. Laurent et Émile Michel, qui leur furent adjoints. Le personnel médical, placé sous la direction de M. Isnard, était composé de MM. Bamberger, Degott, Didion, Grandjean, Harzé (médecin belge), Mahalin, Maillard, Ch. Marchal, Eug. Marchal, Michaux, Ouzaneaux, Rosman,

Toussaint, Vigneau, médecins traitants, et de MM. Crosse, Fauquet, Félizet, Fournier, Lombard, Mangenot, Ménard, Murizier, Pratt (chirurgien anglais) et Quéval, aides-médecins. Plusieurs personnes dévouées, des dames, des jeunes filles venaient régulièrement de Metz, deux fois par jour, pour aider aux pansements et au soulagement des malades. Un aumônier habitait constamment l'ambulance, et quatorze sœurs de Saint-Vincent-de-Paul, réparties dans les divers services, surveillaient, conjointement avec les brigadiers, le personnel civil d'infirmiers, d'employés et d'ouvrières. 5,203 malades ou blessés ont été traités à l'hôpital du Polygone; le chiffre des décès s'y est élevé à 634, en comprenant dans ce nombre les militaires arrivés mourants ou même morts pendant le transport, à la suite des batailles livrées autour de Metz.

Les sœurs Vincent Connor et Cécile Mespouliés, un jeune employé de la lingerie et plusieurs infirmiers ont succombé victimes de leur dévouement.

Les dépenses pour la construction du baraquement se sont élevées à 169,526 fr. 56; celles pour la fourniture du matériel, des médicaments, de la nourriture, et celles du traitement du personnel, en un mot toutes les dépenses du service de l'exploitation jusques et y compris le 29 octobre ont été de 294,142 fr.

A la suite de la capitulation de Metz, les Sociétés internationales étrangères de secours ont généreusement coopéré par leurs dons ou par leurs soins au soulagement des blessés et des malades. Dans la séance du 11 mars 1871, le Conseil municipal de Metz a décidé, à l'unanimité, que l'expression de la profonde reconnaissance de la cité serait transmise aux délégués de ces charitables sociétés.

1° La Société anglaise de secours aux blessés a fait aux diverses ambulances établies à Metz de nombreuses et abondantes distributions d'objets de toute nature, sous la direction de Mmes Pigal et Moore, de MM. le capitaine Brackenbury et Bushnan et de M. Tyler, secrétaire, délégués dans notre région. Une ambulance établie par cette Société à la caserne du génie a fonctionné jusqu'au 8 février; 460 blessés environ y ont été soignés et pourvus généreusement de tout ce qui pouvait leur être nécessaire.

2° La Société belge déléguée par le Comité central de Bruxelles, présidé par M. A. Vischers, a établi, le 15 novembre, au couvent de Sainte-Chrétienne, rue de l'Évêché, une ambulance dont M. Van Hinsbergh était le chef; MM. les docteurs Driane et Becour lui prêtaient leur concours. Les dépenses jusqu'au 28 février se sont élevées à 10,000 fr., et l'effectif des malades a varié entre 90 et 100. M. Van Hinsbergh est tombé malade à Metz par suite de ses fatigues.

3° La Société hollandaise avait aussi établi une ambulance, d'abord à la serre Fabert, puis rue Nexirue, dans la maison de M. de Gargan. M. Theys, médecin en chef, et deux autres docteurs de cette Société ont dû quitter notre ville à la suite de maladies contractées dans leur service; enfin M. le docteur Preyger est mort à Metz victime de son dévouement. M. le docteur Caudrï, après la retraite de M. Theys, a pris la direction du personnel, qui se composait de sept médecins, un pharmacien, deux dames, deux comptables et quinze infirmiers. 48 blessés gravement atteints ont été l'objet des soins les plus attentifs dans cette ambulance, qui a fonctionné du 24 novembre 1870 au 1er mars 1871; la moyenne des dépenses y était de 6,000 fr. par mois, et S. M. le roi des Pays-Bas avait envoyé dans les derniers temps, à Metz, son médecin ordinaire pour accompagner un envoi considérable de dons en nature destinés aux malades.

Enfin, avec les Luxembourgeois qui, outre leurs nombreuses offrandes, nous ont aussi prêté le concours dévoué de plusieurs de leurs médecins enfermés à Metz pendant le blocus, il convient encore de citer ici la Société anglaise des Amis, dont les membres, inspirés par la charité la plus intelligente et la plus généreuse, ont répandu à Metz et dans nos campagnes des secours de toute sorte, et surtout des dons importants en graines de semences et en instruments de culture. Des dames, des jeunes filles, venues avec les délégués de cette Société, ont procuré du travail aux femmes de nos villages par des commandes considérables de broderies et de tricots. Tenant à se rendre un compte exact de l'emploi des fonds qui leur avaient été confiés, les membres de la Société des Amis, pendant un séjour de plus de cinq mois à Metz, n'ont reculé devant aucune fatigue pour s'acquitter consciencieusement de leur charitable mission. Plusieurs d'entre eux y ont contracté des maladies graves, et Mlle Allen, accourue d'Angleterre pour soigner son frère atteint de la petite vérole, a succombé dans notre ville.

On s'est borné dans cette statistique à ce qui concerne l'installation et le régime administratif des ambulances de Metz[1], et on a dû s'abstenir notamment de tout ce qui concerne la partie médicale. Cette partie sera l'objet d'un travail spécial promis par M. le docteur Grellois, médecin en chef des hôpitaux et ambulances de Metz. Il a été dit plus haut que ce sujet serait également traité dans les Mémoires de la Société des sciences médicales de la Moselle.

LXVII.

APPROVISIONNEMENTS EXISTANT DANS LES CAMPAGNES. — NOTE DE M. MAGUIN, MEMBRE DU CONSEIL GÉNÉRAL DE LA MOSELLE, PRÉSIDENT DU COMICE AGRICOLE DE L'ARRONDISSEMENT DE METZ.

Lorsque la malheureuse affaire de Forbach nous fit prévoir le prochain investissement de Metz, je fus frappé, comme beaucoup de mes concitoyens, de l'absence des mesures qui devaient être prises pour l'approvisionnement de la place.

Je fis part de mes observations au général Coffinières, com-

---

[1]. Indépendamment des ambulances installées dans la plupart des communes suburbaines qui se trouvaient dans les lignes du blocus, notamment à Montigny, à Queuleu, en Plantières, à la maison des petites sœurs des pauvres, à Woippy, à Longeville, etc.

mandant supérieur de Metz, investi de tous les pouvoirs militaires et civils. Je lui offris d'adresser une circulaire aux habitants de la campagne pour les engager à amener à Metz leur bétail et leurs denrées. Il me répondit à peu près en ces termes : « Gardez-vous-en bien, ce serait alarmer les populations. La « situation n'est pas aussi mauvaise que vous le croyez. Nous « sommes chargés de la défense de la place, nous prenons les « mesures nécessaires. »

Même démarche près du grand état-major général : même réponse. L'ennemi ne voulait pas investir Metz, me dit-on, mais le tourner par Château-Salins pour marcher sur Paris.

J'offris à l'intendance divers approvisionnements, du bétail et du vin. Les approvisionnements de la place et de l'armée étaient suffisants, me répondit-on. On refusa de même, m'a dit M. Rollet fils, de Thiaucourt, 300 moutons qu'il avait offerts.

Cependant l'ennemi s'avançait. Plusieurs milliers de voitures de réquisition revenaient vides de Forbach, après la prise des vivres qu'elles avaient déchargés dans cette ville. J'insistai inutilement pour qu'on profitât de cette circonstance, afin de ramener à Metz des vivres et des fourrages. Déjà les uhlans portaient la terreur dans les environs. Les habitants des campagnes commençaient à se réfugier dans la ville.

Un arrêté du général Coffinières défendit l'entrée de la place aux campagnards qui ne seraient pas munis de quarante jours de vivres au moins.

Rien ne fut organisé pour assurer l'exécution de cet arrêté, insuffisant d'ailleurs. On entra avec ou sans vivres. On était aux environs du 12 août. Un avis du préfet aux maires des communes voisines les engagea à faire amener leur bétail sous le canon des forts. On devait leur assigner certains emplacements. Mais il était trop tard, l'avis ne parvint à temps que dans quelques communes, et les emplacements destinés au bétail ne furent point préparés. C'est ainsi que M. Obelliane, cultivateur à Antilly, n'ayant reçu aucun avis, et amenant cependant son bétail à Metz, fut obligé de le vendre à vil prix, parce qu'il ne put obtenir de l'autorité militaire aucun emplacement. C'est ainsi que M. Grandidier, cultivateur à Loyville, se présentant, vers le 10 août, avec sept chariots chargés de fourrages près du fort de Queuleu, et voulant y conduire trente-cinq bêtes à cornes, reçut la défense de stationner près du fort et dut s'en retourner chez lui. C'est ainsi encore que M. Maguin, cultivateur à Mécleuves, amenant douze bêtes à cornes dès la réception de l'avis préfectoral, se les vit enlever sur la route par les uhlans prussiens.

A ce moment les habitants des campagnes amenaient spontanément à Metz leur bétail et leurs denrées. Mais les uhlans venaient, presque sous le canon de la place, enlever une partie de ces approvisionnements et forcer ceux qui les amenaient à les retourner vers l'armée allemande.

Au même moment la cavalerie française encombrait les places et les environs de la ville. Je fis, sans succès, plusieurs démarches chez le général Coffinières et au grand état-major général pour qu'on envoyât quelques détachements de cavalerie nettoyer les routes et permettre ainsi l'arrivée des approvisionnements.

Le lendemain, passant sur la place Saint-Thiébault, je m'approchai d'un groupe où plusieurs cultivateurs discutaient vivement. « Nous sommes trahis, disaient-ils. Pourquoi, ajou- « tèrent-ils, ne nous soutenez-vous pas ? » Je leur fis part de mes démarches et emmenai à l'instant deux d'entre eux chez le général Coffinières. C'étaient MM. Jullière, propriétaire à Louvigny, et Vigneron, conseiller municipal du même village. Le général nous fit répondre qu'il ne pouvait lui-même nous recevoir et nous envoya deux officiers pour entendre nos observations.

J'insistai de nouveau pour qu'on protégeât, au moyen de reconnaissances et de patrouilles de cavalerie, les campagnards qui nous amenaient des approvisionnements. Je parlai de l'étonnement qu'inspirait l'attitude de l'autorité militaire. MM. Vigneron et Jullière parlèrent dans le même sens. Les officiers m'assurèrent qu'il serait tenu note de mes observations, que le général prenait toutes les mesures nécessaires, que nous pouvions nous tranquilliser.

Mais aucune mesure ne fut prise. Les uhlans continuèrent à saisir les voitures qui nous amenaient des vivres, et, pénétrant presque dans l'enceinte des lignes françaises, enlevèrent, à Montigny, sur la voie ferrée, environ vingt sacs de farine. Douze fantassins allemands brûlèrent, vers le 25 août, la ferme de Saint-Ladre, située entre le fortin Saint-Privat et la place. Cette ferme renfermait d'assez grandes quantités de foin et de blé en gerbes.

Après l'investissement, plusieurs fermes contenant d'assez grands approvisionnements n'avaient pas encore été occupées par l'ennemi. On les signala, mais toujours sans résultat, à l'autorité militaire. L'ennemi ne tarda pas à s'en emparer[1].

---

1. Nous pouvons ajouter aux renseignements qui précèdent quelques indications analogues empruntées à des notes que nous devons à M. Salanson, lieutenant-colonel du génie, et à M. le baron de Tricornot, propriétaire de Colombey.

Le 15 août, dit le premier, on s'occupait de travaux de défense près de la ferme de la Horgne-aux-Sablons. L'officier du génie chargé de les faire exécuter constata que cette ferme était pleine de gerbes non battues. Dans la crainte que les travaux défensifs n'attirassent sur ce point le feu de l'ennemi, ce qui pouvait entraîner la perte par l'incendie de ces précieuses ressources, cet officier, accomplissant un devoir qui incombait à d'autres, somma le fermier de transporter ses gerbes dans la ville, et, sur son refus, informa du fait le service de l'intendance et le commandement. Il lui fut répondu qu'on n'avait pas le temps de s'occuper de cela; mais qu'il y pourvût lui-même comme il l'entendrait, s'il le voulait et le pouvait. C'est ce qu'il fit, d'accord avec sept ou huit officiers de ses camarades, qui, prenant l'opération pour leur compte, firent rentrer en quelques jours, dans la ville, un approvisionnement de 1,750 gerbes, dont la paille nourrit vingt chevaux jusqu'au 30 octobre et dont le blé fournit quarante-cinq sacs, livrés, lors des réquisitions des derniers temps, à la consommation de la population civile et militaire de la place. La même ferme de la Horgne fournit des approvisionnements analogues à d'autres officiers également. Dans les derniers jours, une batterie d'artillerie campée près de là y puisait encore pour la nour-

Des sorties furent faites dans le but de ramener des vivres et des fourrages.

Mais, lorsqu'on s'était rendu maître d'un village ou d'une ferme, au lieu d'employer les voitures de réquisition des cultivateurs, et, par conséquent, des hommes habitués à charger des voitures de foin ou de blé, on se servait des voitures militaires, sur lesquelles on ne pouvait placer, faute d'échelles, de perches et de cordes, qu'une quantité dérisoire de foin ou de gerbes de blé, et encore ces gerbes de blé, non serrées, s'égrenaient par les mouvements de la voiture. Aussi les sorties ne produisaient-elles aucun résultat appréciable au point de vue du ravitaillement de la place.

M. Goetzmann, chef des convoyeurs de la Meurthe, cultiva-

riture de ses chevaux. Toutes les fermes du pays étaient, au mois d'août, aussi richement garnies que celle-là, encore pleines des produits de la récolte de l'année. On a laissé perdre la plus grande partie de ces ressources, ou gaspillées par les fourrageurs de l'armée ou incendiées par l'ennemi.

C'est ce qui devait arriver, vers la fin de septembre, à Colombey, resté jusque-là garni de ses récoltes. Le 25 septembre, le propriétaire de ce domaine faisait connaître à l'intendant général de l'armée, au Ban-Saint-Martin, que ses granges contenaient encore pour 80,000 francs de denrées, qu'il mettait à sa disposition, savoir : au château, 10,000 kilos de foin, 95 hectolitres d'avoine, 90 quintaux de blé et 2,500 gerbes non battues ; à la ferme, 60,000 kilos de fourrage et 20,000 gerbes de blé. L'intendant lui répondit qu'on ne pouvait opérer la rentrée de ces denrées qu'en protégeant l'opération par une action militaire et que le maréchal regardait à sacrifier des hommes pour faire un fourrage. Il lui fut objecté qu'on avait fait, quelques jours auparavant, les 22 et 23 septembre, à Lauvallières et à Vany, des fourrages peu fructueux qui avaient chaque fois nécessité l'occupation momentanée de Colombey, où l'on n'avait rien pris. A la suite de cette communication, une expédition fut dirigée, le 27 septembre, sur Colombey. On en rapporta quelque peu de denrées évalué à 15 quintaux par l'intendance, qui ne consentit qu'avec peine à en donner 1,600 francs au fermier, lequel estimait à 300 quintaux ce qu'on avait enlevé. Les granges de Colombey, encore à peu près pleines, furent incendiées avec le château et la ferme, le jour même, par l'ennemi.

teur très intelligent, fut frappé de cette circonstance; il fit, avec moi, une démarche chez le maréchal Bazaine, lui offrit de diriger lui-même, au moment des sorties, un détachement de convoyeurs qui saurait ramener une quantité sérieuse de fourrages et de vivres. Le maréchal accueillit favorablement cette proposition, nous dit, à cette occasion, qu'il était difficile de faire des sorties; que 40,000 Allemands venaient renforcer l'armée de blocus; que les espions de l'ennemi le prévenaient à l'avance de tous nos mouvements au moyen de lettres renfermées dans des bouteilles vides et confiées au courant de la Moselle. Mais, dans cette circonstance comme dans toutes les autres, il sut rendre stériles les offres de concours de la population civile.

On sait comment le blé que possédait la place fut gaspillé, une partie consommée par les chevaux de l'armée. Cependant, en dépit de ces fautes, la place eût pu retenir encore plusieurs jours, sous ses murs, l'armée allemande et permettre ainsi à l'armée de la Loire de dégager Paris, si l'on se fût servi des vivres qu'on possédait encore. J'essayai une dernière démarche chez le général Coffinières, je lui parlai des nombreux chevaux possédés par les particuliers, de blés déclarés et cependant non réclamés ou réclamés en partie seulement par l'autorité militaire, notamment chez M. Vianson, maire de Plappeville, et chez moi. Je lui rappelai le vœu exprimé dans une pétition couverte de nos signatures : que l'armée, quittant Metz, cessât de consommer les vivres de la place et d'abréger ainsi le temps de la défense: Le général me répondit que l'armée allait partir, qu'il fallait prendre garde, que nous serions bombardés. Et, comme je manifestai notre intention à tous de subir un bombardement plutôt que de nous rendre, je compris, par l'attitude du général, que lui et le maréchal Bazaine voulaient une capitulation immédiate et tenaient à pouvoir dire un jour qu'ils n'avaient fait que céder aux vœux de la population civile.

On a dit et répété que, durant le blocus, toute communication avec l'extérieur était impossible. Cette affirmation n'est pas exacte[1]. Plusieurs personnes, notamment des campagnards, ont passé à diverses reprises. Ainsi, le 2 septembre 1870, la femme de M. Carreau (Louis-François), manœuvre à Pommerieux, parvint à traverser les lignes prussiennes pour entrer à Metz, en passant par Avigy, le ban de Pouilly et les vignes de Magny. Son mari put également franchir les lignes ennemies pour sortir de Metz et revint avec elle à Pommerieux le lendemain 3 septembre.

On ne sait vraiment que penser de tant de particularités étranges dont tout le monde a été témoin pendant cette triste période du blocus. A la fin d'octobre, à une dernière réunion de quelques-uns des membres du Conseil général de la Moselle, enfermés alors dans la ville, séance à laquelle je me trouvais avec MM. Marcus, Fayon, Félix Maréchal et Sechehaye, nous reçûmes du préfet, M. Paul Odent, communication d'un plan que le maréchal commandant en chef avait fait exécuter. C'était un fragment de la carte de l'état-major, sur lequel était dessinée, à l'encre rouge, une formidable enceinte de batteries allemandes. Lorsque nous sortîmes de Metz, après la capitulation, M. Marcus, ancien officier du génie, et moi nous pûmes constater, comme bien d'autres, que l'importance de ces travaux d'investissement avait été considérablement exagérée.

1. Il y a eu, depuis le commencement du blocus jusqu'à la fin, des moyens de communication avec le dehors de la place, par lesquels sont arrivés à Metz des correspondances et des journaux. Le commandant supérieur connaissait notamment un de ces moyens. Une personne, qui lui a remis des journaux des 6, 8, 13 et 16 septembre arrivés par cette voie, a vu qu'elle était connue de lui. Le général en chef a donc pu toujours avoir des nouvelles du dehors. Il a eu ainsi des indications sur la position des forces et des approvisionnements de l'ennemi, et, à un certain moment, sur la présence dans nos environs de quelques centaines de soldats échappés de Sedan et cachés dans les bois. Il reçut aussi de Thionville, dans les derniers jours d'août, l'avis du mouvement du maréchal Mac-Mahon, et, dans la seconde moitié de septembre, celui qu'il était parvenu dans cette place des vivres en quantité considérable à la destination de son armée. (*Communication de M. de Pontbriant.*)

Nous invoquerions au besoin, à cet égard, le témoignage de MM. Blanpied et Neumann qui ont parcouru à ce moment, avec nous, les campagnes comme membres de la commission des secours à distribuer dans les villages.

On avait pu, cependant, reconnaître auparavant déjà ce qu'avaient parfois d'illusoire ces obstacles représentés à distance comme si terribles.

« Sur le terrain du château de Ladonchamps on avait trouvé
« (à la fin de septembre) deux avant-trains de charrue sur-
« montés de tuyaux de poêle qui simulaient des canons. Beau-
« coup des fortifications si minutieusement décrites dans les
« renseignements du quartier général ne se trouvèrent pas
« plus redoutables... Le plan dressé au Ban-Saint-Martin sert
« de suprême argument... Du haut du Saint-Quentin il est
« facile de se convaincre que sur plusieurs points ce plan n'a
« rien de sérieux. »

Nous empruntons cette citation à un journal tenu au cours des événements par M. Viansson, membre du Conseil d'arrondissement et maire de Plappeville, dont le témoignage pourrait être invoqué utilement sur bien des faits importants.

Voici encore quelques extraits de cet intéressant document :

« Tout le combat (18 août 1870, à Saint-Privat) prouvait l'ab-
« sence complète de direction. A une heure de l'après-midi, je
« me présentai au logement occupé à Plappeville par le maré-
« chal Bazaine. Moi présent, plusieurs officiers vinrent signa-
« ler au général en chef la gravité de la situation ; il parut
« taxer d'exagération leur rapport... »

« J'étais allé, avec un employé du chemin de fer de l'Est,
« prévenir le maréchal qu'une grande quantité de vivres et de
« munitions était agglomérée dans les gares du chemin de fer,
« notamment à Metz, Devant-les-Ponts, et à Maizière. A cette
« nouvelle, le maréchal parut vivement surpris et nous affirma
« qu'interrogé à plusieurs reprises à ce sujet, l'intendant en
« chef lui avait assuré qu'il n'y avait absolument rien dans les
« gares. Sur l'affirmation absolue de l'employé, le maréchal fit
« ultérieurement constater le fait. Une certaine quantité de

« vivres et surtout de munitions[1] envoyée à la suite de l'armée
« se trouvait là...

« Dans cette même journée du 18 août, vers quatre heures,
« passa le maréchal Bazaine, suivi de son état-major. Il sortait
« de Plappeville et se rendit au fort Saint-Quentin, où il donna
« l'ordre de diriger le feu sur deux batteries ennemies établies
« derrière Sainte-Ruffine...

« Le 24 octobre, alors que les hommes de la 3ᵉ division ne
« recevaient plus de pain, l'état-major de la 3ᵉ division du
« 4ᵉ corps recevait 5 litres de fort beau blé pour chaque che-
« val. On ne sait vraiment que penser de tout cela, et l'on se
« demande si l'épuisement et la mort de tant de pauvres sol-
« dats, de tant d'hommes et de tant d'enfants ne doivent pas
« être mis sur le compte de quelque machination diabolique.
« — Est-ce ineptie, est-ce trahison ? Dans tous les cas, une
« terrible responsabilité pèse sur les hommes qui nous ont
« menés là. »

LXVIII.

SERVICE DU BUREAU DE BIENFAISANCE DE METZ PENDANT LE BLOCUS.
— NOTE DE M. DE BOUTEILLER, MEMBRE DU CONSEIL MUNICIPAL.

Le nombre des familles indigentes secourues par le Bureau
de bienfaisance de Metz s'élève, depuis plusieurs années, au
chiffre de 1,400 environ. Il était, au 1ᵉʳ janvier 1870, de
1,413 familles, représentant un personnel de 4,429 individus.
Les sommes employées à les secourir ne dépassent pas, en
temps ordinaire, le chiffre total de 80,000 francs.

La perturbation produite dans les affaires industrielles et
commerciales par les premiers bruits de guerre, et, bientôt

---

1. On y a trouvé, notamment, un approvisionnement considérable en cartouches d'infanterie : « Quatre millions de cartouches dont on ignorait « l'existence, » dit M. le colonel Fay. (*Journal d'un officier de l'armée du Rhin*, p. 117.)

après, la suspension du transport des marchandises par les chemins de fer eurent pour résultat d'interrompre le travail de beaucoup d'ateliers, et il se produisit immédiatement du malaise parmi un grand nombre d'ouvriers, auxquels fit défaut le labeur quotidien. Cependant le passage et le séjour des troupes françaises dans le pays messin compensèrent, sous certains rapports, ce résultat fâcheux. Les terrassiers, les maçons, les charretiers trouvèrent, dans la construction des forts, une source abondante de travail assez bien rétribué, et les manœuvres, dont on avait un besoin pour ainsi dire indéfini, se multiplièrent par le nombre des ouvriers d'état restés sans occupation. De plus, les tailleurs, les cordonniers, les couturières trouvèrent à s'occuper de la manière la plus active en travaillant pour les officiers, arrivés la plupart avec des ressources d'habillement insuffisantes pour la saison. Beaucoup de femmes, d'enfants et même d'hommes, incapables de travailler par manque de forces ou de volonté, trouvèrent encore des moyens faciles de gagner leur vie au milieu de l'agglomération des troupes en pratiquant toutes sortes de petits commerces et en recourant aussi à la générosité naturelle des soldats français. Enfin la démolition, ordonnée par le génie de la place, de toutes les constructions, maisonnettes, palissades, treillages, qui couvraient les jardins établis sur les zones militaires, avait répandu, sur le sol, des quantités considérables de vieux bois dont une partie, abandonnée par les propriétaires, fournit aux indigents un petit approvisionnement de chauffage qu'on leur laissa recueillir. Plus tard, enfin, quand les ambulances furent établies dans la ville, un grand nombre de personnes des deux sexes y trouvèrent un salaire qui, supérieur à leur gain accoutumé, les eût mis, dans d'autres temps, au-dessus du besoin.

Mais les circonstances, sous l'action de la reclusion hermétique du blocus, devinrent rapidement des plus fâcheuses : le pain, il est vrai, avait été taxé à un taux qui n'avait rien d'excessif, et la viande de cheval était mise, en abondance, à la portée des ménages les plus modestes ; mais cette alimentation était trop différente de celle à laquelle le peuple de Metz est accoutumé pour qu'il pût apprécier l'avantage de cette dernière mesure. La privation de lard et de légumes lui était extrêmement pénible. Celle du sel l'était plus encore, et la santé publique se ressentait de l'absence de ce précieux condiment. La rareté, pour ne pas dire l'absence absolue du lait, forçait toutes les femmes à renoncer à leur aliment favori et leur santé souffrait de la rupture d'habitudes contractées dès la jeunesse; mais sa privation était plus funeste encore aux petits enfants; d'autant plus que les soucis, l'inquiétude et la mauvaise nourriture avaient, chez presque toutes les mères, détruit les ressources que la nature leur donne pour l'alimentation de leurs jeunes enfants. Les petites provisions en chauffage des premières semaines s'étaient épuisées et le charbon de terre était devenu, pour ainsi dire, introuvable, alors que la température froide et humide de l'automne compensait, d'une manière fâcheuse, les chaleurs torrides de l'été. Enfin les eaux pures et abondantes de Gorze étaient refusées aux besoins de la population et n'étaient remplacées que d'une manière bien incomplète par les eaux des sources secondaires et par celles de la Moselle, élevées au moyen d'une pompe à feu. Cette circonstance, qui ne permettait plus les lavages à grande eau des rues et des ruisseaux, alors que cette précaution eût été si nécessaire, complétait, avec les émanations morbides des ambulances, les conditions les plus antihygiéniques où pût vivre une population. La présence de vingt mille étrangers, convoyeurs, paysans réfugiés, entassés, pour la plupart, dans des réduits étroits, achevait de multiplier les causes d'insalubrité et les germes de toutes sortes de maladies.

Aussi l'état sanitaire devint-il rapidement et de plus en plus mauvais. Quelques cas de typhus, des fièvres typhoïdes en grand nombre, des varioles et des dysenteries innombrables se produisirent et la population indigente surtout, à cause des conditions que nous venons d'énumérer, fut frappée de la manière la plus cruelle. Le service médical de charité fut surchargé au delà de ses forces, et ses membres firent des prodiges de dévouement et d'activité pour essayer de se tenir à la hauteur de leurs obligations, alors que déjà une partie de leur temps était consacrée aux soins des ambulances.

Cette crise a eu un caractère trop excessif pour qu'on ait pu demander aux médecins de charité de donner, dans des rapports réguliers, le chiffre exact des malades qui ont eu recours à leurs soins pendant cette fin d'année. Mais on ne doit pas l'évaluer au-dessous de 2,000, sur lesquels 674 succombèrent[1]. Le plus grand nombre des enfants périt : les statistiques municipales portent à 656 les enfants au-dessous de cinq ans morts pendant cette période ; sur ce nombre, 346 étaient encore à la mamelle.

Cependant le Bureau de bienfaisance, par ses membres et surtout par ses admirables sœurs, faisait tous ses efforts pour soulager cette situation douloureuse. Il avait trouvé des moyens d'action considérables dans le résultat d'une souscription ouverte sur l'initiative du général commandant supérieur et qui avait pour but de *venir en aide aux misères causées par l'état de siège*. Cette souscription, ouverte le 21 septembre[2], et à laquelle l'armée prit la part la plus généreuse, atteignit le chiffre total de 103,302 fr. 25.

1. Le nombre des inhumations d'indigents fut : en août, de 65 ; en septembre, de 95 ; en octobre, de 194 ; en novembre, de 150 ; en décembre, de 170 ; en tout, 674.

Les pertes totales de la population, pendant les cinq derniers mois, s'élevèrent à :

Août 127h,	septemb. 177h,	octob. 294h,	novemb. 277h,	décemb. 189h,
— 91f	— 199f	— 333f	— 324f	— 246f
218	376	627	601	435

en tout 1,064 hommes et 1,193 femmes ; ensemble 2,257 individus (voir ci-dessus la note p. 136).

On remarquera combien la population indigente, qui n'est que la huitième partie de la population totale, fut frappée rigoureusement par cette mortalité. C'est ainsi qu'en août sa part fut de 65/218, en septembre de 95/378, en octobre de 194/677, en novembre de 150/601, en décembre de 170/435. Elle fut donc, en tout, de 674/2,257, c'est-à-dire de plus d'un quart de la totalité.

2. Voir ci-dessus, p. 181.

Aussi, la commission administrative, qui, dès les premiers jours de septembre, avait prescrit l'achat des blés et farines jugés nécessaires pour continuer au moins et augmenter, si cela se pouvait, le service ordinaire de la distribution du pain, put-elle, assurée que les ressources pécuniaires ne lui manqueraient pas, ouvrir une plus large carrière à son zèle. Limitée du côté du pain par la difficulté de se procurer de nouveaux approvisionnements, elle chercha à suppléer à l'insuffisance de ce genre de secours par d'autres moyens; c'est alors que, sur l'excellente initiative du maire, elle décida, le 23 septembre, qu'une quantité de 7,200 kilogrammes de viande de cheval de troisième qualité serait, chaque semaine, distribuée aux indigents et à toutes autres personnes qui en feraient la demande. Après la première distribution, il fut reconnu que cette viande de troisième qualité ne répondait pas suffisamment aux besoins alimentaires de la population pauvre, et, à la séance du 7 octobre, il fut décidé que la viande serait de deuxième qualité, ce qui éleva la dépense, par semaine, à 1,800 francs. Ces distributions furent continuées jusqu'au jour de la capitulation, et, en tout, il fut distribué une quantité de plus de 15,000 kilogrammes de viande pour une somme de 5,051 fr. 75.

Une circonstance heureuse permit, le 7 octobre, par le partage de la réserve des hospices, de se procurer un important approvisionnement de blé, au moyen duquel la distribution put être élargie. 165 hectolitres de plus permirent d'assurer le service du pain, jusqu'à la fin d'octobre, dans des conditions moins parcimonieuses.

Un crédit de 1,000 francs fut ouvert en même temps pour se procurer du bois de chauffage, surtout en vue des malades soignés à domicile. 25 à 30 stères de sapin furent achetés au prix de 18 et 20 francs le stère. Une acquisition considérable de charbon de terre, que l'Administration avait eu la bonne fortune de faire dans le même but, n'eut pas de suites, l'autorité ayant requis ce charbon pour les nécessités de l'éclairage au gaz.

On acheta enfin quelques cents kilogrammes de haricots et de riz qui furent partagés entre les plus nécessiteux, mais la décision relative à une distribution d'eau salée fut surtout accueillie avec gratitude par la population souffrante.

La sollicitude de l'Administration avait été, dès le début, appelée sur la nécessité de pourvoir à cet urgent besoin. La nourriture fortement azotée, à laquelle la population était obligée de recourir, exigeait en effet, impérieusement, la présence de ce condiment dans les aliments.

Dès les premiers temps du blocus, la population pauvre essaya de trouver quelques secours dans la source d'eau salée de l'établissement Sendret, à Saint-Julien, qui lui fut livrée à certaines heures. Mais cette eau n'était salée que d'une manière insuffisante, ne contenant qu'une proportion de sel de 3 sur 1,000.

Le 15 septembre M. Géhin entreprit de produire du sel par la saturation d'acide chlorhydrique, au moyen de la soude. Il produisit ainsi 6 à 700 kilogrammes qui furent distribués entre divers établissements charitables et hospitaliers et sur lesquels le Bureau de bienfaisance eut, pour sa part, 100 litres d'eau salée à 400 grammes[1].

Plus tard, le même chimiste utilisa du sel dénaturé pour les usages de l'industrie, dont 400 kilogrammes furent livrés par M. Blondin et 50 donnés par M. Hennequin, cultivateur à Borny. Ce travail de purification et de filtration donna plus de 800 litres d'eau salée à 500 grammes, dont le Bureau de bienfaisance profita exclusivement.

Mais ces moyens n'avaient paré que d'une manière incomplète aux besoins publics; un autre procédé fut plus efficace par les quantités dont il permit de disposer et par le temps que se prolongea la distribution. Ce procédé, dont l'initiative, au Bureau de bienfaisance, appartient à M. Terquem, consistait à traiter les eaux provenant de la fabrication du sulfate de baryte par double décomposition du chlorure de barium et du

---

1. Voir ci-dessus, p. 268, un passage où le Bureau de bienfaisance est mentionné, parmi les établissements de ce genre, sous le titre de *Récollets,* du nom de la maison où il fonctionne.

sulfate de soude. Cette fabrication, dirigée par M. Courte, permit, à partir du 7 octobre, de distribuer, par semaine, 2,400 litres d'eau salée à 300 grammes par litre. Cette distribution fit un bien considérable, et sa dépense ne dépassa pas 1,400 francs environ.

Mais ce fut aussi par des secours en argent, répandus largement, que le Bureau chercha à venir en aide aux misères de l'état de siège. En outre des fonds mis, chaque année, à la disposition des administrateurs, pour secours en argent et acquit de fondations (environ 12,500), une nouvelle somme de 5,000 francs fut répartie entre les sections et une autre de 4,500 francs fut destinée à soulager particulièrement ce genre d'infortunes qui veulent rester inconnues. Puis, pour entrer plus complètement dans l'esprit de la souscription, la Commission administrative mit une somme de 5,000 francs à la disposition des associations ouvrières et vint, par des subventions, montant ensemble à 7,000 francs, au secours de différentes institutions charitables, orphelinats, maternité, petites sœurs, chez lesquelles les conséquences de l'état de siège se faisaient lourdement sentir.

En résumé, pour secourir une population indigente qui s'était élevée successivement au nombre de 1,900 familles, représentant près de 6,000 individus, c'est-à-dire à un quart en sus de son chiffre primitif, le Bureau de bienfaisance s'est trouvé, grâce à la souscription, en possession de ressources exceptionnelles. Ses dépenses, dans l'année 1870, au lieu de se renfermer dans le chiffre normal de 78,000 francs environ, prévu dans son budget, sont arrivées à celui de 142,204 francs, sur lesquelles : 50,822 francs de pain, viande et chauffage, 12,500 francs de secours ordinaires et 29,112 francs de secours extraordinaires en argent et 5,587 de médicaments. La fin du pénible hiver que nous traversons verra l'épuisement complet des ressources spécialement destinées à venir en aide aux misères de l'état de siège. Puisse-t-elle voir également l'extinction de ces misères!

Lorsque la capitulation rouvrit les portes de Metz et changea les conditions d'existence de sa population, le Bureau de bienfaisance avait encore à sa disposition une réserve considérable en argent, mais la suppression des ventes de chevaux de l'armée mettait un terme à ses distributions de viande. Il n'avait plus de pain que pour une distribution incomplète; le chauffage lui faisait entièrement défaut, en un mot, il se trouvait hors d'état d'accorder aux indigents aucun secours en nature et, par conséquent, de leur venir efficacement en aide au milieu de la pénurie universelle.

Nous joignons à ce résumé quelques extraits des procès-verbaux des séances du Bureau de bienfaisance, à titre de pièces justificatives :

Séance du 16 septembre. « La commission administrative décide que Mme la Supérieure est autorisée à se procurer, par économie, la viande de cheval qui sera nécessaire pour faire le bouillon des pauvres. Elle invite M. Rapp, économe des hospices, à se procurer le plus tôt possible les blés et farines nécessaires pour assurer le service de la boulangerie. »

Séance du 23 septembre. « La commission administrative décide qu'à partir de ce jour trois distributions de viande de cheval de troisième qualité, de 2,400 kilogrammes chacune, seront faites, chaque semaine, par les membres du Bureau de bienfaisance et que les bons en seront immédiatement distribués. »

Séance du 7 octobre. « Il est décidé de faire l'acquisition de 165 hectolitres de blé au prix de 36 francs les 100 kilos, qui suffiront pour assurer le service jusqu'aux premiers jours de novembre. M. le Général commandant supérieur et l'intendant autorisent l'échange de ces blés avec M. Bouchotte, à raison de 75 kilogrammes de farine contre 100 kilogrammes de blé, pour parer à la difficulté de la mouture, et la livraison par fractions de cette farine de manière à assurer le service journalier. Il est décidé, en outre, qu'à la troisième qualité de la viande de cheval sera substituée la seconde, dans l'intérêt de l'alimentation des indigents. Il est décidé, enfin, qu'une distribution de 2,400 litres d'eau salée sera faite, chaque semaine, entre les personnes qui ont à souffrir de la privation de cette matière si importante pour la conservation de la santé. »

Séance du 21 octobre. « Le Bureau adopte la proposition de son receveur, tendant à faire ouvrir des crédits supplémentaires comprenant certaines dépenses déjà faites d'urgence et d'autres jugées indispensables, montant ensemble à une somme de 49,000 francs largement couverte par la souscription ouverte pour venir en aide aux misères de l'état de siège. Les principaux articles de ces crédits supplémentaires comprennent :

« Secours en nature : pain, viande, sel . . . 33,000 fr.
« Secours en argent 8,000
« Pharmacie. 3,000
« Personnel, entretien et réparations des locaux, assainissement, achat d'objets mobiliers . . . 5,000

« Un crédit de 1,000 francs est ouvert pour achat de bois de chauffage destiné aux malades. De plus, il est décidé qu'une distribution extraordinaire de secours en argent, montant à 2,600 francs, sera faite immédiatement. »

Séance extraordinaire du 27 octobre, à laquelle assistent tous les membres adjoints du Bureau de bienfaisance. Présidence de M. Maréchal, maire de Metz. M. de Bouteiller, secrétaire.
« Le maire expose que cette réunion a été provoquée par le besoin de subvenir aux nécessités de la situation présente.

« Un projet a été étudié pour remplacer la distribution de pain par d'abondantes distributions de viande cuite; mais il a fallu y renoncer par suite de l'interruption des fournitures de chevaux faites par l'armée.

« La souscription ouverte sur l'initiative du général commandant supérieur a atteint le chiffre de 101,000 francs. Ces fonds ne sont pas seulement destinés aux pauvres, ils le sont également à ceux dont la situation est devenue mauvaise, par suite des déplorables circonstances où nous sommes. Il y a à Metz deux sociétés de secours mutuels dont les membres, en temps ordinaire, vivent de leurs ressources sans rien demander à la charité publique. Mais, en ce moment où les charges les plus lourdes pèsent sur eux, ils sont en droit de demander leur part de secours. Même observation au sujet des pauvres campagnards, convoyeurs ou réfugiés, qui sont malades en grand nombre et dénués de tous moyens d'existence.

« Il y a, en ce moment, des malades innombrables à Metz. Les hôpitaux sont encombrés et la plupart ont dû rester dans leur domicile, où ils ne trouvent pas, d'une manière suffisante, les secours dont ils auraient besoin. Enfin il en est un grand nombre qui ont dû déposer au mont-de-piété des objets de literie dont ils auraient, par ces mauvais jours froids et humides, un si pressant besoin.

« C'est à tous ces genres de misères que doit s'appliquer l'emploi de la souscription ouverte pour subvenir aux nécessités de ces tristes jours. Le Bureau de bienfaisance a bien voulu se charger de cette œuvre, mais il faut que son service ordinaire soit agrandi dans une large mesure pour qu'il ait quelque efficacité en présence de tels besoins.

« M. Daunoy dit que les misères que l'on a pu connaître ont été soulagées sans distinction et que les ménages gênés, qui ont reçu des secours de viande et de sel notamment, sont loin d'être tous portés sur la liste des indigents. Les ouvriers, et particulièrement les membres des sociétés de secours mutuels, doivent être l'objet d'une sollicitude spéciale, la dignité de leurs habitudes et de leur caractère ne leur permettant pas de demander. Il faudrait qu'une certaine somme leur fût attribuée et fût répartie entre eux par des intermédiaires, bons juges de leurs besoins, de manière à ne pas blesser d'honorables susceptibilités.

« M. Terquem dit que nul besoin signalé n'est resté sans soulagement parmi ceux qui souffrent de l'état de siège.

« M. Maguin reconnaît que cela est vrai dans une certaine limite, mais qu'il n'a pas été possible de faire tout ce qui aurait été nécessaire. Les distributions d'argent ne sont faites que d'une manière insuffisante et, en présence du chiffre considérable qu'a atteint la souscription, il lui semble qu'il faudrait être plus large qu'on ne l'a été jusqu'ici.

« MM. de Bouteiller et Terquem parlent dans le même sens. Ce dernier propose que les distributions d'argent soient peu considérables, mais fréquentes, de manière à ce que ceux qui en seront l'objet y trouvent un soulagement sans pouvoir en abuser.

« Après une discussion à laquelle prennent part plusieurs autres membres, il est décidé que, sur les fonds provenant de la souscription destinée à soulager les misères de l'état de siège, une somme de 14,500 francs sera immédiatement répartie de la manière suivante :

« 1° Pour venir en aide aux ouvriers rendus nécessiteux par le manque de travail . . . . 5,000 fr.

« 2° Pour distribution aux indigents secourus par le Bureau 5,000

« 3° Pour secourir des infortunes exceptionnelles 4,500

« A cet effet, un nouveau crédit supplémentaire de 14,500 fr. est ouvert au budget de 1870 pour secours en argent. »

TABLE CHRONOLOGIQUE

DES

PRINCIPAUX FAITS RELATIFS AU BLOCUS

16 *Juillet.* — Alerte de Sierck, causée par une reconnaissance de uhlans poussée jusque dans cette petite ville. — Démarches de quelques citoyens de Metz auprès du maire, du préfet et du lieutenant général commandant la division, pour obtenir l'organisation de la garde nationale. — Les troupes formant le 2e corps (Frossard) commencent à arriver à Saint-Avold.

17 *Juillet.* — Arrivée à Metz, par le chemin de fer, des premières troupes destinées à former, avec la garnison, le 3e corps (Bazaine), campées au Ban-Saint-Martin et au polygone de Chambière.

18 *Juillet.* — Arrivée à Metz du maréchal Bazaine. — Vœu exprimé par le Conseil municipal de Metz pour la formation de la garde nationale.

21 *Juillet.* — Démarches inutiles de la Chambre de commerce de Metz pour obtenir que le chemin de fer de l'Est, exclusivement consacré, depuis plusieurs jours, au mouvement des troupes, admette quelques transports d'objets de consommation, dont la ville n'est pas suffisamment pourvue. Cette demande, repoussée par l'autorité militaire, est adressée au ministre du commerce et n'aboutit pas. — Mouvement du 4e corps (Ladmirault) de Thionville sur Kœnigsmacker.

22 *Juillet.* — Commencement du mouvement en avant du 3e corps (Bazaine) formé à Metz, dans la direction de Boulay et de Bouzonville, en arrière du 2e corps (Frossard), qui se porte de Saint-Avold sur Forbach. — Constitution, par les dames de Metz, d'un comité de secours pour les blessés.

23 *Juillet.* — Ouverture, à l'hôtel de ville, d'une souscription pour former à Metz un fonds de secours pour les blessés.

26 *Juillet*. — Réunion à l'hôtel de ville des médecins et pharmaciens civils qui se partagent, sous la présidence de M. le Dr Isnard, ancien médecin en chef d'armée, et de M. le Dr Dieu, le service des ambulances de Metz. — Arrivée à Metz de la 1re partie de la garde impériale (voltigeurs et chasseurs à pied), campée au Ban-Saint-Martin.

27 *Juillet*. — Arrivée à Metz de la 2e partie de la garde impériale (grenadiers et zouaves), campée au polygone de Chambière. — Établissement d'une voie ferrée, sur les glacis de la place, pour relier l'arsenal d'artillerie à la gare du chemin de fer.

28 *Juillet*. — Arrivée dans la soirée, à Metz, de l'Empereur et du Prince impérial. — Ils vont se loger à l'hôtel de la préfecture.

2 *Août*. — Combat de Sarrebruck.

4 *Août*. — Mouvement en avant de la garde impériale dans la direction de Boulay. — (Bataille de Wissembourg.)

6 *Août*. — Bataille de Forbach (ou Spickeren). — Mouvement de retraite de l'armée sur Metz. — (Bataille de Reichshoffen.)

7 *Août*. — Le général du génie Coffinières de Nordeck est nommé commandant supérieur de la place de Metz. — Mise en état de siège de la place de Metz. — Annulation des opérations électorales commencées le 6 pour le renouvellement du Conseil municipal, lequel est maintenu dans ses fonctions; le maire et ses adjoints sont aussi conservés dans les leurs. — Organisation de la garde nationale. — Ajournement d'un concert, annoncé pour ce jour à l'Esplanade, par les Sociétés chorales de Metz, au profit des blessés.

8 *Août*. — Arrivée à Metz du général Changarnier.

11 *Août*. — Concentration de l'armée repliée sous les remparts de Metz. — Reconnaissance de chasseurs d'Afrique jusqu'à Nomeny.

12 *Août*. — Nomination du maréchal Bazaine au commandement en chef de l'armée du Rhin, quitté par l'Empereur. — Proclamation au peuple français lancée par le roi de Prusse de son quartier général à Saint-Avold. — Reconnaissance de chasseurs d'Afrique jusqu'à Pont-à-Mousson. — (Occupation de Nancy par les Prussiens.)

13 *Août*. — Les communications sur Frouard sont interceptées. — Le maréchal Bazaine prend le commandement de l'armée. — Ordre du général en chef prescrivant le mouvement de retraite de l'armée sur Verdun. — Commencement du service de la garde nationale.

14 *Août*. — L'Empereur et le Prince impérial quittent Metz à trois

heures et vont passer la nuit à Longeville. — L'armée commence son mouvement de retraite. — Bataille de Borny engagée sur ses derrières par une attaque de l'ennemi, que repoussent le 3ᵉ corps (De Caen, précédemment Bazaine) et partie du 4ᵉ (Ladmirault); l'affaire, commencée vers quatre heures du soir, dure jusqu'à la nuit.

15 *Août*. — On constate l'existence, dans la ville, d'une réserve de blé suffisante pour l'alimentation de la population civile, pendant 60 à 70 jours. — L'Empereur et le Prince impérial quittent Longeville et vont coucher à Gravelotte. — L'armée française s'élève sur les plateaux qui dominent la rive gauche de la Moselle.

16 *Août*. — L'Empereur et le Prince impérial quittent Gravelotte de grand matin se dirigeant sur Verdun. — Bataille de Gravelotte (ou Rezonville). — Vers neuf heures du matin l'ennemi attaque la division Forton, qui se replie sur le 2ᵉ corps; l'action devient bientôt générale et dure jusqu'à la nuit; l'armée française reste maîtresse du champ de bataille, mais, dans la nuit, elle reçoit l'ordre de se replier sur Metz pour se ravitailler. — On commence à dresser, sur l'Esplanade, des tentes pour une ambulance.

17 *Août*. — L'armée, complétant le mouvement prescrit à la suite de la bataille de la veille, occupe les positions comprises entre Rozérieulles et Saint-Privat-la-Montagne. — Le maréchal Bazaine place son quartier général au village de Plappeville. — Les ambulances de Metz se forment; les tentes de l'Esplanade se remplissent.

18 *Août*. — Bataille d'Amanvillers. — L'armée française, attaquée à onze heures du matin dans les positions qu'elle a prises la veille, soutient le combat jusqu'à la nuit; le maréchal Bazaine ne paraît pas sur le champ de bataille; vers le soir, un mouvement tournant de l'ennemi sur notre droite et l'épuisement des munitions décident contre nous de l'issue de la journée.

19 *Août*. — L'armée est concentrée devant Metz, sous la protection des forts de la rive gauche. — La rive droite étant dégarnie, l'ennemi occupe momentanément les ateliers du chemin de fer à Montigny. — Le maréchal Bazaine fixe son quartier général au Ban-Saint-Martin; il fait connaître sa situation à l'Empereur, par une dépêche qui arrive à destination. — Départ du dernier courrier de Metz pour Paris par la voie des Ardennes. — Dans la soirée, l'ennemi coupe les fils télégraphiques et intercepte les communications sur Thionville. — Metz est bloqué. Les derniers journaux qui y soient parvenus sont ceux du 16 août.

20 *Août*. — On installe, aux Roches, des pompes à vapeur pour éle-

ver dans la ville les eaux de la Moselle, en prévision de la coupure de l'aqueduc de Gorze.

21 Août. — L'ennemi commence ses travaux de circonvallation autour de Metz.

22 Août. — Une partie de l'armée passe de la rive gauche sur la rive droite de la Moselle; le 3ᵉ corps (Lebœuf, précédemment Bazaine, puis De Caen) s'étend de Saint-Julien à Montigny. Le reste de l'armée occupe toujours la rive gauche : le 2ᵉ corps (Frossard) à Longeville, le 4ᵉ corps (Ladmirault) à Plappeville, le 6ᵉ corps (Canrobert) et la garde (Bourbaki) du Ban-Saint-Martin à la Moselle. La cavalerie en Chambière et sur les glacis de la place.

24 Août. — Premier échange de prisonniers sur la route de Moulins et de blessés sur la route de Courcelles. — Les vivres deviennent rares, la population de la ville étant accrue de près de moitié par les réfugiés des campagnes, indépendamment des 150,000 bouches de l'armée. — La ville et ses abords sont encombrés de voitures des campagnards réfugiés ou réquisitionnés pour les transports de l'armée.

26 Août. — L'armée se porte, dès le matin, sur la rive droite de la Moselle. — A la suite d'un conseil de guerre tenu à Grimont, sous la présidence du général en chef, les troupes rentrent, vers quatre heures du soir, dans leurs cantonnements. — La pluie les a, dit-on, empêchées de se porter en avant. — Le 2ᵉ corps (Frossard), au lieu de repasser la Moselle, prend position à Montigny et au Sablon, avec la division Lapasset, séparée du 5ᵉ corps (De Failly).

27 Août. — La pluie continue à tomber abondamment; elle inonde les campements. — On installe, sur la place Royale, les wagons du chemin de fer pour une ambulance.

29 Août. — Le temps s'améliore et le sol sèche un peu.

30 Août. — Le maréchal Bazaine reçoit une dernière dépêche de l'Empereur, accusant réception de celle du maréchal, du 19, et lui faisant connaître le mouvement prochain de l'armée du maréchal Mac-Mahon sur Montmédy.

31 Août. — L'armée se porte, dès le matin, comme le 26, sur la rive droite de la Moselle, en avant de Saint-Julien; vers quatre heures du soir s'engage une action ayant pour objectif la position ennemie de Sainte-Barbe; à la tombée du jour, on a effectué un mouvement en avant et conquis les positions de Montoy, Noisseville et Servigny. — L'ennemi renforcé les reprend pendant la nuit et le lendemain matin.

1er *Septembre.* — Vers onze heures du matin, l'armée se replie en combattant et rentre dans ses cantonnements. — Le résultat de ces deux journées très meurtrières est, pour nous, complètement nul. — (Désastre de Sedan.)

2 *Septembre.* — Occupation des wagons-ambulance de la place Royale.

3 *Septembre.* — Enterrement du général De Caen, mort d'une blessure reçue le 14 août à la tête du 3e corps. — Les ambulances contiennent environ 18,000 blessés et malades.

5 *Septembre.* — Départ d'un ballon emportant des dépêches privées. On en lance un certain nombre jusque vers la fin de septembre.

6 *Septembre.* — La viande de cheval remplace celle de bœuf dans l'alimentation de l'armée.

7 *Septembre.* — Premières informations sur la catastrophe de Sedan apportées par des prisonniers rendus.

9 *Septembre.* — Le temps, très mauvais, empêche tout mouvement. — Vers sept heures du soir, une canonnade générale est engagée tout autour de la place par l'ennemi; elle dure environ une heure et demie; on n'en connait pas la cause et le résultat en est tout à fait nul.

11 *Septembre.* — Enterrement, à Saint-Julien, du général Manèque, mort d'une blessure reçue le 1er septembre.

12 *Septembre.* — Premières nouvelles positives de la captivité de l'Empereur, de sa déchéance, de la fuite de l'Impératrice et du Prince impérial en Angleterre et de la formation, à Paris, du gouvernement de la défense nationale. — Ces nouvelles sont communiquées par le maréchal Bazaine aux chefs de l'armée; elles se répandent dans la ville par la voie des journaux.

15 *Septembre.* — Avant le jour, coup de main des Prussiens sur le village de Méy. — La ration de pain de l'armée est réduite de 750 grammes à 500.

16 *Septembre.* — Ordre du jour du maréchal Bazaine faisant connaître à l'armée les nouvelles communiquées le 12 aux généraux. — Le bruit se répand, dans la ville, d'un prochain bombardement et le général Coffinières fait prendre certaines précautions dans cette prévision. — Départ du premier ballon-poste mis, par l'autorité militaire, à la disposition du public pour des dépêches ouvertes, de très petites dimensions.

19 *Septembre.* — Nouvelles de l'extérieur apportées en ville par un homme venant d'Ars-sur-Moselle.

20 *Septembre.* — Le bruit que la paix est faite circule depuis deux ou trois jours dans la ville.

21 *Septembre.* — Échange de prisonniers. — Le temps est devenu chaud et beau.

22 *Septembre.* — Fourrage peu fructueux exécuté sur Lauvallières.

23 *Septembre.* — Fourrage tenté, sans grand résultat, sur Vany, Chieulles et Servigny. — Nouvelles de Paris par des journaux des 18 et 20 courant, parvenus au grand quartier général. — Arrivée, à huit heures du soir, de l'agent secret Regnier au Ban-Saint-Martin. Reçu aussitôt par le maréchal Bazaine, il repart dans la nuit pour le quartier général du prince Frédéric-Charles à Corny et revient le lendemain matin à celui du maréchal.

24 *Septembre.* — De fréquentes allées et venues entre les deux quartiers généraux, français et allemand, accréditent l'opinion qu'on est dans une phase de négociations.

25 *Septembre.* — Le général Bourbaki passe les lignes, avec le consentement de l'ennemi et sur un ordre écrit du maréchal Bazaine, pour aller remplir une mission auprès de l'Impératrice. Il part mêlé à un groupe de médecins luxembourgeois qui ont obtenu, la veille, l'autorisation de retourner chez eux, et sous la conduite de l'agent secret Regnier. — L'ennemi est délogé du château de Ladonchamps.

27 *Septembre.* — Mouvements offensifs exécutés par des détachements du 2e et du 3e corps sur Peltre et Mercy et sur Colombey. — Nouvelle attaque du 6e corps sur Ladonchamps. — Destruction, par le feu, des châteaux et fermes de Mercy, de Colombey et de la Grange-aux-Bois. — Peltre et le château de Crépy sont incendiés à la tombée du jour par l'ennemi.

30 *Septembre.* — Épuisement, à peu près complet, des objets de consommation dans les magasins de commerce de la ville. — A ce moment, on compte à Metz 14 ou 15 décès par jour dans la population civile. — Visite du maire de la ville au maréchal Bazaine pour lui faire connaître les sentiments des habitants de Metz sur la situation.

1er *Octobre.* — Coup de main sur Lessy et le chalet Billaudel; des troupes de la division Laurencez (4e corps) s'en emparent et s'y retranchent. — Les ambulances de Metz contiennent 14,514 malades, dont 8,581 blessés. — Depuis quelques jours, une tolérance inexpliquée permet à l'armée d'expédier et de recevoir des lettres par la voie des parlementaires.

2 *Octobre.* — On s'est battu toute la nuit. — Le château de Ladon-

champs est définitivement occupé par nos troupes qui s'y fortifient et ne l'abandonnent plus. — L'ennemi tire de sa batterie des bouleaux (Jussy) sur le village de Sainte-Ruffine.

3 Octobre. — Le poste de l'hôtel de ville occupé depuis une douzaine de jours par la ligne est remis à la garde nationale.

4 Octobre. — On annonce le prochain départ de l'armée, laissant pour la défense de la ville une garnison de 25,000 hommes avec les gardes nationales mobile et sédentaire. — Dans une séance du Conseil municipal et d'habitants notables réunis à l'hôtel de ville, on décide le recensement de la population civile pour régulariser et contrôler, au moyen de cartes personnelles, la consommation du pain.

5 Octobre. — Commencement du travail de recensement décidé la veille. — Nouveaux bruits du prochain départ de l'armée.

6 Octobre. — Retours offensifs de l'ennemi sur Ladonchamps et sur Lessy; ils sont repoussés. — Évacuation, sur la ville, des ambulances de l'extérieur; on se flatte que c'est un signe du départ, impatiemment attendu, de l'armée.

7 Octobre. — Échange de prisonniers; ceux qu'on nous rend viennent de Mayence et ont été pris à Strasbourg, à Paris, à Toul. — Lettre du maréchal Bazaine aux commandants des corps de l'armée pour leur faire connaître le prochain épuisement des vivres et leur demander leur avis écrit sur la situation. — Reconnaissance offensive opérée par des troupes du 6e corps et de la garde impériale dans la plaine de Thionville. Cette opération, brillamment exécutée et assez meurtrière, est sans portée connue et sans résultat sérieux. — C'est la dernière action engagée par l'armée de Metz. — Cette journée est aussi, à peu près, la dernière journée de beau temps de la saison.

8 Octobre. — Commencement d'un temps pluvieux qui éprouve cruellement les troupes dans leurs campements et fait beaucoup de mal aux chevaux. — Ceux-ci ne mangent plus guère que des sarments de vigne, des feuilles et des écorces d'arbres.

9 Octobre. — Tir des forts de Queuleu et de Saint-Quentin sur les batteries ennemies de Fleury et d'Orly. — Le chiffre officiel des pertes éprouvées par l'armée de Metz s'élève, à ce jour, à 38,138 hommes, tués, blessés ou disparus. — La ration de pain de l'armée est réduite de 500 grammes à 300.

10 Octobre. — Conseil de guerre au grand quartier général du Ban-Saint-Martin. On y reconnaît l'impossibilité, pour l'armée, de vivre au delà du 20 octobre et on y décide la suspension de toute opération, l'entrée en pourparlers avec l'ennemi et l'envoi à Versailles du général Boyer pour pressentir les conditions qu'on peut attendre du roi de Prusse. — La pluie continue; les chevaux meurent en grand nombre. — Dans la ville la moyenne des décès, pour la population civile, est de 18 à 19 par jour.

11 *Octobre.* — L'autorisation demandée pour le général Boyer d'aller à Versailles est refusée. — Visite des officiers de la garde nationale au général Coffinières.

12 *Octobre.* — Le général Boyer reçoit, sur un ordre télégraphié par le roi de Prusse, l'autorisation de se rendre à Versailles; il part accompagné de deux officiers de l'état-major du prince Frédéric-Charles. — La nouvelle répandue dans la ville que les vivres touchent à leur fin est accueillie avec incrédulité par les habitants. — Des bruits de capitulation circulant dans le public y causent une vive indignation. — Constitution, par le général Coffinières, du comité de surveillance des approvisionnements de siège, dont la première opération consiste à reconnaître, le lendemain, l'épuisement à peu près complet des vivres.

13 *Octobre.* — Dans plusieurs réunions privées on proteste contre tout projet de capitulation. — Le Conseil municipal s'associe à ce mouvement d'opinion par une lettre adressée ce jour même au général Coffinières et rendue publique par voie d'affiches.

14 *Octobre.* — La population, très surexcitée, se prononce de différentes manières contre l'idée d'une capitulation. — Le général Coffinières offre au maréchal Bazaine sa démission, qui est refusée.

15 *Octobre.* — Les commandants de la garde nationale sont mandés par le maréchal Bazaine au Ban-Saint-Martin. Échange d'explications.

16 *Octobre.* — Le temps se lève un peu; les promeneurs se répandent autour de la ville et dans les camps; la vue des lieux dévastés confirme dans les esprits une impression générale de douloureuse tristesse. — Depuis huit jours, les ambulances reçoivent journellement environ 100 nouveaux malades et perdent 50 à 60 morts; la mortalité atteint surtout les blessés. — La ration de pain, pour la population civile, est réduite à 400 grammes. — L'armée perd environ 1,000 chevaux par jour.

17 *Octobre.* — On constate ce jour, dans la population civile, vingt-huit décès. — Retour du général Boyer.

18 *Octobre.* — Conseil de guerre pour entendre et apprécier les communications du général Boyer. Les nouvelles qu'il rapporte de Versailles

sont : que l'anarchie règne en France; que le pays n'a plus ni gouvernement ni armée; que Rouen et le Havre, pillés par les socialistes, ont demandé et reçu des garnisons prussiennes; que, malgré l'avis de M. de Moltke de ne pas accorder à l'armée de Metz d'autres conditions que celles de la capitulation de Sedan, le roi, disposé à traiter de la paix soit avec la régente, soit avec tout autre gouvernement régulièrement constitué par le pays, consentirait, si de semblables négociations devaient aboutir, à laisser libre l'armée de Metz, à la condition qu'elle ne prendrait plus part à la guerre et qu'elle s'engagerait à défendre exclusivement, à l'intérieur, le gouvernement. — Le conseil décide que le général Boyer retournera immédiatement à Versailles et se rendra de là en Angleterre pour obtenir de l'Impératrice son acquiescement à ces arrangements.

19 *Octobre.* — Dans chaque corps, les officiers supérieurs, réunis par ordre du maréchal Bazaine, reçoivent communication de ces nouvelles et sont chargés de les transmettre verbalement aux troupes. — La ration de pain, pour la population civile, est réduite à 300 grammes.

24 *Octobre.* — Le prince Frédéric-Charles fait parvenir au maréchal Bazaine l'avis que les négociations suivies à Versailles n'ont pas abouti, l'Impératrice refusant de s'y prêter. — On constate à ce jour, dans la ville, trente-cinq décès pour la population civile.

25 *Octobre.* — A la suite d'un conseil de guerre, le général Changarnier se rend à Corny, près du prince Frédéric-Charles, pour lui demander un armistice et l'autorisation, pour l'armée, de se retirer librement en Algérie. — Ces demandes ne sont pas accueillies.

26 *Octobre.* — Le bruit se répand dans la ville que l'ennemi exige la capitulation de l'armée et de la place. — Conseil de guerre où le général Changarnier rend compte de sa mission de la veille. Il est décidé que le général Jarras sera envoyé au quartier général du prince Frédéric-Charles pour discuter les conditions de la capitulation de l'armée et de la reddition de la ville, exigées l'une et l'autre par l'ennemi.

27 *Octobre.* — Les généraux Jarras et Stiehle, chefs d'état-major des deux armées, signent, au château de Frescati, les conditions de la convention militaire. — Une proclamation du général Coffinières fait connaître à la population la double capitulation consentie le jour même à Frescati.

28 *Octobre.* — Dernier conseil de guerre. La capitulation de l'armée et la reddition de la ville, stipulées la veille, sont approuvées par le maréchal Bazaine, par les maréchaux et généraux commandant les corps et

les services généraux de l'armée et par le général Coffinières, commandant supérieur de la place de Metz. — Préparatifs pour la reddition du matériel, armes, drapeaux, étendards, munitions, etc. — Manifestations tumultueuses dans la ville contre la capitulation ; on y remarque des gardes nationaux en armes et quelques officiers de l'armée. — Des détachements de la garde impériale sont introduits dans la place pour comprimer ce mouvement. — A cinq heures du soir, le maréchal Bazaine va se constituer prisonnier à Corny.

29 *Octobre*. — Le calme est rétabli. — A midi les forts et la porte Mazelle sont remis à l'ennemi, qui pénètre dans la ville à quatre heures du soir. — Les détachements de la garde impériale quittent à ce moment les positions qu'ils occupent dans la ville depuis la veille.

MÉMOIRES

POUR

LA VILLE DE METZ

DANS LES

NÉGOCIATIONS DE PAIX

ENTRE

LA FRANCE ET L'ALLEMAGNE

PUBLICATION

DU

CONSEIL MUNICIPAL

DE METZ

Au mois de février dernier, lorsque les négociations pour la paix furent annoncées et que les premiers bruits se propagèrent, touchant quelques-unes de ses conditions, le Conseil municipal de Metz jugea opportun d'appeler l'attention publique sur certaines questions trop peu connues concernant l'histoire et les intérêts de cette ville. Telle fut l'occasion d'un *premier mémoire* approuvé à l'unanimité par le Conseil, dans sa séance du 11 février 1871, et adressé de sa part, à Bordeaux, à l'Assemblée nationale, investie du mandat de statuer sur les préliminaires du traité de paix.

Un peu plus tard, les négociateurs se réunissant à Bruxelles pour discuter et fixer les conditions du traité définitif, il fut dit qu'on y trouvait le premier mémoire trop succinct, en ce qui touchait surtout la question historique, et trop réservé notamment dans l'indication des documents originaux qui peuvent servir de preuves aux développements qu'elle comporte. On décida, en conséquence, à Metz, la rédaction d'un *second mémoire*, pour satisfaire à ces observations. Ce nouveau travail fut, comme l'avait été le premier, approuvé à l'unanimité par le Conseil municipal, dans sa séance du 13 avril 1871, et adressé aux plénipotentiaires qui étaient réunis à Bruxelles. Le Conseil décida, en outre, que les deux mémoires, destinés à se compléter l'un l'autre, seraient imprimés et réunis dans une publication commune faite en son nom.

Au moment où, dans des discussions encore ouvertes, se débattent nos plus chers intérêts, on trouvera naturel que nous élevions la voix. Nul ne saurait méconnaître que c'est pour nous un droit incontestable et un devoir.

Metz, 14 avril 1871.

MÉMOIRES POUR LA VILLE DE METZ, 1871.

Le premier Mémoire I, p. 317 à 320, est de M. Aug. Prost, membre du Conseil municipal.
Le premier Mémoire II, p. 320 à 323, est de M. Ed. Boulangé, membre du Conseil municipal.
Le second Mémoire, p. 324 à 341, est de M. Aug. Prost, membre du Conseil municipal.

PREMIER MÉMOIRE

ADRESSÉ

PAR LE CONSEIL MUNICIPAL DE METZ

LE 11 FÉVRIER 1871

A L'ASSEMBLÉE NATIONALE, A BORDEAUX

I. — La ville de Metz est, dit-on, menacée d'être arrachée à la France. Elle est réclamée comme sienne par l'Allemagne.

L'Allemagne dit que Metz lui appartient et, pour justifier cette prétention, elle invoque des considérations historiques. Elle dit que Metz a fait partie autrefois de l'Empire Germanique.

Oui, sans doute, au moyen âge, Metz a été membre de l'Empire Germanique, ou pour mieux dire du *Saint Empire Romain*, car c'est ainsi qu'on l'appelait. Metz a été de l'Empire comme d'autres parties de la France, comme l'Italie, comme l'Allemagne.

Les chefs électifs de ce grand corps politique, décorés des titres de Roi des Romains et d'Empereur, ont été tantôt Français, tantôt Allemands, tantôt Espagnols ou Hollandais, ou même Anglais. Notre roi François Ier a été un jour candidat à cette suprême dignité.

Mais le Saint Empire Romain n'existe plus et il n'est pas question, que nous sachions, de le ressusciter. La moderne Allemagne se ferait illusion si elle croyait qu'il lui suffit de se soumettre à un empereur pour le faire renaître.

Cet ancien Empire était une agrégation d'États indépendants. La ville libre de Metz était du nombre. Disons, puisqu'on s'en préoccupe aujourd'hui, dans quelle condition elle y a existé, et comment elle en est sortie.

De même que la plupart des villes épiscopales de l'Empire, en France, en Italie, en Allemagne, Metz a vu, dès le xe siècle, ses évêques investis des *régales*, ou droits royaux, dont les principaux étaient la juridiction et la monnaie. La Cité avait réussi, depuis le xiie siècle, à exercer elle-même, en fait, dans son sein, ces droits royaux, sans que ceux-ci eussent cessé d'appartenir, en principe, aux évêques. Les témoignages de cette situation sont formels et ils abondent dans notre histoire.

Quant aux chefs de l'Empire, quant aux Rois des Romains, quant aux Empereurs, ils n'exerçaient alors en réalité presqu'aucun droit à Metz, et, lorsqu'ils venaient dans cette ville, ses habitants leur faisaient jurer, avant de les y laisser entrer, de respecter ses franchises et ses libertés. Nos archives, nos chroniques sont pleines des preuves qu'il en était ainsi.

Telle était, au moyen âge, la situation de Metz, ville libre, ville toute Française par ses origines et par les conditions constantes de race de sa population. Agrégée pour un temps au corps de l'Empire, elle s'en détache un jour pour s'unir au royaume de France, vers lequel la ramenaient de plus en plus ses intérêts. Comment y entre-t-elle? Par des traités régulièrement consentis.

Les évêques n'avaient jamais renoncé aux *régales*, ou droits royaux, qui leur appartenaient à Metz depuis le xe siècle. Au milieu du xvie, ils en font la cession au roi de France, et les magistrats de la Cité, qui depuis longtemps avaient, à divers titres, l'exercice de ces droits, confirment cette cession. Les traités formels stipulés pour cet objet (1556-1557) nous ont été conservés. Le corps de l'Empire, à son tour, ratifie ces conventions par le traité de Westphalie (1648).

Telle est l'histoire.

Metz a été de l'Empire Germanique avant d'être du Royaume de France. Mais avant d'être de l'Empire Germanique, il a été de celui de Charlemagne et auparavant du Royaume de Clovis; auparavant encore il a été de l'Empire Romain et avant tout cela de la Gaule indépendante.

Ce sont là des considérations historiques, des spéculations scientifiques, et c'est d'intérêts positifs qu'il s'agit aujourd'hui. Si l'on voulait cependant, au mépris de ceux-ci, s'inspirer surtout, maintenant, des souvenirs de l'histoire; si l'on voulait, par impossible, ressusciter le passé; pourquoi, dans la série des conditions diverses qu'a traversées successivement la ville de Metz, choisirait-on l'avant-dernière plutôt qu'aucune autre? — Si, en vertu de considérations purement historiques, on voulait sacrifier la situation présente, à laquelle exclusivement sont liés tous les intérêts de la Cité, ce n'est pas à l'avant-dernière qu'il faudrait s'arrêter, c'est à la première qu'il faudrait logiquement remonter. C'est la Gaule indépendante qu'il faudrait ressusciter; et Metz devrait dès lors appartenir non pas à un État s'étendant de la Vistule à la Meuse, mais à un corps politique allant de l'Océan au Rhin.

Laissons là ces chimères. Le passé est mort. Il n'est donné à personne de le faire revivre. On ne peut pas plus soumettre aux lois d'un passé qui n'est plus ce qui est aujourd'hui, qu'on ne peut imposer à un organisme vivant les conditions d'existence antérieure des éléments inorganiques qui le constituent.

C'est un point de vue faux que celui des considérations purement historiques, pour apprécier des questions de politique actuelle.

C'est une erreur de soumettre à la condition passée de ce qui est mort la condition présente de ce qui vit et palpite.

Entrer dans cette voie, au moment où nous sommes, c'est se perdre dans le champ vague des vaines spéculations, au lieu de rester sur le terrain solide des intérêts réels.

II. — Si, comme il est juste de le faire, on tient compte de ces grands intérêts qui constituent la vie morale et matérielle d'un peuple, il est impossible d'approuver et même de comprendre la violente annexion d'une ville que la langue, les origines, le commerce, les sentiments intimes, tout en un mot attache à la France, comme tout la sépare invinciblement de l'Allemagne.

L'une des plus fortes barrières qui s'élèvent entre deux nations est la diversité du langage. Comment, pour ne s'occuper que du côté positif et pratique, implanter une administration étrangère au sein d'une population qui n'en comprend pas l'idiome? Or, jamais la langue allemande n'a été parlée à Metz. A remonter aux origines, et même en se plaçant à cette époque du moyen âge où Metz, ville libre, était, par un lien fragile, rattaché à l'Empire Germanique, sa langue, sa littérature, ses chroniques, ses actes publics ou privés, le nom de ses écrivains et de ses habitants, tout était exclusivement français. Aussi, en 1552, lors de la ligue conclue entre certains princes allemands et le roi Henri II, Metz était cité, avec Toul, Verdun et Cambrai, comme l'une des quatre villes de l'Empire qui n'étaient pas de la langue germanique. Est-il besoin de dire que, depuis trois siècles, la même situation s'est perpétuée? Lors du dernier recensement fait en 1866, il a été constaté que, sur 47,242 personnes, 44,367 appartenaient à la nationalité, c'est-à-dire à la langue française. Il n'y avait à Metz que 1,741 Allemands, en comprenant dans ce nombre les sujets de l'Empire d'Autriche; et il est à remarquer que la plupart de ces habitants à résidence temporaire étaient des gens de service ou des employés de commerce, attachés à différentes maisons de la ville pour y apprendre la langue française. Ajoutons qu'au sein même de la population lettrée, malgré le voisinage de l'Allemagne, l'étude de la langue allemande n'a jamais rencontré de sympathie, et qu'à Metz un bien petit nombre de personnes parlent cette langue ou même la comprennent.

L'incorporation à l'Allemagne de ce pays, qui lui est si absolument étranger par la langue, aurait pour conséquence le bouleversement de tous les intérêts. La population de la ville se compose de magistrats, de fonctionnaires, d'officiers publics ou ministériels, de pensionnaires de l'État, de propriétaires, de négociants, d'industriels, d'ouvriers; tous seraient atteints profondément dans leur fortune, dans leurs affections, dans leur existence même. Pour les magistrats ou les fonctionnaires, la réunion à l'Allemagne serait un arrêt d'exil, et pour les officiers publics ou ministériels, elle entraînerait, par la perte de leurs offices, une ruine complète. Les pensionnaires militaires ou civils de l'État qui sont à Metz en grand nombre et qui, presque tous, n'ont guère d'autres ressources que leur pension, seraient forcés, pour continuer à en jouir, de s'arracher au séjour qu'ils avaient choisi et de traîner dans d'autres retraites les dernières années de leur vie. Les négociants et les industriels seraient frappés dans leurs relations engagées presque exclusivement avec la France. Et quelle serait l'impression des pères de famille dont les fils seraient menacés de porter peut-être les armes contre la patrie de leur origine et de leur affection? Ce serait pour toutes les existences la plus désastreuse comme la plus douloureuse des perturbations.

Et cette épreuve si cruelle pour tous les intérêts constituerait en même temps la mesure la plus injuste et la plus impolitique. La justice ne permet pas de disposer d'un peuple et de porter la main sur sa nationalité, non seulement sans son assentiment, mais contre sa volonté formelle et sa protestation énergique. La politique, qui ne doit pas être séparée de la justice, ne conseille pas davantage ces violences, contre lesquelles la répulsion des populations crée, à travers les générations, un obstacle insurmontable. Nous affirmons qu'à Metz tous les habitants, sans distinction de croyances religieuses ou d'opinions politiques, sont unis dans un sentiment commun et que rien au monde ne peut altérer leur volonté de conserver la nationalité française. Personne, nous en avons la certitude, ne contestera l'évidence de ce fait, et si, de quelque côté que ce fût, il pouvait s'élever le moindre doute, le vœu des populations librement exprimé répondrait avec un mouvement unanime. L'annexion de Metz à l'Allemagne produirait un effet contraire aux espérances que l'on serait tenté d'y attacher; elle ne serait pas pour l'Allemagne un élément de force. Pour une grande partie des habitants, ce serait le signal d'une émigration immédiate. Ceux que la nécessité de leur situation ou des considérations diverses tiendraient enchaînés au sol, conserveraient dans le cœur un attachement indestructible à leur nationalité perdue, et la conquête aurait laissé à l'Allemagne ces embarras qui suivent la violence et qui en sont le légitime châtiment.

SECOND MÉMOIRE

ADRESSÉ

PAR LE CONSEIL MUNICIPAL DE METZ

LE 13 AVRIL 1871

AUX PLÉNIPOTENTIAIRES RÉUNIS A BRUXELLES

Nous avons déclaré, dans un premier mémoire, que les considérations rétrospectives de l'histoire n'avaient, à nos yeux, qu'une importance secondaire, en présence des intérêts tout actuels qui sont en discussion. On nous dit, cependant, et nous reconnaissons que, sans donner à ces considérations, dans les débats ouverts aujourd'hui, un rôle qui ne leur appartient pas, on ne saurait cependant les négliger tout à fait, ne fût-ce que pour répondre à ceux qui veulent en faire le fondement de leurs prétentions et y puiser les arguments de leurs démonstrations.

On nous demande quelques détails sur l'histoire de notre ville; on nous demande quelle est l'*origine*, quelles sont les *phases*, quel est le *caractère* de l'union de Metz à l'Empire Germanique pendant le moyen âge. Nous allons répondre succinctement à ces questions. On nous demande aussi de faire connaître les documents originaux qui servent de preuves aux faits que nous pouvons alléguer. La plupart de ces documents sont imprimés et nous nous bornerons à renvoyer, avec des indications suffisantes pour chacun d'eux, aux ouvrages qui les contiennent. Quelques-uns, ce ne sont pas les plus importants, sont encore inédits et sont déposés dans nos archives municipales. Pour ceux-là nous indiquerons le carton et la layette où ils se trouvent, de manière à permettre, s'il en était besoin, de les retrouver facilement et de les produire.

Pressé par le temps, l'obligation de faire vite et brièvement nous oblige à donner, non pas un mémoire, mais simplement, en quelque sorte, un plan de mémoire. Cela suffira cependant pour montrer quels arguments on peut faire valoir en faveur de notre thèse.

I. — L'Empire Germanique ou *Saint Empire Romain* n'est autre chose que l'Empire de Charlemagne lui-même, constitué par l'adjonction, faite à Rome en 800, du titre impérial et des droits et privilèges qui pouvaient s'y rattacher, au vaste corps des souverainetés et domaines réunis dans les mains de ce prince.

L'Empire de Charlemagne est partagé, après sa mort, comme un héritage de famille, entre ses enfants, puis entre leurs descendants, lesquels se distribuent bientôt en deux branches, celle des Carolingiens de France et celle des Carolingiens de Germanie; et c'est dans le lot de ces derniers, dans le patrimoine des Carolingiens de Germanie, que se trouve rangée la ville de Metz, avec une notable portion du royaume de Lorraine dont elle était la capitale.

Les Carolingiens de Germanie s'éteignent les premiers, au commencement du Xe siècle. Les Carolingiens de France revendiquent, non sans raison, leur héritage; mais il leur est disputé et finalement enlevé par des princes de race germanique qui s'en sont saisis et qui le retiennent définitivement, après quelques vicissitudes. Le titre impérial, le royaume de Germanie et d'autres souverainetés encore, faisaient partie, comme le royaume de Lorraine, de cette portion de la succession de Charlemagne, attribuée d'abord, dans les partages, à la branche germanique de ses descendants, et usurpée, à l'extinction de celle-ci, par les princes allemands qui ont réussi à la garder.

Voilà comment l'Empire de Charlemagne, le Saint Empire Romain, est devenu l'Empire Germanique, et comment la ville de Metz, capitale du vieux royaume carolingien de Lorraine, s'est trouvée avec lui associée, dans cet Empire, au royaume de Germanie, c'est-à-dire à l'Allemagne, sans pour cela, cependant, avoir jamais fait partie de celle-ci[1].

II. — Le royaume carolingien de Lorraine représentait à peu près, en étendue, l'ancienne Austrasie. Sa constitution se modifie profondément dès le xe siècle, au sein même de l'Empire, par la formation dans celui-ci des souverainetés particulières qui résultent, d'abord de l'abandon plus ou moins complet des *régales*, ou droits royaux, aux possesseurs de seigneuries domaniales, et ensuite de l'usurpation, à titre héréditaire, des offices publics par ceux qui en étaient investis, ducs, comtes, etc. C'est ainsi que, à côté des duchés de Saxe, de Bavière, de Souabe, de Franconie, qui se constituent dans le royaume de Germanie, on voit se former dans celui de Lorraine les duchés de Basse-Lorraine (Lothier, Brabant) et de Haute-Lorraine (Mosellane, duché moderne de Lor-

---

1. Ces faits sont, en quelque sorte, de notoriété historique. L'*Art de vérifier les dates* suffirait pour les établir. Quant aux documents originaux qui les concernent, on les trouvera réunis notamment dans le *Recueil des historiens de France* de dom Bouquet et dans les *Monumenta Germaniæ historica* de Pertz.

raine), les comtés de Flandres, de Luxembourg, de Bar, et un grand nombre de moindres seigneuries, soit laïques, soit ecclésiastiques, celles entre autres de l'archevêque de Trèves, des évêques de Liège, de Verdun, de Toul, de Metz, etc.

La seigneurie des évêques de Metz comprenait, outre la possession de domaines qui n'étaient autres que ceux de leur église, la jouissance de certains droits utiles appartenant originairement au souverain, non seulement dans ces domaines, mais encore dans la ville de Metz elle-même. Ces droits sont les *régales* : les principaux concernent la juridiction et les monnaies.

Le droit de *juridiction* consistait principalement dans la perception des amendes et confiscations et dans l'institution des officiers de justice.

Le droit de *monnaie* impliquait la libre fabrication des espèces et la jouissance des produits du monnayage.

On ne peut dire ni comment, ni à quel moment précis les évêques de Metz ont obtenu la possession des *régales*; mais cette possession est certaine. On en trouve la preuve dans de nombreux documents, notamment dans deux titres du commencement du xiiie siècle, la *Lettre des droits de l'Empereur et de l'Évêque à Metz*, et la *Lettre de la commune paix de Metz*, qui sont imprimés parmi les Preuves de notre histoire[1]. Ces droits ne sont, en

---

1. *Histoire bénédictine de Metz*, Preuves, t. VI, p. 307 et 312, et t. III, p. 177. Les rubriques anciennes qui servent de titres à ces deux documents sont, pour le premier : *Li droict messire li Emperer; Li droict messire li Euesque de Mets*, et pour le second : *Ceu est la manière et li establissement de la commune pais de Mets*. Les documents eux-mêmes sont, comme l'indiquent ces titres, des *records* où se trouvent codifiés en quelque sorte, mais un peu confusément, des usages, coutumes et prescriptions de toutes sortes relatifs au régime social, politique, administratif, judiciaire et même économique en vigueur dans la ville de Metz aux époques les plus anciennes.

principe, jamais contestés à nos évêques[1]; seulement, à partir du XIIIe siècle, le corps des citoyens de Metz s'applique à les attirer à lui par tous les moyens, et la Cité réussit graduellement à les exercer et à s'en emparer, au moins en fait.

C'est ainsi que les amendes sont, en partie déjà au début, et entièrement dès le milieu du XIIIe siècle, entre les mains de la Cité. Cette situation ressort du rapprochement des articles de deux documents authentiques : la lettre de *la commune paix* de 1214 que nous venons de citer et un *atour* (loi) de 1254 dont le texte est aussi parvenu jusqu'à nous[2].

Quant à l'institution des officiers de justice, elle passe aussi au corps des citoyens qui s'attribue peu à peu le choix et l'élection des magistrats, pris toujours dans son sein, et ne laisse finalement au prélat ou à son représentant que leur consécration en quelque sorte, dans une simple cérémonie d'installation, comme le prouve le rapprochement de plusieurs atours des XIIIe et XIVe siècles[3] et certains faits relatés dans nos chroniques[4].

Pour ce qui est enfin des monnaies, la Cité, dès le

---

1. On les trouve encore mentionnés, à une époque où ils étaient à peu près tombés en désuétude, dans un titre du XVe siècle imprimé parmi les Preuves de l'*Histoire bénédictine de Metz*, t. IV, p. 512.

2. Voir les Preuves de l'*Histoire bénédictine de Metz*, t. III, p. 177, l. 32, et p. 178, l. 26, pour les articles de la lettre de *la commune paix* de 1214; et au même tome, p. 210, l. 23, 30, 36 et 42, pour ceux de l'*atour* de 1254.

3. Voir les *atours* de 1256, 1312, 1314, 1316, 1322, 1327, 1355, 1385, etc., touchant l'élection des maires, des comtes jurés, des treizes, des échevins et du maître-échevin (*Histoire bénédictine de Metz*, Preuves, t. III et IV); et surtout un accord de 1300 pour l'élection du maître-échevin dans les familles de paraiges (patriciens) (*Ibid.*, t. III, p. 253) et un traité de 1393 par lequel l'Évêque engage à la Cité ses droits en l'élection des treizes (*Ibid.*, t. IV, p. 434).

4. Huguenin, *Chronique de Metz*, p. 835, col. 2.

XIIIe siècle, en acquiert de ses évêques l'exercice par des actes d'engagement, souvent renouvelés, dont les titres originaux existent dans nos archives et sont en outre publiés parmi les Preuves de notre histoire[1].

La juridiction et les monnaies, tels sont les principaux droits de *régale* possédés à Metz par les évêques, et cette possession est incontestablement prouvée, quelle qu'en soit l'origine, par les documents authentiques qui la mentionnent. Elle le serait, à leur défaut, par le fait même des aliénations et des empiétements dont elle a été l'objet. Ce sont ces droits que les évêques transmettent aux rois de France par le traité de cession de 1556-1557, venant corroborer le droit d'occupation de la ville de Metz que leur a concédé précédemment le traité de Chambord, conclu avec les princes de l'Empire, 1551-1552 : fondements d'une souveraineté de fait reconnue enfin par l'Empire lui-même dans le traité de Westphalie, 1648[2]. Les instruments authentiques de ces traités sont partout. Ils sont notamment imprimés dans le *Corps diplomatique* de Dumont et dans l'ouvrage de Hersent, *De la souveraineté du roy à Metz*[3].

---

1. Voir les actes d'engagement de la monnaie à la Cité par les Évêques en 1292, 1334, 1376, 1383 (*Histoire bénédictine de Metz*, Preuves, t. III, p. 236, et t. IV, p. 72, 306, 347) et les *atours* sur le même objet en 1334, 1340, 1364, 1384, 1394, 1396, etc. (*Ibid.*, t. IV, p. 72, 88, 211, 351, 452, 469, etc.).

2. Ces actes touchant la dissolution régulière des liens qui rattachaient, pendant le moyen âge, la ville de Metz à l'Empire sont déjà relatés dans le premier mémoire.

3. Le *Traité de Chambord*, 5 octobre 1551 et 15 janvier 1552, est au t. IV-3, p. 31-33, de l'ouvrage de Dumont (*Corps universel diplomatique du droit des gens*, par Dumont, 13 vol. in-fol., 1726-1739). Le *Traité de cession de Metz* au roi Henri II, par le cardinal de Lorraine, évêque de Metz, et par les magistrats de la Cité, 19 décembre 1556 et 8 janvier 1557, est aux p. 140-147 de l'ouvrage de Hersent (*De la souveraineté du roy à*

III. — Nous venons d'exposer brièvement ce qu'on peut dire de l'origine et des phases principales de l'union de Metz à l'Empire Germanique, jusqu'à sa dissolution définitive. Il nous reste à parler maintenant du *caractère* spécial de cette union. Il réside surtout dans la situation particulière faite à la ville de Metz par les conditions de race de sa population, française d'origine, de mœurs et de langage, à côté des peuples allemands qui formaient la majeure partie de l'Empire. Cette situation a pour résultat une tendance prononcée à desserrer, par tous les moyens, des liens fortuits contre lesquels s'élève la nature même des choses, en accusant de plus en plus une séparation qui s'indique d'une manière irréfragable dans la *langue*, dans les *mœurs* et dans l'*esprit politique*.

La langue, les mœurs, l'esprit politique, tout cela est et a toujours été français, et en quelque sorte anti-allemand à Metz. Rien de plus facile que de le démontrer.

La *langue* est le trait le plus significatif et le plus résistant de la distinction des races. A Metz, on a toujours parlé français; on n'y a jamais parlé allemand. La notoriété publique et l'histoire suffiraient pour établir qu'il en est ainsi. Les documents matériels abondent pour le prouver.

Nos actes privés et publics, à partir des temps les plus anciens, quand ils ne sont plus rédigés en latin, le sont toujours en français; il n'en existe pas un seul en allemand.

Les actes privés à Metz sont les actes des *Amans*

Metz, par le R. P. Charles Hersent, chancelier de l'église cathédrale de Metz et prédicateur. Paris, in-8°, 1632). Le *Traité de Westphalie* ou de Munster, 24 octobre 1648, est au t. VI-1, p. 450, de l'ouvrage de Dumont (*Corps universel...*, etc.).

(amanuenses). Ils sont tous en français et on en possède qui remontent à la première moitié du xiiie siècle[1]. Ils existent en très grand nombre dans nos archives municipales[2], à la chambre des notaires, et dans beaucoup de dépôts de familles et de collections particulières.

Les actes publics à Metz sont, — indépendamment des pièces de chancellerie, instructions, commissions, lettres et traités, — des documents législatifs, atours (lois) et huchements (ordonnances); des documents judiciaires, informations, procédures, jugements; des documents financiers, comptes de recettes et de dépenses, et d'autres pièces de toutes sortes remontant jusqu'au commencement du xiiie siècle, dont les originaux sont conservés dans nos archives municipales et dont un grand nombre sont de plus imprimées parmi les Preuves de notre histoire[3]. Tous ces actes sont en français.

Ajoutons qu'un des plus anciens titres législatifs écrits en français, avec date certaine, que l'on connaisse, est un document messin. C'est la *Lettre de la commune paix de Metz*, dont nous avons déjà parlé : titre de l'an 1214, dont l'original, parfaitement authentique, écrit sur parchemin et muni de ses sceaux, est conservé aux archives de la ville. Il est, de plus, nous l'avons dit aussi, imprimé parmi les Preuves de notre histoire[4]. Un autre document français non daté, mais du même temps, est la *Lettre des droits de l'Empereur et de l'Évêque à Metz*, que nous

---

1. Les actes d'*Amans* authentiquaient toute espèce de transactions opérées entre les particuliers, ventes, échanges, locations, etc. Ils commencent invariablement, dès l'origine, par ces mots : « Connu chose soit à tous ke..., etc., » et se terminent par la date, avec le nom de l'aman qui a rédigé et qui conserve l'acte dans son *arche*.
2. Archives de Metz, 19 cartons, nos 128 à 146.
3. *Histoire bénédictine de Metz*, Preuves, t. III à VI.
4. *Ibid.*, t. III, p. 177, et t. VI, p. 312.

avons déjà mentionnée aussi : titre dont nos collections possèdent de nombreuses copies anciennes et qui est imprimé également dans divers ouvrages, notamment dans les Preuves de notre histoire [1].

Après les actes authentiques, les œuvres de la littérature. Tous les monuments littéraires d'origine messine sont en français, à commencer par les plus anciens, comme le vieux roman en vers du *duc Hervis*, poème du XIIIe siècle qui forme la première branche de la Geste des *Lohérains*. La *Chronique rimée* est écrite aussi en vieux français, de même que la chronique du *Doyen de Saint-Thiébaut* et celles de *Philippe de Vigneulles* et de *Praillon*, de *Jehan Aubrion*, de *Jacomin Husson*, de *Jean Bauchez*, d'*Ancillon*, etc. Mentionnons également parmi les principaux monuments historiques de la langue française à Metz les compositions littéraires de Philippe de Vigneulles, son *Autobiographie*, ses romans de *Biautrix*, de *Garin*, son recueil de *Contes et nouvelles*. Ces ouvrages sont entre les mains du public ; la plupart sont imprimés et figurent dans un grand nombre de bibliothèques [2]. Rappelons aussi que les *Mystères* dont la repré-

---

1. *Histoire bénédictine de Metz*, Preuves, t. VI, p. 307.
2. La *Chronique rimée* a été publiée par dom Calmet (1728) et par Chabert (1856) ; la chronique du *Doyen de Saint-Thiébaut* l'a été par dom Calmet (1728) ; celles de *Philippe de Vigneulles et de Praillon* ont été données en grande partie par Huguenin (1838) ; celle de *Jehan Aubrion* a été publiée entièrement par L. Larchey (1857) ; celle de *Jacomin Husson* par Michelant (1870) ; celle de *Jean Bauchez* par Abel et de Bouteiller (1868) ; celle d'*Ancillon* par Chabert (1860) ; l'autobiographie de *Philippe de Vigneulles* a été imprimée par Michelant (1852). Les œuvres purement littéraires ont seules été négligées jusqu'à présent par les éditeurs. Des 15,000 vers que comprend le poème du *duc Hervis*, il n'en a été imprimé que 1,800 à peu près par dom Calmet (1745). Des *Contes et nouvelles de Philippe de Vigneulles*, le public ne connaît que quelques fragments

sentation était un des plaisirs populaires des Messins au xve siècle sont écrits en français. L'un d'eux, le *Mystère de saint Clément*, est imprimé[1].

La langue française que parle aujourd'hui le peuple messin est, on le voit, en remontant aussi loin que portent les témoignages historiques, la langue de ses ancêtres. A Metz, on a toujours parlé français.

Les *mœurs*, également, ont toujours été à Metz aussi françaises que la langue, et ont toujours entretenu, entre le peuple messin et les peuples allemands du reste de l'Empire, une séparation qui s'accuse dans mille traits de notre histoire. Obligé de nous limiter, nous nous bornerons à en citer quelques exemples caractéristiques. En voici un, entre autres, qui montre dans le populaire messin, à l'endroit des Allemands, un fonds de préjugés contraires pouvant aller jusqu'à l'hostilité, et procédant évidemment de l'éloignement qui séparait les deux races.

« Le neufviesme jour de juillet 1542, disent nos chro-
« niques[2], entrée du comte Guillaume de Furstemberg à
« Mets, dont le peuple s'esmeut et court aux armes. Mais,
« convocqué par les seigneurs à la neufve salle, il s'ap-
« paise. Cependant le comte s'escoule et sort de la ville :
« trois mutins, assavoir un sergent, un boulenger et un
« tisseran, sont appréhendés comme causes de l'allarme,
« et le tisseran mené au pont des Morts pour estre noyé ;
« mais, à la prière du peuple, il eut la vie sauve ; mais
« tous trois furent bannis. »

Ce tumulte était né de l'effet produit simplement par l'entrée dans Metz du seigneur allemand et de sa suite.

---

donnés par Michelant; les romans en prose de *Biautrix* et de *Garin* sont inédits.
1. Le Mystère de saint Clément a été publié par Abel, 1861.
2. Huguenin, *Chronique de Metz*, p. 861, col. 1.

« Ils prétendent, disait-on dans le peuple, que l'hôtel-
« lerie où ils sont descendus est à eux; courrez sus à ces
« envahisseurs de nos maisons. » Telle était l'origine de
cette petite sédition sur laquelle on conserve, dans nos
archives municipales, une information détaillée et une
procédure[1] qu'on peut consulter.

D'autres exemples accusent, avec moins de passion,
mais non moins péremptoirement, la distinction à Metz
des deux races. Ainsi, dans notre ville, il existe encore
aujourd'hui une *rue des Allemands* qu'on trouve avec ce
nom dès le XIIIe siècle, et ce titre lui vient, non pas de
ce qu'elle soit maintenant ou ait jamais été peuplée d'Allemands, mais de ce que, au moyen âge, s'y trouvait une
maison des chevaliers de l'ordre Teutonique, dits à Metz
*de Notre-Dame de Jérusalem de la maison des Alle-
mands*. La qualification donnée, pour cette raison, et à
la maison et à la rue, montre quel effet produisait naturellement, sur la population toute française de Metz, la
présence, au milieu d'elle, de ces étrangers dont le caractère essentiel, à ses yeux, était d'être des Allemands.

Si l'esprit de race distinguait et même éloignait les
Messins des Allemands, il les rapprochait au contraire
des populations françaises, auxquelles ils confinaient
d'un autre côté. Cette tendance se manifeste dans les
habitudes de toutes les classes. Elle dirige, pendant tout
le moyen âge, nos marchands vers les foires de Champagne[2] et vers le *Landit* de Paris[3]. Elle inspire les

---

1. Archives de Metz, F. 13, 8, carton 368.
2. Pièces originales de 1294 à 1409, concernant les intérêts des Messins
aux foires de Champagne. Archives de la ville de Metz, 88-5, carton 122,
liasse 5.
3. Autobiographie et chroniques de Vigneulles, éditions de Michelant
et de Huguenin, *passim*.

membres de la seigneurie messine allant demander, au xv⁰ siècle, aux rois de France, les distinctions honorifiques de la chevalerie[1], recherchant en outre et obtenant d'eux des pensions et des charges de cour au xvi⁰ siècle[2].

Nous avons dit quels arguments fournissent les considérations de la langue et des mœurs pour la thèse du caractère tout français et en quelque sorte anti-allemand de la population de Metz; il nous reste à parler de l'esprit politique dont notre peuple a toujours été animé. Non seulement il accuse la diversité des races, mais il se montre aussi comme un des principes de la distension graduelle et de la dissolution finale des liens fortuits qui rapprochaient, sans les mêler, au sein de l'Empire, ces éléments contraires.

L'*esprit politique* constant des Messins, dans leurs relations avec le reste de l'Empire, se formule dans une doctrine de distinction et de séparation, en vertu de laquelle ils avaient réussi à se faire accorder, au sein de l'État Germanique, une situation toute spéciale. C'est dans cet esprit et en vertu de cette doctrine qu'ils obtiennent, en diverses circonstances :

1.° Des lettres de confirmation de leurs libertés et privilèges par les souverains de l'Empire (Rois des Romains et Empereurs), lettres dont nous possédons les titres authentiques de 1384 à 1521, en originaux et copies anciennes, conservés aux archives de la ville[3] et imprimés en outre dans divers ouvrages[4];

1. Huguenin, *Chronique de Metz*, p. 624.
2. *Ibid.*, p. 867.
3. Archives de Metz, carton 1, liasse 1.
4. *Histoire bénédictine de Metz*, Preuves, t. IV, p. 358; t. V, p. 318, 403, 635, 764; t. VI, p. 439, 648. — *Recueil des édits du parlement de Metz*, par Emmery, t. I, p. 660, 663.

2° Des actes du serment de respecter les libertés et privilèges de la Cité, prêté par les Empereurs et les Rois des Romains avant d'être admis à entrer dans la ville chaque fois qu'ils s'y présentent[1].

Quels étaient ces libertés et privilèges de la Cité?

Ils comprenaient, suivant les Messins, tout ce que ne réservait pas formellement la *Lettre des droits de l'Empereur et de l'Évêque à Metz*, document du commencement du xiii° siècle dont nous avons déjà parlé. Suivant ce document, l'Évêque est dépositaire de l'autorité de l'Empereur à Metz (le ban), mais l'Empereur la ressaisit quand il vient de sa personne dans la Cité, où il a droit alors : au *logis* pour lui et pour sa suite ; à la *monnaie* qui est sienne tout le temps qu'il y réside ; au *ban, justice et destroit* (pouvoir d'exécution) que personne autre que lui n'y possède tant qu'il y séjourne. Quand il arrive dans la ville, on lui en porte *les clefs* à trois lieues, et, quand il n'y est pas, *ses messagers* doivent y être reçus et hébergés. Voilà tout ce que contient, touchant le chef de l'Empire, la lettre des droits de l'Empereur et de l'Évêque à Metz[2].

Les conséquences que les Messins faisaient découler de là, c'est qu'ils ne devaient nulle contribution à l'Empereur ni à l'Empire et qu'ils jouissaient chez eux, en temps ordinaire, de la plénitude de la juridiction souveraine et sans appel. On trouve, en effet, maint exemple de leurs résistances et même de leur formel refus au payement des aides et subsides réclamés d'eux par l'Empereur ou par l'Empire[3], et pour ce qui est de la juridiction,

---

1. Huguenin, *Chronique de Metz, passim*, et notamment p. 851, 852.
2. *Histoire bénédictine de Metz*, Preuves, t. VI, p. 307, l. 3 à 35.
3. Huguenin, *Chronique de Metz, passim*, et notamment p. 626, 680, 682, 857, 858.

la leur étant souveraine, ils avaient interdit tout appel des jugements de leurs magistrats à la chambre impériale. Un acte authentique du 15 avril 1550 établit qu'à cette date il n'y avait pas mémoire qu'un tel appel eût été jamais relevé contre les décisions de la justice de Metz[1]. Un grand nombre de pièces originales, conservées aux archives de la ville, contiennent en outre des réserves et protestations faites en diverses circonstances en vue de ces privilèges.

« Nous n'entendons, — est-il dit dans une de ces pièces « que nous voulons citer comme exemple, — aulcune- « ment debuoir ou pouuoir engendrer aucun préiudice ou « grief à noz anciennes libertez, immunitez, franchises et « previllaiges... et signamment à celle liberté, immunité, « prérogatiue, vsances et coustumes quil nest loisible à « vlluy, en aulcune manière, pour causes ou occasion « quelxconques, d'appeller dez sentances randue, en « seconde instance, par nous Maistre Escheuin et noz « Peirs[2]... ausquelz est attribuez plenière et dernière « puissance de juger[3] (1550). »

L'ensemble de ces doctrines sur les privilèges de Metz au sein de l'Empire est d'ailleurs formellement exprimé et développé dans deux titres authentiques des xive et xve siècles, recueillis parmi les Preuves imprimées de notre histoire[4]. Voici quelques passages de ces docu-

---

[1]. Acte cité par Götsmann de Thurn, ancien conseiller au Conseil supérieur d'Alsace, dans son mémoire couronné par l'Académie royale des sciences et arts de Metz le 18 septembre 1768 (Metz, 1769, in-8°), p. 60.

[2]. Les échevins du palais étaient qualifiés *pairs* du maître-échevin, dont ils formaient le Conseil.

[3]. Recueil original de procédures du xvie siècle (fol. 21, rect.). Archives de Metz, F. 17, 1, 3, carton 374-375, liasse 1.

[4]. *Histoire bénédictine de Metz*, t. IV, p. 459, et t. V, p. 661.

ments qui sont fort longs et dont le texte original est en vieux français pour le premier et en latin pour le second.

1394. — « La liberteit, franchise ou immuniteit an-
« cienne, approuvée et loialment prescripte de la devant
« dicte citeit ait esteit et est teile que li Roix des Romains
« qui est pour le temps, devant ceu qu'il ait receu le
« dyadême impérial, n'ait alcune jurisdiction ordinaire,
« ne aussy déléguée, on la citeit, on citains, ni on habi-
« tans d'icelle ; et que icelle citeit et les citains et habitans
« d'icelle ne sont point tenus de lui cognoistre en signour,
« ne ad lui en alcune manière obeir ; mais aucy, après
« ceu qu'il ait ressut le dyadême et qu'il est Emperour,
« il n'ait point de puissance de exercer alcunes signo-
« raige, puissance, souveraineteit ou jurisdiction en la
« devant dicte citeit, s'il ne demouret en sa propre per-
« sonne en icelle ; et luy demourant en icelle citeit,
« encor n'ait-il point en icelle de franche et absolute
« puissance de exerceir, mais alcune puissance liée et
« limitée de jurisdiction et de certains drois ; laquelle,
« luy récèdent, s'en avait ad niant, et la jurisdiction de
« la Mastrie[1] comme de devant revient ; et en teil ma-
« nière ait-il esteit et est vray, publique et notoire, et
« est recognut apparemment de parole, d'escritures et
« de fais par le Roy qui est maintenant et par ses pré-
« décesseurs[2]. »

1462. — « De temps immémorial en vertu des indults
« et des privilèges accordés dès longtemps par les Empe-
« reurs aux citains et à la communauté de la ville de

---

1. La juridiction du maître-échevin, premier magistrat de la ville libre de Metz.
2. *Histoire bénédictine de Metz,* t. IV, p. 460, l. 18.

« Metz, aussi bien qu'en raison des immunités et libertés
« légitimement prescrites en leur faveur, et pour d'autres
« nombreuses, justes et raisonnables causes qui inté-
« ressent le commun avantage et la chose publique du
« Saint Empire Romain, les maître-échevin, treizes-jurés,
« consuls, proconsuls, citains, paraiges, manants, habi-
« tants, université et communauté de la ville de Metz
« sont, ainsi que leurs prédécesseurs l'étaient, exempts,
« affranchis, libres et francs, par décret et de l'agré-
« ment et pleine volonté des Empereurs, des électeurs
« et princes du Saint Empire, de toutes impositions,
« tailles, corvées, contributions et exactions ordonnées
« par lesdits Empereurs, électeurs ou princes, présents
« ou passés, à l'occasion de toutes guerres et expéditions,
« soit intérieures, soit extérieures, concernant l'Empire,
« ou pour quelqu'autre cause que ce soit; outre que dans
« toute difficulté, querelle ou débat soulevés par quelque
« cause ou à quelque occasion que ce soit, entre les
« princes, seigneurs spirituels et temporels ou commu-
« nautés quelconques du Saint Empire, jamais, ni dans
« aucun cas, les Messins ne peuvent être contraints par
« aucune puissance spirituelle ou temporelle à envoyer
« leurs contingents armés ni aucun autre levé à leurs
« frais, non plus qu'à contribuer d'une façon quelconque
« aux guerres et expéditions provoquées par ces que-
« relles et débats[1]. »

Telles sont les doctrines qui régnaient dans Metz; tel
est l'esprit politique qui animait sa population et son
gouvernement. Aussi, n'est-ce pas sans raison que Metz
portait le titre reconnu de *ville libre* dans l'Empire.

On voit assez par là combien étaient distendus les liens

---

1. *Histoire bénédictine de Metz,* Preuves, t. V, p. 663, l. 40.

qui, rattachant les Messins à l'Empire, les rapprochaient accidentellement des Allemands, lesquels formaient la plus grande partie de cette vaste agrégation de peuples. Cette situation était due évidemment à l'éloignement produit par la diversité des races.

Il est bon de rappeler qu'une situation analogue produisait les mêmes effets et tendait à la même séparation entre le duché moderne de Lorraine et l'Empire, auquel il appartenait au même titre que la ville de Metz; comme membre détaché aussi de l'ancien royaume Carolingien de Lorraine. Les ducs de Lorraine, plus puissants que la Cité de Metz, réussirent, au XVIe siècle, à faire reconnaître formellement la séparation de leur duché du corps de l'Empire Germanique. Les actes diplomatiques qui consacrent ce fait remarquable sont la *convention de Nuremberg* (26 août 1542), la *ratification* de cet arrangement par l'empereur Charles-Quint (28 juillet 1543) et l'*insinuation* de ce traité à la chambre impériale de Spire (29 août 1561). Les deux premiers ont été recueillis par Dom Calmet et sont imprimés parmi les preuves de son histoire de Lorraine[1].

La ville de Metz n'a jamais été allemande. Elle s'est trouvée associée à l'Allemagne dans l'Empire, comme le vieux royaume Carolingien de Lorraine, dont elle était la capitale, s'était trouvé, dans les mêmes conditions, associé au royaume de Germanie, lors de la dissolution de l'Empire de Charlemagne. Ces liens fortuits n'ont jamais été bien serrés et ont toujours tendu à se dénouer, jusqu'à leur dissolution complète au XVIe siècle; et cette situation

---

1. Dom Calmet, *Histoire de Lorraine*, 1re édition, 1728, t. III, Preuves, col. 393.

a eu incontestablement pour principe la diversité des races qu'on voit s'accentuer formellement et à toutes les époques, à Metz, dans la *langue* aussi bien que dans les *mœurs* et dans l'*esprit politique* de la population.

Ces propositions sortent tout naturellement du simple examen du sujet. Nous n'avons pas épuisé les preuves qu'on peut faire valoir en leur faveur. Nous en avons cependant, croyons-nous, dit assez pour les justifier. Mis à l'improviste, en présence d'une question que nous ne nous attendions guère à voir jamais poser, nous avons, sans chercher bien loin, réuni les premiers arguments qui nous sont tombés sous la main. Il ne pouvait nous sembler difficile de démontrer que Metz n'a jamais été une ville allemande, et que sa population a été, de tout temps, comme elle l'est aujourd'hui, absolument française.

Metz, rapproché politiquement de l'Allemagne pendant le moyen âge, a résisté à toute action d'assimilation allemande. Le caractère français de son peuple s'est conservé, malgré des causes nombreuses et persistantes d'altération. C'est, on le reconnaîtra, une ville bien complètement française, pour qui toute tentative de la détourner de ses voies naturelles ne peut être qu'une source de souffrances dans ses intérêts comme dans ses plus légitimes sentiments. Il serait aussi injuste qu'impolitique de les lui imposer.

LA LORRAINE
ET L'ALLEMAGNE

PAR

Aug. PROST

INTRODUCTION A L'OUVRAGE

LA LORRAINE

PUBLIÉ PAR MM. BERGER-LEVRAULT ET Cie

A PARIS ET A NANCY

1885

INTRODUCTION

I. La Lorraine et l'Allemagne. — II. Le Saint-Empire romain. — III. Le royaume de Lorraine. — IV. Les duchés de Lorraine et de Bar. — V. Verdun et Toul. — VI. Metz.

Dans le livre offert ici au public, des écrivains de talent, associant leur plume au crayon du dessinateur, font connaître notre Lorraine au triple point de vue moral, historique et pittoresque. On nous demande, pour l'œuvre maintenant achevée, une introduction. Nous n'eussions pas su ajouter grand'chose à ce qu'ont dit, avec toute compétence, les auteurs de l'ouvrage sur le sujet qu'ils s'étaient donné à traiter, si la pensée ne nous fût venue de profiter de l'occasion pour présenter aux lecteurs, dont ils ne peuvent manquer de fixer l'attention, quelques considérations sur une question particulière, trop peu connue croyons-nous, d'où l'on a voulu abusivement tirer, de nos jours, des conséquences qu'elle ne comporte pas. Cette question est celle des relations qui ont pu exister jadis entre la Lorraine et le Saint-Empire.

I.

On a dit, et nous entendons parfois dire encore, la Lorraine a été de l'Empire, donc la Lorraine appartient à l'Allemagne. Rien de plus faux que ce raisonnement; rien de plus inexact que son point de départ : la confusion qu'on fait de l'Allemagne et de l'Empire. L'Allemagne et l'Empire ne sont pas la même chose. L'Allemagne a fait partie de l'Empire et la Lorraine aussi, voilà la vérité. Bien d'autres pays, la France elle-même en ont fait partie également. Qui ne sourirait à la proposition que la France dût, en conséquence, appartenir à l'Allemagne? Pourquoi pas l'Allemagne à la France? A qui viendrait en idée que le département de la Seine appartînt à celui des Basses-Alpes, par exemple, ou celui-ci à l'autre, parce qu'ils font tous deux partie de la France? La Lorraine et l'Allemagne ont été de même à la fois du Saint-Empire; elles ont figuré ainsi jadis, l'une auprès de l'autre, dans l'antique agrégation d'États qui le constituait. Du Saint-Empire, d'ailleurs, il ne reste plus rien aujourd'hui. Une agrégation analogue s'est formée récemment, sous nos yeux, de certaines parties de l'Allemagne. Sans attendre la dissolution de cette association nouvelle, qui oserait prétendre qu'aucun des États qui la composent appartînt de ce seul fait à l'autre; la Bavière à la Prusse, par exemple, ou Bade au Wurtemberg?

Ce qu'on ne dirait pas de l'empire allemand actuel que l'on croit connaître, on le dit du Saint-Empire que généralement on ne connaît guère. Il peut être bon de rappeler ce qu'il était et d'indiquer quel rôle a pu avoir, autrefois, dans son sein notre Lorraine. Nous prenons celle-ci naturellement dans sa totalité, sans en séparer certaines parties, qui en ont été à divers moments distraites, mais qui ont toujours conservé, néanmoins, comme témoignage de leur parenté avec elle, des traits significatifs prouvant leur commune origine : la similitude des mœurs, celle surtout du langage, et l'évidente analogie de certains usages, malgré des différences essentielles dans le régime politique et dans les institutions qui s'y rapportent.

Avec l'Alsace, notre province aujourd'hui mutilée de la Lorraine représente la partie extrême, vers l'orient, du territoire occupé à l'origine de nos annales par nos ancêtres les Gaulois, qui venaient jusqu'au Rhin. L'Alsace, où s'est arrêté un jour d'invasion un peuple de langue allemande, a pu sembler par là s'éloigner de nous. La vie publique, restaurée pour elle au sein de la famille française dans les deux derniers siècles, l'avait ramenée à notre unité nationale. Rapprochée ainsi de la Lorraine, elle a été de plus, des mains mêmes de l'ennemi, soudée plus étroitement encore à elle, de nos jours, par des liens indissolubles : elle lui restera désormais unie par la communauté du malheur. Nous n'avons pas, du reste, à nous occuper ici de l'Alsace ; nous n'avons à parler que de la Lorraine, du pays qui va de la Meuse aux Vosges à peu près.

Pays frontière, plus menacé que le reste — on l'a vu récemment — la Lorraine, dans le passé comme dans le présent, se montre française avec les traits fortement accusés de la nationalité, au moins autant si ce n'est plus qu'ailleurs peut-être, autant qu'au cœur même du pays certainement. A la limite extrême de cette région, à Metz, on a toujours parlé français, jamais allemand. Il y a quelque intérêt à signaler à ce sujet cette particularité, qu'un professeur du Gymnase allemand installé maintenant à Metz, à la place du Lycée français, a publié récemment dans une *Revue* de son pays un consciencieux mémoire, pour justifier cette thèse touchant le langage originaire et constant de Metz, contrairement à certains préjugés répandus, sur ce point, en Allemagne et ailleurs aussi peut-être.

Un des plus anciens textes de loi qu'on connaisse en français est le record de la *Commune paix de Metz*, qui est des premières années du xiiie siècle[1]. Le français était donc chez nous, plus que nulle autre part, en usage à cette époque. L'influence de Metz l'imposait même aux chancelleries des pays allemands du voisinage. On possède un titre en français, sous la date de 1212, émanant d'un comte de Deux-Ponts[2]. Pour ce qui est de Metz, en particulier, les archives départementales et municipales de cette ville contiennent, en grand nombre, des pièces rédigées en français qui remontent à la première moitié du xiiie siècle, à une époque où elles étaient rares dans le reste de la France comparativement à celles en latin, qui y sont, pendant longtemps encore ultérieurement, les plus communes.

A côté des actes authentiques, les œuvres de la littérature ont chez nous le même caractère et la même signification. A la Lorraine appartiennent certainement, par leurs origines, les vieilles chansons françaises de la *Geste des Lohérains*, dont la première branche, postérieure aux autres et datant du xiie ou xiiie siècle, la *Chanson du duc Hervis*, est particulièrement messine : le fait est incontestable. Ajoutons que, dès la fin du xiie siècle, était exécutée à Metz la plus ancienne traduction[3] qu'on ait tentée du Nouveau Testament en français.

Passons de la communauté du langage à celle des

---

1. *Histoire de Metz* par les Bénédictins, Preuves, t. III, p. 177.
2. L'original de cette pièce se trouve maintenant dans la collection laissée par M. Dufresne.
3. Deux bulles de 1199, du pape Innocent III, la mentionnent.

mœurs et des usages. Nous ne citerons à ce sujet qu'un seul fait. La Lorraine et le Barrois, son annexe, aussi bien que Metz, Toul et Verdun qui s'y rattachent, ont possédé, dans des conditions politiques très différentes, certaines institutions d'une ressemblance évidente, celles, par exemple, qui concernent les corps aristocratiques de la chevalerie lorraine et barrisienne, des paraiges de Metz et de Toul, et des lignages de Verdun, avec un même mode accessoire de recrutement, l'hérédité maternelle — ce qu'on appelle l'anoblissement par le ventre, admis autrefois aussi en Champagne — avec des rôles analogues également dans le gouvernement des intérêts publics, par le conseil et l'exercice de la justice, par le service des armes et par l'occupation des châteaux, des fortes-maisons — on les nommait ainsi — qui dominaient la contrée.

Ce sont ces pays si positivement français qui, malgré les affinités de race et les tendances marquées de leur peuple, au mépris de la nature même des choses, on peut l'affirmer, ont été, pendant six siècles et plus, associés politiquement aux populations la plupart allemandes du Saint-Empire, avant de s'en détacher pour revenir à la France, où se parlait leur langue, et dont leurs mœurs comme leurs intérêts les rapprochaient plus naturellement. Pour expliquer cette anomalie et en apprécier la portée, il faut dire quelle en a été la cause et comment s'en sont développées les suites; il faut montrer ce qui a fait entrer la Lorraine dans le Saint-Empire et ce qu'a été la situation qu'elle y a eue jusqu'au moment où cette situation a pris fin.

Ce qui a fait entrer la Lorraine dans le Saint-Empire, ce qui a si singulièrement décidé, sur ce point, de ses destinées, c'est en principe le caractère domanial, bien plus, essentiellement patrimonial de la souveraineté sous les deux premières races de nos rois, et les partages qui s'en sont faits, dès lors, en toute occasion, comme d'un héritage de famille. Avant d'aller plus loin dans cette explication, avant de signaler les circonstances où le rapprochement originaire s'est produit, pour montrer ensuite quel a été le caractère de ce rapprochement, quelle a été l'attitude de la Lorraine dans le Saint-Empire et comment elle en est sortie, nous voulons rappeler, ainsi que nous l'avons annoncé tout à l'heure, ce que c'était que le Saint-Empire lui-même. On comprendra mieux après cela ce qu'ont été les relations de notre Lorraine avec lui.

II.

Nous venons d'indiquer, en deux mots, ce qui a décidé, avant tout, de l'entrée de la Lorraine dans le Saint-Empire. C'est, avons-nous dit, le caractère patrimonial de la souveraineté sous les premières races de nos rois, et les partages d'États qui s'en sont suivis dans la famille des souverains. Ces particularités ont grandement influé aussi sur le mode de formation du Saint-Empire. De là découlent, en outre, pour ce qui le regarde, certaines conséquences qui donnent à sa physionomie propre un accent tout à fait caractéristique. Le Saint-Empire n'a été ni l'œuvre d'une race, ni l'enfantement d'une nation. Quelques explications suffiront pour le démontrer. Des races diverses ont pu, au contraire, s'y trouver rapprochées sans y perdre leur individualité, sans s'y fondre; et, malgré sa longue durée, l'institution politique a fini par disparaître, sans avoir réussi à forger une nationalité.

En vertu du principe des partages que nous venons de mentionner, on avait vu, sous les Mérovingiens, se constituer, par démembrement, dans le pays qui a servi de berceau à l'Empire, jusqu'à trois royaumes à la fois, ramenés à deux ensuite, les royaumes de Neustrie et d'Austrasie. La seconde race consacre, d'abord elle-même, la distinction de ces deux États. Ils ne tardent pas cependant à s'unir dans les mains de Charlemagne, qui ajoute à l'ensemble ainsi reconstitué d'importantes augmentations par ses conquêtes, sur la droite du Rhin, en Germanie, d'un côté; et de l'autre, au sud des Pyrénées et des Alpes, en Espagne jusqu'à l'Èbre, en Italie jusqu'à Rome et au delà. L'Empire d'Occident semble près de renaître. L'an 800, Charlemagne en relève le titre, créé empereur lui-même par l'acclamation du peuple de Rome et la bénédiction du pontife. Ainsi est institué, à la fin du viiie siècle, le Saint-Empire romain.

Le nouvel État passe au fils de son fondateur, à Louis le Pieux; mais, celui-ci mort, commence aussitôt la dislocation du corps improvisé qui ne faisait que de naître. L'Empire subsistera, néanmoins, et il durera longtemps encore. Il peut résister à cette première épreuve et à bien d'autres du même genre qui ne se font pas attendre, parce qu'il consiste moins, alors, dans les territoires qu'il a compris un instant, que dans la dignité même attachée à la personne de son chef et possédée par lui à certaines conditions. Il n'en sera pas toujours ainsi. Mais à une situation nouvelle correspondra le jeu de ressorts nouveaux également pour produire les mêmes effets.

Après la mort de Louis le Pieux, s'impose à son héritage la loi traditionnelle du partage entre ses fils, ainsi qu'il vient d'être dit. L'un a la Gaule deçà la Meuse; l'autre a la Germanie delà le Rhin; l'aîné, Lothaire, a l'Italie avec Rome et la dignité impériale qui semblait en dépendre. Il a de plus, au-dessus de l'Italie, une longue et étroite bande de territoires qui, passant entre la Meuse et le Rhin, sépare la Gaule de la Germanie, et dans laquelle s'ajoutent bout à bout à la Provence le royaume de Bourgogne, et à celui-ci l'ancienne Austrasie, où se trouvent les pays qui seront la Lorraine dont le nom n'existe pas encore, puis tout ce qui s'étend au delà jusqu'à la mer du Nord.

Ce singulier domaine ne tarde pas à se diviser à son tour. L'empereur Lothaire qui le détient devait, comme son père Louis le Pieux, laisser trois fils. A sa mort, nouveau partage. L'aîné des fils a la portion méridionale de l'héritage paternel, l'Italie que suit toujours la dignité impériale ; le plus jeune a la partie moyenne, comprenant la Provence et la Bourgogne ; l'autre a la partie septentrionale, qui de la Bourgogne va jusqu'à la mer et qui représente l'ancienne Austrasie, à peu près tout entière (855). Le nouveau souverain de ces derniers pays s'appelle Lothaire, comme s'appelait déjà son père. De là le nom de sa part d'héritage, royaume de Lothaire, *Lotharii regnum*, Loherreigne, Lorraine. La Lorraine est faite ; non pas celle que nous connaissons et qui est moins étendue et relativement nouvelle, — nous expliquerons cela tout à l'heure, — mais la Lorraine ancienne, le vieux royaume de Lorraine.

Le Saint-Empire romain était, dans la pensée de son fondateur, la reprise des droits et prérogatives des empereurs d'Occident, consacrée par l'acclamation du peuple de Rome qu'on estimait équivaloir à une sorte d'élection, et par la bénédiction du souverain pontife dans la cérémonie du couronnement. De là les termes caractéristiques de Saint-Empire romain, qualification donnée à la nouvelle institution et qu'elle a conservée jusqu'à sa dissolution. En prenant le titre d'empereur, Charlemagne agrandissait, en réalité, son autorité, mais non ses États. Il n'ajoutait rien, en effet, à ceux qu'il possédait déjà. L'Empire, dans ces conditions, n'était pas un territoire, nous l'avons fait observer tout à l'heure ; c'était une dignité toute personnelle. Le domaine du souverain n'en était changé ni dans sa composition, ni dans son régime. Il était notamment toujours soumis, comme on vient de le voir, à la vieille loi des partages. Il n'en était pas de même de la dignité impériale, qui, de nature toute différente, ne se divisait pas et qui a toujours conservé ce caractère.

On comprend quelles suites a pu avoir l'application de ces deux principes contraires, observés simultanément dans la transmission de l'Empire. De là procèdent directement deux traits significatifs qui caractérisent le régime ordinaire de la nouvelle institution et dont les modifications ultérieures marquent les changements graduellement subis par elle. De ces deux traits, l'un est la mobilité, l'absence de fixité, à cette époque surtout, dans la constitution territoriale de l'Empire, lequel à ce point de vue n'est à proprement parler qu'une sorte de domaine, objet d'importance secondaire ; l'autre est la permanence, au contraire, longtemps assurée, mais à la fin détruite elle-même, des conditions propres à la personne du souverain, qui, dans l'Empire carolingien, est le ressort essentiel de l'organisme politique.

Nous expliquerons plus loin dans quels termes s'est formulé graduellement le régime territorial de l'Empire, partant de la condition flottante d'un simple domaine, en quelque sorte personnel à l'origine, pour aboutir à celle, assez élastique encore sous la forme fédérale, d'un État véritable doué d'une vie propre. Disons, auparavant, comment à la longue a changé, de son côté, la situation particulière de l'empereur, par la désuétude graduelle, par l'oubli complet finalement des conditions premières de son institution et du caractère imprimé par elles à son autorité. Le mode primitif de cette institution en est à la fin absolument renversé, mais après s'être pourtant conservé pendant longtemps. Longtemps l'acclamation du peuple de Rome, et plus longtemps encore, le couronnement par le pape dans la Ville éternelle restent strictement obligatoires pour le nouvel empereur, et sont les conditions indispensables qui seules lui permettent de prendre le titre souverain. Ces obligations ont plus d'une conséquence. L'une de ces conséquences est que, dans les commencements surtout, l'Empire, c'est-à-dire le titre et la qualité d'empereur semblent attachés à la possession de l'Italie. Nous allons le montrer.

A la première dislocation de l'édifice carolingien, après la mort de Louis le Pieux, successeur immédiat de Charlemagne, l'Empire passe à celui des fils du souverain défunt qui a l'Italie. De même, à la mort de ce nouvel empereur, quand ses fils partagent à leur tour sa succession, l'Empire suit encore l'Italie dans la distribution de l'héritage, et le couronnement à Rome est toujours la condition nécessaire de sa possession. Après l'extinction de la descendance directe de Charlemagne, la couronne impériale est le privilège de celui des prétendants qui a réussi à s'emparer du royaume d'Italie. Gui, duc de Spolète, et son fils Lambert, puis Louis, fils d'un roi d'Arles, et Bérenger, fils d'un duc de Frioul, la prennent ainsi à Rome, des mains du pape, à la fin du IXe siècle et au commencement du Xe. Après eux, les princes de la maison de Saxe, les trois Otton successivement, se mettent de même en possession, tout à la fois, et du royaume d'Italie et de l'Empire, au Xe siècle. Aux XIe et XIIe siècles, ce sont les princes des maisons de Franconie et de Souabe qui s'en saisissent de la même manière. Tous viennent, comme leurs devanciers, recevoir à Rome la couronne avec le titre d'empereur. Ils sont préalablement désignés, c'est-à-dire élus par les princes de l'Empire, mais ils ne sont véritablement empereurs qu'après la formalité indispensable du couronnement.

On ne commence à se départir des anciens usages, à cet égard, que dans la période de désorganisation et de désordres du xiiie siècle, qui précède l'élection de Rodolphe de Habsbourg. Otton de Brunswick est encore couronné à Rome en 1209; mais après lui, Guillaume de Hollande en 1248, Richard d'Angleterre en 1257, le sont à Aix-la-Chapelle; Rodolphe de Habsbourg, de même, en 1273; Adolphe de Nassau, en 1292, et Albert d'Autriche, en 1298, également. Pendant le xive et le xve siècle, quelques empereurs reçoivent encore la couronne à Rome. Le dernier qui soit venu l'y chercher est Frédéric IV, en 1452. Charles-Quint la prend plus tard, à Bologne, des mains du pape en 1530. Après lui, aucun empereur n'est plus couronné par le souverain pontife, ni à Rome, ni même en Italie. C'est Francfort qui est, dorénavant, le théâtre du couronnement toujours imposé, mais dans des conditions bien différentes de ce qu'il était dans le principe, au chef de l'Empire.

On est alors au xvie siècle. Le titre de Saint-Empire romain subsiste toujours. Mais à cette date, sous cette dénomination qui s'est conservée la même, les choses graduellement modifiées ont bien changé dans l'institution. L'empereur est, comme par le passé, encore désigné par l'élection; et il le sera, pour la forme au moins, jusqu'à la fin. Mais le droit d'élire qui semblait d'abord appartenir exclusivement au peuple de Rome, le droit d'élire est depuis longtemps exercé par les princes, auxquels ont été associés les députés des villes; et depuis le xiiie siècle, il est devenu le privilège propre de sept électeurs, seuls en possession désormais, sauf quelques variations, du droit de nommer le souverain. De plus, sous ce semblant d'élection, la dignité impériale tend expressément à devenir héréditaire. Cette tendance s'est d'ailleurs manifestée, dès les premiers temps, dans un mode particulier de transmission, où le principe électif était tempéré par des habitudes de succession ayant le caractère héréditaire au sein de certaines familles, à commencer par celle même du fondateur. Ces dispositions finissent par prévaloir au xve siècle. Le titre impérial devient, en effet, depuis 1438, le privilège exclusif de la maison d'Autriche, de laquelle, à la veille de prendre fin, cette dignité passe, par mariage, à celle de Lorraine, qui la voit s'anéantir entre ses mains.

Le Saint-Empire romain, au terme extrême de son existence, avait, on le voit, graduellement subi, comme nous l'avons annoncé, de notables modifications, pour ce qui est notamment du caractère de son chef. A d'autres points de vue, cette vieille institution près de disparaître n'avait pas moins profondément changé. Nous voulons parler de ce qui concerne son régime territorial, lequel devait aussi, nous l'avons fait également pressentir, passer, avant de finir, par de graves transformations.

En établissant le Saint-Empire romain, Charlemagne avait acquis surtout, nous l'avons dit, la suprématie morale attachée à une dignité; il n'avait nullement constitué un État territorial nouveau, pas même changé le caractère ancien de celui qu'il possédait. Nous avons constaté le fait en signalant, tout à l'heure, le système de partage qui, après le premier empereur, continue à dominer dans la transmission héréditaire des États formant son domaine et, en quelque sorte, le patrimoine de sa famille.

Ainsi s'explique l'instabilité dans le régime de ce qu'on ose à peine nommer le territoire de l'Empire. C'est de là aussi que résulte, pour une part au moins, l'absence de cohésion de plus en plus prononcée entre les diverses parties qui le composent. Nous disons pour une part seulement, parce que à cette cause de désorganisation s'en joint une autre, non moins puissante, dans le fait général de la constitution des principautés particulières à la même époque : suite de la transformation des offices, ayant originairement le caractère viager, en patrimoines héréditaires au profit de certaines familles. Des États plus ou moins indépendants naissent ainsi, avec une tendance naturelle à le devenir toujours davantage.

Ces particularités auraient suffi pour empêcher l'organisation d'un état territorial solidement unifié de l'Empire; elles devaient bien plutôt conduire naturellement à une forme fédérative, que tout au contraire ce corps de territoires, nous l'avons annoncé, ne tarde pas à prendre. Les ligues et associations de paix dont l'usage se généralise dans son sein contribuent puissamment au même résultat. Ces ligues sont à la fois, dans l'Empire, la conséquence du manque d'unité si contraire au bon ordre, et une cause déterminante de développement pour cette situation. Les ligues pour la paix, disons-le tout de suite, prennent à la longue assez d'importance, entre les États particuliers compris dans l'Empire, pour donner finalement à celui-ci, dans la condition d'une ligue générale ou fédération, sa constitution définitive, telle qu'elle a subsisté jusqu'à la dissolution du corps lui-même.

Les désordres du xiiie siècle motivent tout spécialement, pour leur part, les associations dont nous venons de parler; ils les multiplient entre les petits États surtout, villes et principautés. La Germanie et les pays avoisinants suivent en cela l'exemple donné par l'Italie. Les ligues des villes lombardes servent de modèles aux ligues notamment des villes de Souabe, des villes du Rhin et des petits États constitués dans la Lorraine ou autour d'elle. Ces ligues ont pour objet d'assurer la paix publique. De là leur nom de *Landfriede*. Dans ces conditions, elles prennent au sein de l'Empire — l'autorité suprême y ayant presque complètement perdu sa force — de notables développements, et une importance de premier ordre parmi les divers organes du mécanisme social et politique. Ainsi se forment dans ces pays, à partir du XIIIe siècle, de nombreuses associations entre les villes, les seigneuries, les princes, les États de toutes sortes.

Nous citerons comme exemples les ligues instituées entre Strasbourg et Spire en 1227; entre les seigneuries et les villes du Rhin en 1254, 1319, 1325, 1327, 1332, 1338, 1350; entre celles de la Thuringe en 1281, 1295, 1312, 1334, 1338; de la Souabe en 1293, 1307, 1331, 1346; de la Vétéravie en 1333, 1340, 1349; de la Bavière et de la Franconie en 1345; de l'Alsace en 1301, 1334, 1341, 1343, 1345; entre Luxembourg et Trèves en 1343; entre Luxembourg et Bar en 1387, 1399; les Landfriedes de la Lorraine vers 1354, en 1435, 1441; celles de la Lorraine avec Trèves en 1356, 1357, 1358, avec Bar en 1352, avec divers pays voisins en 1361. Ces ligues pour la défense de la paix publique, prenant en cela le rôle qui devait appartenir au souverain, lui font ici échec en réalité. Le pouvoir impérial, qui serait impuissant à les supprimer autant qu'incapable de les suppléer, s'applique à les dominer au moins, à les régulariser, à les réduire graduellement en nombre, et à les faire finalement rentrer dans le cadre d'une *Landfriede générale* qui devient la loi organique de l'Empire tout entier, vers la fin du xv° siècle.

Les premières tentatives de Landfriede générale dans l'Empire remontent au xiv° siècle. On trouve, dès 1332, des dispositions à cet effet, renouvelées et graduellement perfectionnées sous les dates de 1347, 1353, 1354, 1389, 1398, 1431, 1437, 1438, 1439, 1440. La Landfriede est à la fois le ressort et l'objet de la police sociale. Le régime de l'Empire se modèle d'après les données de cette institution capitale et se formule définitivement ainsi, dans le recez de la diète de Worms en 1495.

Le Saint-Empire, dont les conditions territoriales se sont graduellement fixées, est devenu à ce moment, d'accord avec des tendances qui remontent loin, une véritable fédération renfermant des États de toutes sortes, des seigneuries laïques, des principautés ecclésiastiques, des villes de catégories diverses : corps politiques distincts, inégaux en force, égaux en indépendance les uns vis-à-vis des autres, dont les délégués et représentants se réunissent dans des diètes régulières pour discuter les affaires du corps fédéral, les intérêts de l'Empire. Là se décident par le vote les contributions communes, en hommes armés et en argent, à proportion des forces de chacun. Cette organisation se perfectionne par la constitution des Cercles, où sont distribués les membres de l'association, et par l'institution de la Chambre impériale de justice, dont l'autorité s'étend partout, au profit de chacun et pour le bien commun de l'ensemble.

Tel est le Saint-Empire romain, dans les conditions définitives du régime engendré par ses transformations graduelles : une fédération d'États indépendants, se gouvernant librement, sous la supériorité d'un chef investi à titre électif en apparence, à titre héréditaire en réalité, de la dignité impériale.

Ainsi constitué vers la fin du xve siècle, le Saint-Empire traverse, à partir de cette époque, les crises suscitées par la Réforme, celles qu'engendre la rivalité des maisons de France et d'Autriche, celles de la lutte ouverte entre les États catholiques et les États protestants. Il subit l'assaut des Turcs jusque dans le xviie siècle, et au xviiie les suites funestes qu'entraînent pour lui la décadence et la fin de la dynastie autrichienne, qui a réussi à le dominer et à faire de lui comme sa propre chose. Les désastres de la famille souveraine sont pour l'Empire des échecs sérieux. La royauté prussienne, naissante alors, en portant à la maison d'Autriche et à celle de Lorraine substituée à l'autre qui s'est éteinte des coups décisifs, atteint l'Empire lui-même et le livre affaibli aux orages déchaînés par la Révolution, où il sombre enfin et disparaît.

En 1701, l'Électeur de Brandebourg était devenu le roi de Prusse. En 1805, les Électeurs de Bavière et de Wurtemberg sont faits rois à leur tour. En 1806, le Saint-Empire romain se dissout; l'empereur François abdique le titre qui l'en faisait le chef et prend celui d'empereur héréditaire d'Autriche. La Confédération du Rhin se constitue sous l'influence de la France, toute-puissante alors, par l'agrégation d'une partie des États qui ont formé antérieurement le Saint-Empire. En 1813, nos premiers revers décident de la dissolution de la Confédération du Rhin. Affranchis de notre tutelle, les Allemands, maîtres à ce moment de leurs destinées, ne pensent nullement à relever le Saint-Empire, mort à tout jamais. Ils instituent en 1815 à sa place la Confédération germanique. On sait ce que celle-ci est devenue.

Quant au Saint-Empire, sous le double coup de la dissolution de 1806 et de l'oubli volontaire de 1815, il a cessé d'être depuis longtemps ; il ne saurait renaître. Certes, comme nous l'avons montré, ce grand corps était susceptible de modifications, et depuis son origine il en avait subi d'essentielles : mais se modifier et se transformer, ou renaître, sont choses toutes différentes. La transformation est la condition même de la vie. Tout corps vivant change et se transforme ; mais aucun corps frappé de mort ne saurait revivre. Voilà pourquoi le Saint-Empire, qui a pu si complètement se modifier et changer dans le cours de sa longue existence, mort qu'il est aujourd'hui, ne peut plus renaître. Les institutions qui le vivifiaient sont anéanties, les relations qui existaient entre ses membres ne seraient plus possibles. Ces membres, eux-mêmes, ont disparu pour la plupart. Où sont les Électeurs de Trèves, de Cologne, de Mayence ? Où est la ville libre de Francfort ? Tout ce passé est mort et ne revivra pas. Il ne saurait suffire pour le ressusciter qu'un souverain prît aujourd'hui, dans des conditions toutes nouvelles, le titre d'empereur d'Allemagne, en soumettant autour de lui les choses à un régime spécial, absolument différent de celui qui a existé jadis et qui a péri sans retour. Il n'y a plus, il n'y aura plus de Saint-Empire.

Nous en avons dit assez pour faire comprendre ce qu'a été l'antique institution du Saint-Empire romain, cette grande agrégation d'États, de conditions diverses et de force différente ; indépendants les uns des autres ; se gouvernant librement par leurs délégués, sous la supériorité d'un souverain électif d'abord, à peu près héréditaire ensuite, régulièrement pris depuis le xve siècle dans la maison d'Autriche, à la fortune de laquelle l'Empire est dès lors attaché. On se rend facilement compte de ce qu'a pu être sous ce régime la condition des membres de l'association, celle de notre Lorraine notamment, en possession dans ces termes d'une vie propre, au sein de l'Empire, à côté des autres États qui s'y trouvaient dans la même situation qu'elle.

La Lorraine, au reste, de bonne heure très détachée de ce corps politique, dont la langue dans la plupart des régions qu'il embrassait, dont les mœurs et les intérêts différaient des siens, la Lorraine s'était définitivement séparée depuis longtemps déjà du Saint-Empire, lorsque celui-ci a pris fin. Nous allons dire de quelle manière et dans quelles circonstances s'est accomplie cette évolution. Il faut, pour la bien comprendre, saisir dans ses origines le mouvement qui l'a produite.

III.

En parlant tout à l'heure du Saint-Empire, nous avons mentionné parmi les phases de son histoire le démembrement d'où naît, au ixe siècle, le royaume de Lorraine, constitué au profit de Lothaire, second fils de l'empereur du même nom. Le nouvel État n'était autre que l'ancienne Austrasie, pour une bonne part, vaste contrée embrassant les pays compris entre la Savoie d'aujourd'hui et la mer du Nord, et que représenteraient, pour des temps plus rapprochés de nous, la portion sud-ouest de la Suisse — savoir : le Valais, Genève, Fribourg, Soleure, Berne et Bâle — puis la Bourgogne, l'Alsace, et les parties du Palatinat qui sont sur la rive gauche du Rhin, la Lorraine actuelle et le Barrois, Metz, Toul, Verdun, les pays du Luxembourg, du Limbourg, de Juliers, de Gueldre, de Clèves en partie, Utrecht, Cologne, Trèves, Liège, le Hainaut, le Brabant, la Hollande, la Zélande.

Le royaume de Lorraine se trouvait ainsi flanqué à droite et à gauche par la Gaule et la Germanie, alors aux mains de deux oncles de son roi Lothaire, tous deux fils de Louis le Pieux et auteurs des deux branches française et germanique de la famille carolingienne.

Ces Carolingiens de France et de Germanie se disputent le royaume de Lorraine après la mort de Lothaire, son premier titulaire (869). De là, nouveaux partages auxquels se mêlent mille complications. Faits de guerre, actes d'accord, cessions puis reprises violentes de territoires se succèdent pendant une longue suite d'années. Dans ces agitations, les derniers Carolingiens de France, d'une part, et, d'autre part, ceux de Germanie, puis les princes allemands qui, en raison de leur origine maternelle, se portent leurs héritiers, mettent tour à tour la main sur la Lorraine et prétendent également s'en saisir. La vérité est que, à la faveur des désordres précurseurs du morcellement en divers États et du régime fédératif qui doivent finalement prévaloir dans l'organisation du Saint-Empire, les forces locales qui produiront ces résultats se mettent en jeu à peu près partout, dès le ixe siècle et au xe surtout. Au milieu de ces luttes et des troubles que leurs mouvements engendrent, se développe dans la contrée l'influence des grands officiers détenteurs de l'autorité, de deux ducs puissants par-dessus tous les autres, Rainier († 916) et son fils Giselbert († 939). Ces deux personnages s'appliquent dans cette situation à favoriser successivement, au gré de leurs propres intérêts, tantôt les prétendants français, Charles le Simple, Louis d'Outremer; tantôt les prétendants germaniques, Arnould, Zwentibold et Louis, son frère, qui étaient de la race de Charlemagne, et après eux les princes de la maison de Saxe qui entendaient se rattacher par les femmes à la même souche.

Les vieilles légendes messines et lorraines, qui conservent un vif reflet de cette situation, marquent par là le caractère et l'importance du rôle pris en ces termes par les ducs de Lorraine du xe siècle. Les notions qui s'y rapportent se retrouvent, comme nous l'avons montré ailleurs, dans les compositions littéraires où sont reproduites ces légendes[1].

La chanson du duc Hervis, première branche de la geste des Lohérains, qui est du xiie ou xiiie siècle, et le roman en vers de saint Livier, du même temps, dont nous possédons une version en prose du xve siècle, rappellent sous des noms supposés ces ducs du xe siècle, dont les noms véritables et les traits historiques sont faciles à reconnaître dans ces fictions. Elles nous les montrent se portant alternativement, au cours de ces compétitions, des souverains de France à ceux de Germanie.

La Lorraine reste finalement aux mains de ces derniers, avec l'Empire et l'Italie par conséquent, à la possession de laquelle le titre impérial semble, comme nous l'avons dit, expressément attaché; avec une partie en outre de la Gaule, celle qui avait précédemment appartenu à l'empereur Lothaire, la Provence et la Bourgogne; avec la Germanie enfin, qui est le domaine propre de ces princes, et qui doit à sa masse prépondérante une importance notable dans cette agrégation nouvelle. Au sein du corps ainsi constitué continuent à s'agiter les intérêts particuliers dont les premières manifestations ont contribué à le faire naître, mais dont les développements ultérieurs

---

1. *Études sur l'histoire de Metz. — Les Légendes*, 1865, p. 335, 382, 439.

doivent briser à la longue les liens artificiels qui l'ont formé. Pour ce qui regarde spécialement la Lorraine, sans attendre cette crise suprême, sa séparation du Saint-Empire s'effectue par parties et en plusieurs fois, longtemps avant que ce grand État où elle est entrée se soit dissous lui-même.

Au milieu du xe siècle (959), s'opère dans le royaume carolingien de Lorraine un important changement, qui est comme sa première étape dans la voie de dissolution que nous venons d'indiquer. Il se partage en deux tronçons qui ne se rejoindront plus désormais. Livrées à ce moment au gouvernement de ducs différents, ces deux parties de l'ancien royaume de Lothaire constituent deux duchés distincts : à l'orient, le duché de Haute-Lorraine ou Mosellane, et à l'occident, celui de Basse-Lorraine ou Lothier. La Basse-Lorraine emporte les pays compris entre le Rhin, au-dessous de la Moselle, et la mer; la Haute-Lorraine comprend le reste de l'ancien royaume : la Suisse et la Bourgogne en partie, l'Alsace, le Palatinat cis-rhénan, la Mosellane proprement dite, le Barrois, les villes de Metz, de Toul, de Verdun. Ces contrées ne restent elles-mêmes unies ainsi qu'un instant.

Le principe de dissolution qui a causé la séparation des deux duchés de Haute et de Basse-Lorraine continue à exercer son action au sein de chacun d'eux. A la fin du xe siècle et au xie, se produisent les diverses formations politiques qui en résultent. Ainsi naissent notamment le duché moderne de Lorraine, le comté de Bar, les comtés ou évêchés de Metz, de Toul, de Verdun. Dans ces circonstances, se développe tout à la fois comme conséquence et, jusqu'à un certain point, comme principe même de ces changements, l'importance des grandes familles qui, en possession des duchés et des comtés, simples offices primitivement, s'y perpétuent à titre héréditaire et les retiennent finalement comme leur patrimoine même. Cette évolution est générale à cette époque dans toute l'Europe occidentale. Elle a lieu en France comme dans les divers pays de l'Empire, et, pour ceux-ci, elle existe en Germanie et en Italie comme en Lorraine.

Pour ne parler que de cette dernière contrée, la Lorraine, nous signalerons, sous la réserve de quelques incertitudes touchant les généalogies antérieures au XIIIe siècle, les familles qu'on y voit engagées au premier rang dans cette action. Une des plus illustres est une famille de comtes de l'Ardenne, investie, au Xe siècle, du comté de Verdun, puis du duché de Basse-Lorraine et même, un instant, de celui de Haute-Lorraine ou Mosellane au XIe siècle. Auprès de cette famille puissante, celle des premiers comtes de Bar tient, outre le comté de ce nom, le duché de Haute-Lorraine, jusqu'à ce que, à l'extinction de sa descendance masculine, le comté et le duché se séparent. Le comté est porté par une fille du dernier comte de la maison éteinte à Louis de Montbéliard, son mari, dont les descendants se le transmettent héréditairement, tandis que le duché passe en diverses mains avant de s'arrêter dans celles de Gérard d'Alsace, dont la lignée s'y perpétue, constituant ainsi la famille ducale moderne de Lorraine qui existe encore sur le trône impérial d'Autriche. Plusieurs familles se succèdent dans la possession du comté de Metz : celle, entre autres, des comtes de Lunéville et celle, finalement, des comtes de Dagsbourg, à l'extinction de laquelle ce comté disparaît au commencement du XIIIe siècle. Quant au comté de Toul, on n'en connaît guère les détenteurs avant la fin du XIe siècle, où l'on voit avec Godefroy de Bouillon, à la première Croisade, un Renard, comte de Toul, signalé comme le frère de Pierre, comte d'Astenois : de la race, par conséquent, d'où devaient sortir les seigneurs de Dampierre-le-Château, qui ont duré jusqu'au xive siècle.

Ces indications suffisent pour montrer comment se constituent en États distincts le duché moderne de Lorraine et le comté de Bar, érigé ultérieurement lui-même en duché, et comment se fondent simultanément les dynasties qui se les approprient. Quant aux comtés de Metz, de Toul et de Verdun, ce qui les concerne n'est pas aussi clair. Pour celui de Verdun, on discerne assez bien, mais pour celui de Metz et pour celui de Toul moins nettement, les familles qui en sont pourvues d'abord. La question se complique en outre, à leur sujet, de cette particularité que, dans ces trois villes, à côté des comtes, les évêques prétendent de bonne heure, dès le xe siècle, ce semble, à la possession du comté, dont ils font plus ou moins spécieusement, par la suite, le fondement de leur principat temporel. On les voit en effet mettre alors, jusqu'à un certain point, sous leur dépendance dans leur ville épiscopale, et le comte, et le comté, en attendant le jour prochain où s'élèveront contre leur prépondérance les revendications des communautés urbaines, arrivées à leur tour à la vie politique.

L'acquisition et le mode de jouissance du comté par les évêques, dans leur ville épiscopale, est un problème historique des plus difficiles à résoudre. Ce problème n'a du reste qu'une importance secondaire pour le présent travail. Nous n'y insisterons donc pas. Il nous suffira de constater que les villes épiscopales, de même que les comtés et les duchés; que Metz, Toul et Verdun, de même que Lorraine et Bar, parties distinctes de l'ancien royaume de Lorraine, entrent, vers les xe et xie siècles, dans la condition d'États particuliers au sein de l'Empire. De plus en plus indépendants, ainsi que les divers éléments du même genre qui constituent le Saint-Empire romain, les États lorrains, comme les autres, plus que la plupart d'entre eux peut-être, concourent par là au travail de dissolution de cette grande agrégation politique, en accélérant le relâchement graduel et en décidant ainsi la destruction finale des liens qui les y rattachent.

Nous venons de rappeler comment s'était constitué, puis dissous, l'ancien royaume carolingien de Lorraine. Nous avons montré comment de sa dissolution étaient nés, au milieu du xe siècle, les deux duchés de Haute et de Basse-Lorraine : première modification d'état d'où devait sortir, pour ce qui est de la Haute-Lorraine en particulier, la distribution de territoires qui a produit notre Lorraine actuelle, dans le duché héréditaire que se sont transmis les descendants de Gérard d'Alsace; dans le comté de Bar, tenu par ceux de Louis de Montbéliard; dans les villes épiscopales de Metz, de Toul et de Verdun, où ne tardent pas à entrer en lutte, pour la prépondérance, avec des chances diverses suivant les lieux, l'évêque et le corps de la cité.

Au point où nous en sommes, il y a lieu de dire en passant deux mots de la locution populaire *Metz en Lorraine*, souvent discutée et mal interprétée, qui trouve dans une juste appréciation des faits son explication. Cette locution, en effet, est incompréhensible si, perdant de vue les premières phases des transformations dont il vient d'être question, on ne veut voir sous ce nom de Lorraine que le second duché, le duché moderne, le duché héréditaire constitué par les descendants de Gérard d'Alsace, auquel la ville de Metz est, on le sait, restée étrangère. Ce qu'il faut se rappeler au contraire à ce sujet, c'est le vieux royaume de Lorraine, aussi bien que le premier duché de ce nom, le duché de Haute-Lorraine ou Mosellane, institué au milieu du xe siècle, où Metz, résidence parfois des ducs après avoir été celle des rois, a pu jouer le rôle de capitale. Nos légendes, dont nous avons parlé tout à l'heure, conservent des notions significatives touchant cette situation[1]. Il en est de même de nos chartes messines qui, souvent, aux xe et xie siècles, sont signées des noms de ces premiers ducs, les ducs de Haute-Lorraine ou Mosellane, qualifiés quelquefois, pour cette raison, ducs de Metz — *Theodericus Dux Metensis*, 1105[2]. — Voilà, il faut le reconnaître, la situation à laquelle se rapporte la locution *Metz en Lorraine*; ce qui ne veut pas dire que cette locution ait été nécessairement inventée ou usitée alors. Elle est, peut-être, bien postérieure au contraire; mais dans ce cas elle aurait été engendrée par une opinion fondée sur des notions traditionnelles qui remonteraient jusque-là, c'est-à-dire jusqu'au xie siècle à peu près.

A ce moment, le véritable souverain dans Metz aurait été l'évêque, si l'on en croyait certains historiens. Au moins, est alors en pleine activité le travail qui tend à décider et à assurer de plus en plus aux prélats ce caractère. C'est le point de départ du mouvement de formation d'où sort l'État messin, décomposé lui-même plus tard en deux États distincts, l'Évêché d'une part et de l'autre la Cité, la ville libre de Metz. Toul et Verdun ont, avec un moindre accent toutefois, des destinées analogues que nous caractériserons un peu plus loin.

On sait maintenant ce qu'il faut penser de l'entrée de

---

1. *Études sur l'histoire de Metz.* — *Les Légendes*, 1865, p. 382, 407, 438.
2. D. Calmet, *Histoire de Lorraine*, 2ᵉ édition, 1745-1757, Preuves, t. III, col. 52.

la Lorraine, c'est-à-dire de l'ancien royaume de Lorraine, dans le Saint-Empire. Ce sont les phases de l'histoire de la famille carolingienne et les partages successifs de l'héritage de Charlemagne qui en ont décidé. La contrée faisait partie des domaines de ce prince, lors de l'institution par lui de l'Empire. Au premier démembrement des États qui le composent, nos provinces qui vont former le royaume de Lorraine restent attachées avec l'Italie à la portion centrale de ce corps de territoires, qui conserve le titre impérial. La Germanie, qui en est séparée alors, vient un peu plus tard s'y joindre, sous les princes allemands qui se saisissent de l'Empire, comme représentant la race des Carolingiens, qui s'éteint. Le Saint-Empire romain, sans changer de nature, prend ainsi, en raison de la nationalité des souverains, et par suite de l'importance du nouvel élément qu'ils y introduisent, un caractère allemand dont l'effet sera d'éloigner de lui graduellement les pays de langue italienne et ceux de langue française, qui, depuis Charlemagne, y avaient toujours été compris. La Lorraine est dans ce cas.

Sans réussir à briser tout d'abord les liens qui les attachent au corps de l'Empire, les États particuliers qui se sont formés au sein de l'ancien royaume de Lorraine, les deux duchés modernes de Lorraine et de Bar notamment, et les trois villes épiscopales de Metz, Toul et Verdun, desserrent insensiblement ces liens pour s'en dégager à la fin tout à fait. Cet effort développe dans ces pays un esprit d'indépendance qui les a toujours animés. Engendré par le sentiment naturel qui les éloigne de l'Allemagne, le mouvement auquel ils cèdent les rapproche au contraire graduellement de la France, nous le montrerons. Mais c'est à l'indépendance qu'ils prétendent surtout. Ce que veulent ces provinces, c'est la liberté; et quand la France tendra la main de leur côté, ce ne sera pas sans trouver quelques résistances qu'elle pourra les ramener à elle.

Rentrées dans la famille française, les provinces de la Lorraine unie au Barrois et des évêchés s'y sont ressoudées facilement. L'Alsace elle-même qui les y a suivies, l'Alsace auparavant liée à l'Allemagne par des attaches si puissantes et par huit à dix siècles d'association politique, se trouvera l'être plus encore à la France, deux siècles tout au plus après avoir été amenée à se joindre à elle. Union féconde, qui aura fait en si peu de temps de cette population, toute pénétrée d'éléments allemands, le peuple si patriotiquement français que l'on sait. Ceux de la Lorraine et du Barrois, ceux de Metz, de Toul et de Verdun, ne le sont assurément pas moins. Nous venons d'indiquer succinctement d'où procède le mouvement qui les a finalement détachés de l'Empire. Il nous reste à dessiner avec un peu plus de détails ce mouvement, et à indiquer dans quelles circonstances se sont produits les résultats auxquels il tendait.

IV.

Nous avons signalé la formation du duché de Haute-Lorraine ou Mosellane au milieu du xe siècle et sa prompte décomposition en divers États : le duché moderne de Lorraine aux mains des descendants de Gérard d'Alsace; le comté, plus tard duché de Bar, dans celles de la famille issue de Louis de Montbéliard; les villes de Metz, de Toul, de Verdun que disputent à leurs bourgeoisies les évêques, en possession plus ou moins légitime, plus ou moins complète du comté dans ces villes. Ces pays tout français se trouvaient, dans leur association à l'Empire, détournés de leurs voies naturelles. Cédant à un entraînement inévitable, ils manifestent de bonne heure et accentuent graduellement de plus en plus leur tendance à y rentrer. Ce travail de restitution, inconscient en quelque sorte et comme spontané, est facile à suivre dans leur histoire.

Pour ce qui est du duché de Lorraine en particulier, on y voit d'abord les premiers successeurs de Gérard d'Alsace rester jusqu'au XIIIe siècle, d'une manière à peu près exclusive, attachés aux intérêts et à la vie politique du Saint-Empire. A ce moment, le duc Ferry II manifeste encore ces dispositions par son dévouement à la cause de Frédéric II, au début de la période d'agitations et de relâchement qui va suivre la disparition de la maison de Souabe.

Le fils de Ferry II, Thiébaut Ier, se déclare au contraire pour Otton de Brunswick, compétiteur de ce même Frédéric II. Il prend en outre parti d'un autre côté — du côté de la France — dans les affaires du comté de Champagne, qu'Érard de Brienne, pour lequel il se prononce, disputait alors au comte Thibaut. Le fils du duc Thiébaut Ier, Mathieu, duc de Lorraine après son père, suivant une politique opposée, adopte au contraire la cause du comte de Champagne et consent à reprendre de lui en fief son alleu de Neufchâteau. Ainsi naissent des intérêts qui vont rattacher de plus en plus les ducs de Lorraine à la France, nos rois devenant, par suite du mariage de Philippe le Bel, comtes de Champagne eux-mêmes. Les ducs de Lorraine se trouvent ainsi vassaux immédiats de la couronne. En même temps, le soin jaloux de leur indépendance les éloigne graduellement du Saint-Empire, qui les presse de plus près et les menace davantage.

En 1303, le duc Ferry III souscrit avec les barons français la lettre adressée par eux au collège des cardinaux, dans le différend entre le roi Philippe le Bel et le pape Boniface VIII. L'année précédente (1302), le fils du duc Ferry III, Thiébaut, combattait à Courtrai avec la chevalerie française contre les Flamands. Après avoir succédé à son père, Thiébaut II se bat encore pour le roi de France à Mons-en-Puelle (1304). C'est pour la cause du roi, également, que le duc Ferry IV, successeur de Thiébaut II, est tué à la bataille de Cassel (1328), et le fils de Ferry IV, le duc Raoul, à Crécy (1346). Le duc Jean combat également pour la France à Poitiers, où il est fait prisonnier avec le roi (1356), et il est encore du côté de la France avec Charles VI à Rosebecque (1382). Les ducs de Lorraine étaient liés par les lois du vasselage envers les rois de France. Cette vassalité reposait principalement, nous venons de le dire, sur les fiefs que depuis le XIIIe siècle ces ducs tenaient du comté de Champagne, uni depuis le commencement du XIVe à la couronne.

Dans cette situation, les ducs de Lorraine se trouvent non seulement obligés envers le roi au service des armes, mais encore soumis à sa juridiction et à celle de ses officiers. On voit ces ducs cités au Louvre en 1310, frappés par des arrêts du Parlement de Paris en 1344, en 1388. Un refus de comparaître sur citation en 1407, et un acte injurieux du duc Charles II, en réponse à une mainmise, font prononcer contre lui un arrêt de mort en 1412, ce qui ne l'empêche pas de suivre, la même année, le roi au siège de Bourges. Mais il ose passer par Paris au retour de cette expédition, et l'avocat du roi, Jean Juvénal des Ursins, qui l'aperçoit dans la suite du prince, a la hardiesse de réclamer sa remise au Parlement pour en faire justice. Les choses eussent pu aller jusque-là, si le roi n'avait alors gracieusement accordé au duc son pardon. Le duc Charles recevait même, quelques années plus tard, la charge de connétable de France, à la mort de Charles d'Armagnac (1418); mais cette faveur, due à l'influence de la reine Isabeau, n'est pas ratifiée par le roi Charles VII, qui retire au duc cet office en 1424.

Vers cette époque, le duc de Lorraine Charles II était vivement entré dans la querelle des ducs d'Orléans et de Bourgogne et s'était attaché au parti de celui-ci contre le premier. Son hostilité contre le frère du roi s'accuse notamment dans les affaires suscitées par l'engagière que ce prince avait prise du duché de Luxembourg en 1402. La vie des ducs de Lorraine est de plus en plus mêlée, on le voit, aux intérêts qui peuvent tourner leur attention du côté de la France. Viennent des faits qui, à partir du milieu du xve siècle, donnent à cette tendance un accent plus prononcé encore.

Charles II était le dernier mâle de la branche aînée de sa maison. Il avait pour unique héritière une fille. L'union de cette fille, Isabelle de Lorraine, avec René d'Anjou, comte de Provence, roi de Sicile, fait passer le duché de Lorraine à ce prince, puis à Jean II, son fils, et à Nicolas, son petit-fils. Ces trois ducs de Lorraine, qui appartiennent à la maison d'Anjou, sont tout à fait Français. Le duché leur est disputé par des cousins d'Isabelle, de la ligne de Vaudémont, branche cadette de la maison ducale. A la mort de Nicolas, troisième duc angevin (1473), René II, l'aîné des Vaudémont, ressaisit le duché. Les attaches à la France n'en sont point diminuées. Le duc Antoine, fils de René II, en reprend la tradition. Il combat pour Louis XII à Agnadel (1509), pour François Ier à Marignan (1515). Un frère du duc Antoine, Claude de Guise, assiste aussi, du côté des Français, à cette dernière bataille; un autre frère, François de Lambesc, à celle de Pavie, où il est tué (1525).

Le duc Antoine avait épousé une princesse française, Renée de Bourbon; François, son fils, filleul du roi François Ier, est élevé près de ce prince, à la cour de France. Les Guise, issus de Claude, frère du duc Antoine, prennent dans le royaume la place que l'on sait. Ils en viennent jusqu'à disputer aux Valois leur droit à la couronne.

Pendant que les liens se resserrent entre les Lorrains et la France, ils se desserrent de plus en plus entre eux et l'Empire. Le duc Antoine parvient à les dénouer à peu près.

En 1538, à la mort de Charles d'Egmont, duc de Gueldre, Antoine avait échoué dans la poursuite des droits que la parenté lui donnait à la succession de ce prince. Cet échec, véritable déni de justice, ne pouvait que l'encourager à persister dans la tendance, ancienne déjà, du duché à se détacher du Saint-Empire. Les développements de cette situation ne se font pas attendre. En 1542, à la diète de Nuremberg, le duc Antoine obtient des États de l'Empire présidés par Ferdinand, roi des Romains, une déclaration que ratifie, l'année suivante à Spire, l'empereur Charles-Quint, par laquelle le duché de Lorraine, sous la charge d'une subvention appliquée à l'entretien de la Chambre impériale, est reconnu exempt de toute juridiction, à un degré quelconque, de la part du Saint-Empire, et reçu pour entièrement libre, *Liber et non incorporabilis*, est-il dit dans le traité.

Tel est le premier acte positif de dissolution des liens existant depuis si longtemps entre le duché de Lorraine et l'Empire. Leur complet anéantissement résulte finalement de l'assentiment que donnent les États de l'Empire à la réunion de ce duché à la France, par le traité de Vienne en 1738.

Cette solution pour le duché de Lorraine entraîne les mêmes conséquences pour le duché de Bar, uni à lui depuis longtemps alors, comme on le sait. Nous avons rappelé tout à l'heure comment le comté de Bar avait pris le caractère d'une possession héréditaire, au profit des descendants de Louis de Montbéliard. Ce comté est élevé à la condition de duché au milieu du XIVe siècle. Les comtes, puis ducs de Bar, se rapprochent graduellement de la France, comme le font à côté d'eux les ducs de Lorraine. Ils tiennent des fiefs qui relèvent de sa couronne; ils combattent dans les rangs de sa chevalerie : le comte Henri II avec Philippe-Auguste à Bouvines (1214), le comte Édouard Ier avec Philippe de Valois à Cassel (1328). Les deux fils du duc Robert, Édouard III et Jean, sont tués l'un et l'autre, avec la fleur de la chevalerie française, à Azincourt (1415). Robert était le premier de sa race qui eût pris le titre de duc. Édouard III, son fils, est le dernier qui l'ait porté; ou plutôt, à la mort d'Édouard — car il n'avait pas d'enfants — c'est son frère Louis, cardinal, évêque de Châlons; et celui-ci ne le prend en quelque sorte que pour le transmettre à une autre maison, la sienne devant finir avec lui.

Le nouveau duc de Bar, René (1419), était de la maison d'Anjou et petit-fils d'une sœur du cardinal. C'est ce prince qui épousait, à ce moment même, comme nous l'avons dit, l'héritière du duché de Lorraine, et qui arrive par là, en 1431, à la possession de ce duché. Il procure ainsi l'union des deux duchés de Bar et de Lorraine, qui n'ont plus été séparés depuis lors. Leur destinée est désormais la même. Ce que nous avons dit tout à l'heure du sort de l'un s'applique aussi à l'autre. Bar est, ainsi que la Lorraine, détaché du Saint-Empire par le premier acte de dissolution en 1542; il en est définitivement séparé et réuni aussi à la France par le traité de 1738.

V.

Les pays qui constituent les duchés de Lorraine et de Bar forment la plus grande partie, mais non la totalité de ceux que nous avons à considérer ici comme démembrements de l'ancien royaume carolingien de Lorraine, ou, pour préciser davantage, du duché de Haute-Lorraine ou Mosellane formé, au xe siècle, de la partie orientale de ce royaume. Le duché de Mosellane renfermait encore, avec ces pays et quelques autres, trois villes importantes, sièges d'évêchés, que nous avons nommées : Metz, Toul et Verdun, ayant chacune un comte particulier. Ces trois villes ont des destinées particulières au milieu de la province où elles étaient originairement comprises. Comme le reste de cette province, d'ailleurs, elles subissent dans leur régime politique des modifications qui les amènent assez rapidement à la condition d'États distincts, et détendent progressivement les liens qui les attachaient avec elle à l'Empire.

Dans la Lorraine et le Barrois, après les premiers ducs et les premiers comtes investis d'un simple office, leurs successeurs avaient réussi à faire graduellement de l'ensemble des droits, prérogatives et avantages divers attachés à cet office, avec leurs conséquences de tout genre, un patrimoine héréditaire au profit de leur descendance : celle de Gérard d'Alsace dans le duché moderne de Lorraine, celle de Louis de Montbéliard dans le comté de Bar, ultérieurement érigé lui-même en duché.

Vers le même temps, dans les trois villes épiscopales,

les évêques obtiennent au nom de leur église des privilèges analogues, fondés sur la possession des droits appartenant à l'office du comte dans ces villes. C'est là ce qu'on appelle la dévolution des comtés aux églises, c'est-à-dire aux évêques. Cette situation est généralement présentée comme étant la suite de concessions formelles dont on ne trouve guère d'exemples cependant, sinon dans des termes qui, le plus souvent, sont loin d'avoir à l'origine la signification qu'on leur a donnée avec plus ou moins d'accent, plus ou moins de bonheur aussi, ultérieurement. Ainsi se constitue à peu près partout le principat temporel des prélats. Cette formation rencontre fréquemment dans les villes — outre les réserves commandées par la haute supériorité, toujours avouée quoique graduellement amoindrie, du souverain — les résistances et parfois la compétition des comtes eux-mêmes et celles surtout des communautés urbaines, de toute ancienneté en possession de certains droits qui leur étaient propres, et dont le développement naturel, se portant dans la même direction, s'attaque au même objet. C'est ce qui a lieu notamment dans nos villes épiscopales lorraines.

L'autorité des évêques et l'indépendance de la Cité se trouvent en présence sur un terrain commun, disputé vivement de part et d'autre, avec des chances diverses et des résultats différents dans chacune des trois villes. A Metz, le corps des citoyens parvient à soustraire à peu près complètement en fait la Cité à l'autorité de l'évêque. A Toul, il y réussit un peu moins; à Verdun, moins encore à ce qu'il semble. Quant au lien de sujétion envers l'Empire, il est presque également distendu dans les trois villes et finalement rompu de même : à Verdun comme à Toul, à Toul comme à Metz. Dans ces villes, ainsi que dans la Lorraine et le Barrois, c'est au profit de la

France, en vertu des affinités précédemment signalées, que se résout la question. Nous avons noté les phases de cette évolution dans les deux duchés successivement. Il convient de les indiquer aussi dans les trois villes épiscopales.

A Verdun, les évêques trouvent à la libre jouissance du comté un obstacle sérieux dans les revendications exercées sur cet office par la puissante maison des comtes communément dits d'Ardenne, détenteurs de l'office de duc de la Basse-Lorraine, par celle ensuite des comtes de Bar. On voit les princes de ces deux maisons en possession d'une manière intermittente, suivant les événements, soit du comté, soit de la vicomté de Verdun, tendre par tous les moyens à développer et amplifier les droits qui peuvent en résulter. L'Église fonde les siens sur une donation de ce comté faite, dit-on, à l'évêque Heymon par un comte Frédéric ou plutôt peut-être par l'empereur Otton III, vers la fin du xe siècle. Cette donation, dont on ne possède pas le titre et dont on ne peut que soupçonner la teneur, devait probablement concerner simplement, si tant est qu'elle soit réelle, certains droits utiles. Elle est renouvelée en 1156 par l'empereur Frédéric Ier, dans des termes qui font de la concession ainsi formulée, celle du comté même, *Beneficium comitatûs et marchiæ*, avec le ban ou exercice de l'autorité, la levée des impôts, la monnaie, la juridiction civile et criminelle.

A ce moment vient de mourir, en 1155, Hugues de Bar, le dernier de sa maison qui, suivant certains historiens, aurait été investi de la vicomté de Verdun. C'est ensuite avec les bourgeois, avec les trois Lignages de Verdun, corps aristocratiques sortis de la bourgeoisie, que les évêques, à partir des dernières années du xiie siècle et au xiiie surtout, entrent en querelle pour les droits du comté, qu'ils leur engagent parfois pour les retirer ensuite. Ces droits comprenaient notamment l'exercice, important avant tout, de la juridiction.

Dans les troubles qui s'ensuivent, dans les guerres intestines qui en résultent, dans celles avec les voisins qui les accompagnent, l'empereur, qui est loin et désarmé, fait peu sentir son action; nulle protection ne peut venir de lui; les Verdunois doivent prendre ailleurs un point d'appui. Ils entrent en ligue dans ces circonstances avec les gens de Toul et ceux de Metz. Vers le commencement du xive siècle enfin, ils réclament, moyennant une pension, concurremment avec les gardes des ducs de Lorraine et des comtes de Bar, la garde du roi de France. Cette dernière entraîne l'installation dans Verdun même d'un gardien, officier du roi, aux gages de la Cité, et la juridiction supérieure du Parlement de Paris pour le règlement de certains intérêts. La France se trouve ainsi avoir le pied dans la ville impériale.

Vient, au xvie siècle, la grande lutte des maisons de France et d'Autriche, des rois François Ier et Henri II, l'un après l'autre, avec l'empereur Charles-Quint. Les armées parcourent le pays. Charles-Quint met dans Verdun, en 1544, une garnison allemande qui en sort en 1551; Henri II, en 1552, une garnison française qui ne devait plus quitter la place. Le roi était, à ce moment, d'accord avec les princes de l'Empire, contraires à la maison d'Autriche, pour occuper les villes impériales de langue française, Metz, Toul, Verdun, Cambrai. C'est ainsi que Verdun sort en 1552 de l'Empire, pour s'unir à la France vers laquelle cette ville, comme toute la contrée, était ramenée naturellement par de puissantes considérations fondées sur la nature même des choses. Cette situation est définitivement confirmée en 1648 par le traité de Munster, où les États de l'Empire ratifient l'union de Verdun à la couronne de France.

A Toul, de même qu'à Verdun, les droits et privilèges des évêques ne sont autres, pour une bonne part, que ceux qui peuvent résulter de la possession du comté, acquis, est-il dit, par l'évêque Gozelin pour son église, au commencement du xe siècle. Ce comté se trouve cependant, au xiiie, entre les mains du duc de Lorraine, de qui l'évêque Gilles de Sorcy le rachète vers 1261.

Ainsi qu'à Verdun, la communauté urbaine possède à Toul des droits immémoriaux qui servent de fondement à ses revendications pour la cause de son indépendance. Là encore, la bourgeoisie se fortifie par la constitution de corps privilégiés, qualifiés ici, non pas Lignages comme à Verdun, mais Paraiges comme à Metz. On n'est malheureusement que très imparfaitement renseigné sur le régime de ces Paraiges de Toul et sur le rôle joué par eux dans l'action prolongée où se débattent les intérêts de la Cité. Pour la défense et le développement de ses droits, celle-ci combat sans relâche avec des fortunes diverses, en butte aux entreprises, soit de ses évêques, soit du chapitre même, soit des seigneurs voisins, des ducs de Lorraine, des comtes de Bar, des damoiseaux de Commercy.

Les guerres qui résultent de cette situation sont incessantes. L'empereur est peu attentif à ce qui se passe si loin du cœur de l'Empire. Il n'y a ni aide ni protection à recevoir de lui. Nous avons mentionné tout à l'heure les ligues où les trois villes de Metz, de Toul et de Verdun, qui ont des intérêts en bien des points semblables, se prêtent un mutuel appui. De bonne heure aussi, les Toulois, comme les gens de Verdun, se tournent du côté de la France; comme eux, ils se mettent, au commencement du xive siècle, sous la garde du roi. Cette garde du roi de

France est loin d'être gratuite; elle est fréquemment réclamée cependant par la Cité, et les traités en sont renouvelés souvent, jusqu'au milieu même du xvie siècle. Elle agit efficacement au profit des bourgeois de Toul contre ceux qui, dans leur voisinage, font échec à leurs intérêts ou obstacle à leurs progrès dans les voies de l'indépendance. La Cité l'oppose, suivant l'occasion, à ses évêques, à son chapitre, aux ducs de Lorraine, à tous ceux qu'elle peut avoir à redouter en toute rencontre. Les esprits sont ainsi de plus en plus attirés vers la France. C'est des campagnes du diocèse de Toul que Jeanne d'Arc s'élance, au commencement du xve siècle, pour voler à son secours.

Au siècle suivant, la lutte ouverte entre le roi Henri II et Charles-Quint est pour Toul, comme elle l'est pour Verdun, le signal d'un mouvement décisif dans la direction qu'instinctivement ces villes suivaient depuis longtemps, et où elles se rapprochaient également de la France. Le 12 avril 1552, le roi Henri II est reçu à Toul. Il ne s'éloigne ensuite de cette ville qu'en y laissant une garnison et un gouverneur. Les liens qui rattachaient la vieille cité à l'Empire sont rompus. Ils ne se renoueront plus. Le traité de Munster, en 1648, ratifie également ces faits.

VI.

A Metz, la suite des événements aboutit au même résultat qu'à Toul et à Verdun. Le mouvement qui en décide a même, dans cette ville, un accent plus prononcé encore que dans les deux autres. Plus voisine que celles-ci des Allemands de l'Empire, la ville de Metz pourrait sembler avoir dû plus qu'elles subir leur influence. Il n'en est rien. Les sentiments d'animadversion pour eux y sont, au contraire, à cause de cela précisément, plus marqués peut-être, la distinction des races étant toujours plus qu'ailleurs accusée aux frontières mêmes qui les séparent, parce que les rencontres y sont plus fréquentes et les froissements produits par le voisinage plus insupportables. Les précautions, les marques de méfiance y sont moins ménagées; les témoignages d'antipathie y sont plus marqués aussi. Nous montrerons tout à l'heure ce qui en est. Tel est le caractère des relations de Metz avec les Allemands de l'Empire. Les mêmes dispositions, moins apparentes à Toul et à Verdun, y sont au fond aussi réelles. Ce qu'on peut constater à ce sujet dans les particularités qui concernent spécialement la ville de Metz a par conséquent pour les deux autres la même signification que pour elle-même.

A Metz, nous venons de le dire, les faits présentent, pour ce qui est des relations de la Cité avec l'Empire et de sa réunion finale à la France, la plus grande analogie, sous la réserve cependant de notables différences à certains égards, avec ce qui se passe pour le même objet à Toul et à Verdun. Le point de départ de la séparation d'avec l'Empire est, dans cette ville comme dans les deux autres, la constitution d'un État particulier au profit des évêques, fondé principalement sur la possession prétendue par eux des droits du comté. Ces droits, ou plutôt les conséquences qu'on en veut déduire, sont au reste à Metz, comme ailleurs, disputés aux prélats par la Cité, en possession elle-même de droits propres appartenant de toute ancienneté à la communauté urbaine : droits essentiels, graduellement développés et affirmés de plus en plus par elle dans le sens de son indépendance. Ce mouvement existe également, nous l'avons dit, à Verdun et à Toul; mais, tandis que dans ces villes il ne réussit pas à les dégager entièrement de la sujétion envers leurs évêques, à Metz ce résultat est de bonne heure presque complètement atteint. La supériorité temporelle des évêques s'efface en effet dans Metz à ce point que les prélats cessent même d'y résider. La ville échappe en fait à leur principat, qui se déplace et prend son centre ailleurs. C'est ainsi que Vic reçoit et conserve jusqu'à la fin le caractère de chef-lieu du temporel et de capitale de l'évêché, que Metz a répudié.

A Metz, comme à Verdun et à Toul, mais plus complètement que dans ces deux villes, les droits de la Cité sont pris en main — on pourrait presque dire qu'ils y sont confisqués — par des corps aristocratiques formés au sein de sa bourgeoisie. Nous voulons parler des Paraiges, constitués dans cette ville au XIIIe siècle, dès la fin du XIIe peut-être, et dont le régime se perfectionne graduellement jusqu'à son complet achèvement au XIVe.

Mieux connus que les Paraiges de Toul et que les Lignages de Verdun, les Paraiges de Metz semblent avoir été simplement à leur origine des associations librement formées, bien moins dans des vues politiques que pour l'avantage particulier de ceux qui les composaient. Destinées d'abord à défendre les intérêts d'ordre privé de leurs membres, ces associations se trouvent naturellement propres à favoriser la conquête et la conservation des intérêts d'ordre public et politique, qu'ils s'attribuent graduellement à partir du XIIIe siècle, dans le gouvernement de la Cité[1]. A ce dernier point de vue, les Paraiges poursuivent alors à Metz deux objets à la fois, en vue des

---

1. *Le Patriciat dans la cité de Metz.* Dans les *Mémoires de la Société nationale des Antiquaires de France*, 4e série, t. IV, 1872.

mêmes fins : absorber à leur profit les droits de la communauté urbaine et annuler, au sein de la Cité, l'autorité des évêques. C'est là, pour eux, l'œuvre d'un siècle d'efforts couronnés de succès, du milieu du XIIIe siècle au milieu du XIVe à peu près.

Il n'est, dans ces circonstances, guère question de l'Empire à Metz, où son action ne s'est d'ailleurs jamais fait beaucoup sentir, à partir du Xe siècle. A cette date ancienne, elle s'efface déjà devant l'autorité insensiblement prise dans la ville par les évêques, dont la puissance y arrive à son apogée vers la fin du XIIe siècle, à la veille d'être mise elle-même en échec par les Paraiges agissant en cela au lieu et place du corps de la Cité. L'Empire est étranger à ces faits. Un document très curieux, qui appartient à cette époque à peu près, nous apprend ce que sont devenus à ce moment, dans Metz, les droits des empereurs. Cette pièce, consacrée à leur exposition, est un vieux record en français, dont on a de nombreuses copies manuscrites et qui a été souvent publié[1].

Vers la fin du XIIe siècle ou au commencement du XIIIe, l'empereur possède à Metz, suivant ce document, le commandement et la juridiction, *ban, justice et destroit*, délégués à l'évêque et parfois ressaisis par le souverain, mais dans le cas seulement où il est de sa personne présent dans la ville. Quand il y vient, les clefs lui en sont solennellement portées à trois lieues en avant de son enceinte. Il y a droit au gîte pour lui et pour sa suite. Il y fait courir sa monnaie à l'exclusion de toute autre pendant qu'il y réside. Absent, il a encore ce droit que les messagers envoyés par lui à l'évêque doivent y être

---

1. Il est notamment donné, sous la forme d'un *Vidimus* du XVe siècle, par les Bénédictins, dans leur *Histoire de Metz*, t. VI, p. 306.

gratuitement hébergés et renseignés pour l'accomplissement de leur mission. Rien de plus. Ajoutons que cette délégation des droits impériaux à l'évêque prend le caractère d'une tenure féodale, et qu'elle est définie ainsi dans un document postérieur au précédent[1], où il est dit que l'évêque reprend de l'empereur en fief trois choses dans la Cité : la justice temporelle dont le prélat, à titre de commissaire impérial, institue chaque année les officiers, lesquels d'ailleurs ne pouvaient être pris alors que dans les Paraiges; la monnaie que l'évêque fait fabriquer et dont il a les bénéfices; l'hôtel impérial, résidence appelée au moyen âge *la Cour l'Évêque*. Mais, d'après ce titre relativement récent, comme d'après le record du XIIIe siècle, l'empereur, malgré ces concessions, recouvre à Metz toute son autorité quand il est présent dans la ville; et l'évêque n'y peut d'ailleurs venir et n'y a nulle entrée sans l'exprès consentement de la Cité, *Sans le plaisir de la Cité*, est-il dit. La date de ce second document est déterminée par les particularités qui marquent l'effacement, dans certains cas, de l'autorité de l'évêque devant celle de la Cité et des Paraiges : situation qui s'annonce, d'après divers indices, dès la fin du XIIIe siècle et qui est complètement acquise au XIVe ou vers le XVe au moins.

Les Messins, à cette époque, se prétendaient, non sans quelque raison, affranchis de toute sujétion envers leur évêque, et même à peu près indépendants vis-à-vis du Saint-Empire; ne reconnaissant d'autorité à l'empereur que lui présent dans leurs murs, comme il est dit déjà au record du XIIIe siècle; et se déclarant francs de toute contribution levée dans l'Empire, ainsi que de tout ser-

---

1. *Idem*, t. IV, p. 512.

vice militaire commandé pour lui. Ces prétentions sont exprimées dans deux documents portant les dates de 1394 et de 1462, qui nous ont été conservés [1].

On voit par là ce qu'étaient devenus, à Metz, les liens qui pouvaient exister encore entre la Cité et l'Empire. Ils ne se faisaient guère sentir que dans les rares occasions où l'empereur faisait en personne une apparition dans cette ville. Le prince réclamait généralement alors, et on lui disputait quelques subsides dont le fondement et l'évaluation étaient tout à fait arbitraires : nulle mention n'en étant faite, comme nous venons de le montrer, dans les titres anciens qu'on a des droits du prince.

Pour ce qui est de ces visites toutes solennelles que la ville recevait quelquefois du chef de l'Empire, nos chroniques signalent avec infinis détails les précautions significatives dont on usait en pareilles circonstances : chaînes tendues aux carrefours et dans certaines rues; gens armés, cachés dans les granges de la Cité; négociations préalables pour obtenir de l'empereur la limitation en nombre de la suite qui devait l'accompagner; serment exigé de lui à son entrée, et constaté authentiquement par acte de notaire, de ne rien attenter contre les droits et privilèges de la Cité. C'était d'argent, après tout, qu'il s'agissait. On payait finalement, après avoir marchandé : ce n'était pas sans formelles réserves et réclamations. La ville ne devait rien, était-il dit en son nom, ni à l'empereur, ni à l'Empire; car elle ne recevait rien elle-même, ajoutait-on, ni de l'empereur, ni de l'Empire, en aide, protection ou confort, dans ses guerres qui étaient fréquentes et coûteuses. Cette argumentation n'était pas dénuée de fonde-

---

[1]. *Histoire de Metz* par les Bénédictins, Preuves, t. IV, p. 459, et t. V, p. 663.

ment, et il serait facile de la justifier par l'histoire de la Cité. C'est ce qu'il ne peut être question de faire ici.

Il y avait, du reste, plus d'une raison pour que, à Metz, on s'éloignât de l'Empire, où l'Allemand dominait en fait; car à Metz l'Allemand était un étranger, plus que cela, on peut le voir dans bien des cas. Maints traits, dans les annales de la Cité, en témoigneraient. Nous n'en citerons qu'un seul, où se reconnaît chez le peuple messin, à l'endroit des Allemands, un fonds de préjugés contraires pouvant aller jusqu'à l'hostilité, et procédant certainement, pour une part au moins, des sentiments d'animadversion qui séparaient les deux races. Un jour de juillet 1542, un comte de Furstemberg paraît dans la ville avec une suite nombreuse. L'inquiétude s'empare des esprits; le populaire s'émeut; on court aux armes; une sorte de sédition s'élève; un Allemand est tué dans la bagarre. Les étrangers s'éloignent cependant, et tout se calme. Furstemberg et ses gens étaient protestants et cela eût certainement suffi pour soulever contre eux le peuple de Metz, à cette date. Mais ce qui l'avait surtout ému dans la circonstance était autre, comme le constate une enquête faite à ce sujet. Les Allemands auraient prétendu, se disait-il, que l'hôtellerie où ils avaient pris gîte était à eux. Voilà sous quels traits apparaissent à Metz, dans cette occurrence, les Allemands, et quelles préventions ils rencontrent. Sur un simple propos, l'émotion s'était rapidement propagée. Le tumulte avait été sérieux. Il fut l'occasion d'une procédure dont les pièces nous ont été conservées.

D'autres exemples encore accusent avec moins de passion, mais non moins péremptoirement, la profonde séparation à Metz des deux races. Il existe dans cette ville une rue dite *des Allemands,* signalée sous ce nom dès le

XIIIe siècle ; et cette dénomination lui venait, non de ce qu'elle eût jamais été peuplée d'Allemands, mais seulement de ce qu'il s'y trouvait une maison de chevaliers de l'ordre Teutonique, dits à Metz *Chevaliers de Notre-Dame de Jérusalem de la maison des Allemands*. La qualification commune donnée ainsi et à la maison et à la rue montre quel effet produisait naturellement sur la population toute française de Metz la présence, au milieu d'elle, de ces étrangers, dont le caractère essentiel à ses yeux était d'être des Allemands.

Si l'esprit de race distinguait et même éloignait les Messins des Allemands, il les rapprochait au contraire des populations françaises, auxquelles ils confinaient d'un autre côté.

Cette tendance se manifeste à Metz dans les habitudes de toutes les classes. Elle dirige pendant tout le moyen âge — nos chroniques en font foi — les marchands de Metz vers les foires de Champagne et vers le *Landit* de Paris. Elle inspire les membres de la seigneurie messine allant, aux xve et xvie siècles, demander aux rois de France surtout, lors de leur couronnement par exemple, les distinctions de la chevalerie ; recherchant en outre en même temps et obtenant d'eux des titres honorifiques de chambellans, de conseillers ; des charges de cour, des pensions.

Ces dispositions n'ont cependant pas à Metz, comme à Toul et à Verdun, pour conséquence, d'induire la ville à se mettre en la garde du roi. La Cité était assez forte, assez puissante pour se garder elle-même. Elle aurait plutôt repoussé, pour les incontestables périls qu'elle devait engendrer, une semblable situation. Sur le terrain de la politique, les sympathies que pouvait lui inspirer la France étaient d'ailleurs accompagnées de quelque méfiance, justifiée par certains faits gravés dans la mémoire de tous. Depuis 1444, on se rappelait le concours prêté alors par Charles VII au duc René, son beau-frère, dans ses revendications contre la Cité. Aussi, dans la lutte entre les maisons de France et d'Autriche, au XVIe siècle, la politique préférée à Metz eût été simplement la neutralité. Mais la neutralité était difficile à conserver entre les redoutables adversaires alors en présence.

A Metz, où l'on était d'ailleurs, depuis cinquante ans et plus, en hostilité avec les Bourguignons, comme on les appelait, habitants du Luxembourg et des Pays-Bas, on ne pouvait pas perdre de vue que ces terres de l'héritage de Bourgogne, qui venaient jusqu'aux portes de la Cité, étaient maintenant entre les mains de Charles-Quint, dont elles constituaient le patrimoine, tandis qu'on était séparé de la France même par les duchés de Lorraine et de Bar, qui en rendaient le voisinage moins immédiat. Bien des gens à Metz auraient incliné du côté de la France, rien que pour cette raison. C'est dans ces dispositions que Henri II trouve la ville en 1552, lorsqu'il y arrive après avoir occupé Toul et Verdun. Le sort de Metz est dès lors le même que celui de ces deux villes; et sa réunion à la France, qui date de là, est comme la leur ratifiée définitivement par les États de l'Empire, en 1648[1]. En 1552, Henri II s'y présentait à titre de *Protecteur;* mais on pouvait soupçonner en lui un maître; et ce que le peuple de Metz voulait, c'était la liberté, c'était l'indépendance.

L'indépendance, malheureusement, n'était plus possible entre les puissants rivaux qui s'entre-choquaient. La réunion de la ville à la France devait lui en imposer le sacrifice. Elle ne le fit pas sans regret et sans quelque résis-

1. Le traité de 1648 stipulait en outre, non seulement pour les trois villes de Metz, Toul et Verdun, mais encore pour le temporel de leurs évêchés qui formait des États distincts.

tance. Ce sacrifice, quelque grand qu'il fût, devait être plus qu'oublié. Il n'allait pas, après tout, sans de grandes compensations : l'accomplissement d'une destinée conforme à la nature des choses, à la logique des faits, décidée finalement par la souveraine attraction du génie français ; influence toute-puissante qu'on a vue gagner complètement des populations même que n'y préparaient pas, comme celles de Metz et de la Lorraine tout entière, l'unité de race et la communauté d'origine.

Dans la nécessité de se prononcer, l'alternative se présentait pour Metz, au milieu du xvie siècle, entre la couronne de France et la maison d'Autriche. Son choix était commandé par ses intérêts les plus évidents. Si Charles-Quint l'eût emporté, il eût fait de notre pays une Lombardie, comme celle où l'on a vu si longtemps l'Italien frémir, sans rémission jusqu'au jour de la délivrance, sous le joug abhorré de l'Allemand. Ni les siècles, ni les rigueurs n'y ont rien fait. Éclatante justification du fameux adage : Contre l'ennemi, pas de prescription, *In hostem vendicatio æterna*. Charles-Quint a heureusement échoué. La France a eu la fortune ce jour-là pour elle. On sait par quels liens d'affection passionnée elle s'est attaché sa conquête. Elle a pu même, un jour, sans se l'aliéner, la livrer pour sa propre rançon à l'ennemi qui lui serrait la gorge. Elle connaissait assez les sentiments de filiale abnégation qu'elle avait su lui inspirer.

Concluons. La Lorraine, pays absolument français, n'a jamais appartenu à l'Allemagne. Avec la Gaule tout entière, c'est-à-dire la France et certains pays voisins ; avec la Germanie, c'est-à-dire l'Allemagne et quelques autres contrées ; avec l'Italie également et le nord de l'Espagne, la Lorraine a fait partie du Saint-Empire romain, qui remontait à Charlemagne. Le Saint-Empire a duré mille ans; mais, avant de disparaître, il a vu se séparer de lui, à différents moments, bien des éléments, de ceux qui le composaient. La Lorraine, les trois villes épiscopales et leurs évêchés sont du nombre. Ces provinces, qui avaient appartenu à l'ancienne Austrasie, étaient entrées dans l'Empire dès son origine. Elles s'y sont maintenues longtemps; elles y ont eu le caractère d'États distincts, comme membres politiquement égaux entre eux de cette grande confédération. Elles en sont sorties en vertu des traités de 1648 et de 1738, consentis par le Saint-Empire lui-même. Ces faits sont acquis; rien ne saurait les infirmer. Le Saint-Empire, disparu en 1806, a cessé d'exister. Il n'appartient à personne de revenir sur ses actes, non plus que d'élever la voix pour lui et de parler en son nom.

Aug. Prost.

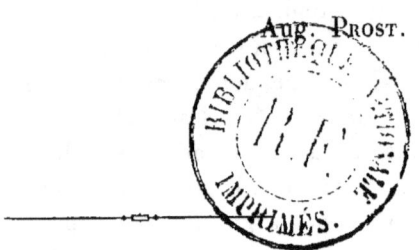

TABLE DES MATIÈRES

DU

BLOCUS DE METZ.

	Pages
AVERTISSEMENT	VII
PREMIÈRE PARTIE. — Les faits généraux	1
DEUXIÈME PARTIE. — Les subsistances.	53
TROISIÈME PARTIE. — Les ambulances	82
— I. Ambulances civiles et militaires	87
— II. Ambulance municipale du Polygone. . .	113
APPENDICE	137
I. — 23 juill. — Avis publié par la Commission municipale. — Souscription pour les blessés	137
II. — 7 août. — Décrets impériaux. — Mise en état de siège et nomination du commandant supérieur de la place.	138
III. — 7 août. — Ordre du commandant supérieur. — Élections municipales	139
IV. — 7 août. — Ordre du commandant supérieur. — Garde nationale	140
V. — 7 août. — Ordre du commandant supérieur. — Étrangers.	140
VI. — 8 août. — Ordre du commandant supérieur. — Garde nationale	141

TABLE DES MATIÈRES.

VII. — 8 août. — Avis du chef du génie. — Mesures prescrites dans les zones de défense de la place	143
VIII. — 9 août. — Arrêté du commandant supérieur. — Suspension des poursuites commerciales	143
IX. — 10 août. — Avis du préfet. — Réfugiés dans la place	144
X. — 10 août. — Avis du maire. — Réfugiés dans la place	144
XI. — 12 août. — Ordre du commandant supérieur. — Campagnards	145
XII. — 17 août. — Avis du commandant supérieur. — Blessés	145
XIII. — 22 août. — Avis du colonel de la garde nationale. — Artillerie de la garde nationale	146
XIV. — 29 août. — Arrêté du commandant supérieur. — Artillerie de la garde nationale	146
XV. — 10 sept. — Avis du commandant supérieur. — Grains et fourrages	147
XVI. — 13 sept. — Proclamation du commandant supérieur, du préfet et du maire. — Nouvelles du dehors	148
XVII. — 15 sept. — Arrêté du commandant supérieur. — Réquisition des blés et farines; taxe du pain et de la viande	149
XVIII. — 23 sept. — Avis du commandant supérieur. — Chevaux livrés à la consommation publique par l'armée; taxe de la viande	150
XIX. — 24 sept. — Avis du commandant supérieur. — Source salée de Belle-Croix	150
XX. — 24 sept. — Arrêté du commandant supérieur. — Commerce illicite du pain	151
XXI. — 7 oct. — Arrêté du commandant supérieur. — Réquisition des blés et farines	151
XXII. — 10 oct. — Avis du maire. — Subsistances	152
XXIII. — 11 oct. — Avis du maréchal commandant en chef. — Nouvelles du dehors	152
XXIV. — 14 oct. — Lettre du commandant supérieur. — Réponse à l'adresse votée par le Conseil municipal	153
XXV. — 14 oct. — Arrêté du commandant supérieur. — Fixation de la ration de pain	155
XXVI. — 18 oct. — Arrêté du commandant supérieur. — Abaissement de la ration de pain	156

TABLE DES MATIÈRES. 395

XXVII. — 23 oct. — Arrêté du commandant supérieur. — Réquisition des chevaux pour l'alimentation publique . 156
XXVIII. — 24 oct. — Arrêté du commandant supérieur. — Réquisition des chevaux pour l'alimentation publique; taxe de la viande 157
XXIX. — 24 oct. — Arrêté du commandant supérieur. — Éclairage au gaz 158
XXX. — 26 oct. — Arrêté du maire de Metz. — Éclairage au gaz 159
XXXI. — 27 oct. — Proclamation du commandant supérieur. — Reddition de la place. 159
XXXII. — 23 juill. — Séance du Conseil municipal. — Extrait du procès-verbal 161
XXXIII. — 17 août. — Idem. 167
XXXIV. — 25 août. — Idem. 168
XXXV. — 30 août. — Idem. 171
XXXVI. — 13 sept. — Idem. 174
XXXVII. — 21 sept. — Idem. 179
XXXVIII. — 24 sept. — Idem. 184
XXXIX. — 13 oct. — Idem. 188
XL. — 17 oct. — Idem. 194
XLI. — 18 oct. — Idem. 197
XLII. — 20 oct. — Idem. 200
XLIII. — 21 oct. — Idem. 202
XLIV. — 22 oct. — Idem. 204
XLV. — 23 oct. — Idem. 208
XLVI. — 24 oct. — Idem. 210
XLVII. — 25 oct. — Idem. 211
XLVIII. — 26 oct. — Idem. 212
XLIX. — 27 oct. — Idem. 218
L. — 28 oct. — Idem. 221
LI. — 29 oct. — Idem. 222
LII. — 22 juill. — Séance du Conseil central d'hygiène du département de la Moselle. — Extrait du procès-verbal 223
LIII. — 31 août. — Idem 231
LIV. — 26 sept. — Adresse à M. le Maire de Metz. — Situation de la ville et de l'armée 235

TABLE DES MATIÈRES.

LV. — 30 sept. — Entretien de M. le maréchal Bazaine avec M. le Maire de Metz. — Note de M. Félix Maréchal, maire de Metz 238

LVI. — 11 oct. — Visite des officiers de la garde nationale à M. le général Coffinières. — Note de M. E. Réau, rédacteur en chef du *Courrier de la Moselle*, capitaine de la garde nationale. 243

LVII. — 15 oct. — Entretien de M. le maréchal Bazaine avec les commandants de la garde nationale. — Note de M. le commandant Pardon. 250

LVIII. — 16 oct. — Visite des officiers délégués de la garde nationale au général Changarnier. — Procès-verbal de cette visite 253

LIX. — 17 oct. — État des forces de l'armée d'investissement. — Note officielle émanant du grand quartier général de M. le maréchal Bazaine. 255

LX. — Extraits des documents officiels militaires. — Note de M. J. Worms, membre du Conseil municipal . . 257

LXI. — Tableau des prix de certaines denrées à Metz pendant le blocus. — Note de M. A. Cuny 259

LXII. — Renseignements sur divers procédés de mouture. — Note communiquée par M. J. Worms, membre du Conseil municipal. 261

LXIII. — Approvisionnements en grains du commerce et de la population civile pendant le blocus. — Note de M. Ém. Bouchotte, négociant, membre du Conseil municipal. 262

LXIV. — Le pain de boulange. — Note de M. le docteur Félix Maréchal, maire de Metz 266

LXV. — Fabrication du sel pendant le blocus. — Note de M. Géhin, membre du Conseil municipal, secrétaire du Conseil central d'hygiène 267

LXVI. — Statistique des ambulances. — Note de M. Ém. Michel, membre de la Commission municipale de l'ambulance du Polygone. 269

LXVII. — Approvisionnements existant dans les campagnes. — Note de M. Maguin, membre du Conseil général de la Moselle, président du Comice agricole de l'arrondissement de Metz 284

TABLE DES MATIÈRES.

LXVIII. — Service du bureau de bienfaisance de Metz pendant le blocus. — Note de M. de Bouteiller, membre du Conseil municipal 292

TABLE CHRONOLOGIQUE des principaux faits relatifs au blocus. . . 303

MÉMOIRES POUR LA VILLE DE METZ dans les négociations de paix entre la France et l'Allemagne. — Publication du Conseil municipal de Metz 313

    Premier Mémoire adressé par le Conseil municipal de Metz à l'Assemblée nationale, à Bordeaux (11 février 1871) . . . 317

    Second Mémoire adressé par le Conseil municipal de Metz aux plénipotentiaires réunis à Bruxelles (13 avril 1871). . . 324

LA LORRAINE ET L'ALLEMAGNE, par Aug. PROST. — Introduction à l'ouvrage *LA LORRAINE* publié par MM. BERGER-LEVRAULT et Cie, à Paris et à Nancy, 1885 343

Nogent-le-Rotrou, impr. DAUPELEY-GOUVERNEUR.